基金项目：2022年度立项广东省基础教育教研基地项目建设成果；湛江市中小学教育科学"十四五"规划课题"核心素养下高中物理关键能力的培养策略探究"（课题批准号：2022ZJDZ020）

核心素养下高中物理学生关键能力培养策略探究

熊小勤 ‖ 著

西南交通大学出版社
·成 都·

图书在版编目（CIP）数据

核心素养下高中物理学生关键能力培养策略探究 / 熊小勤著. -- 成都：西南交通大学出版社，2024.4
ISBN 978-7-5643-9797-5

Ⅰ.①核… Ⅱ.①熊… Ⅲ.①中学物理课–教学研究–高中 Ⅳ.①G633.72

中国国家版本馆 CIP 数据核字（2024）第 076188 号

Hexin Suyangxia Gaozhong Wuli Xuesheng Guanjian Nengli Peiyang Celüe Tanjiu
核心素养下高中物理学生关键能力培养策略探究
熊小勤 著

责任编辑	罗在伟
封面设计	墨创文化
出版发行	西南交通大学出版社
	（四川省成都市金牛区二环路北一段 111 号
	西南交通大学创新大厦 21 楼）
营销部电话	028-87600564　028-87600533
邮政编码	610031
网　　址	http://www.xnjdcbs.com
印　　刷	成都蜀雅印务有限公司
成品尺寸	185 mm × 260 mm
印　　张	16
字　　数	360 千
版　　次	2024 年 4 月第 1 版
印　　次	2024 年 4 月第 1 次
书　　号	ISBN 978-7-5643-9797-5
定　　价	88.00 元

图书如有印装质量问题　本社负责退换
版权所有　盗版必究　举报电话：028-87600562

前言 PREFACE

2014年3月，教育部印发了《关于全面深化课程改革落实立德树人根本任务的意见》，将核心素养体系置于深化课程改革的基础地位，目的是改变我国当前教育存在的弊端，全面提高学生的整体素质。目前国内外关于核心素养的概念、框架等理论研究较多，但关于核心素养下高中物理关键能力培养的策略研究较少。教育部于2017年颁布的《普通高中物理课程标准》指出，学科核心素养是学科育人价值的集中体现，是学生通过学科学习而逐步形成的正确价值观念、必备品格和关键能力。2019年颁布的《中国高考评价体系说明》指出，将关键能力作为整个"四层"考查内容的重心，是推进新时代高考内容改革的必然选择，也是教育测量学的规律性要求。我们结合2017年颁布的《普通高中物理课程标准》，采用调查研究、行动研究、对比研究和经验总结等方法，利用相关的核心素养、关键能力、深度学习、学习进阶和学生认知等理论，对物理核心素养的"四个要素"，关键能力的内涵和高中物理教材的相关内容进行深入细致的研究，整合出形成理解能力、推理论证能力、模型建构能力、实验探究能力、创新能力等关键能力的培养策略，并选择有代表性的学校进行实践，通过不断优化和完善研究成果，总结并形成核心素养下高中物理教学中实施关键能力培养的有效教学策略，向全市推广，更好地为一线教师开展核心素养导向的高中物理关键能力培养教学提供有益的帮助，最终达到提升学生核心素养、培养关键能力、落实立德树人根本任务的目的。

物理学科核心素养包括物理观念、科学思维、科学探究、科学态度与责任。关键能力包括理解能力、推理论证能力、模型建构能力、实验探究能力、创新能力。物理学科课程标准的陈述较为宏观，如何在课堂教学中体现和培养学生核心素养下关键能力是值得研究的课题，这就使关键能力培养成为落实核心素养最重要的工作。本书主要从核心素养和关键能力的本质、内容、解读、落地、评价等方面阐述核心素养下关键能力培养的教学设计理念、设计思路、设计意图、设计方法、实施意见等，并基于对核心素养下近年来的深入理解设计教学目标，分析学情，确定教学策略等。本书共有四章，第一章主要是关于高中物理关键能力的简介；第二章主要是物理高考中关键能力的考查探究，从课程标准、教材、广东高考、全国高考、新高考省份等分别阐述关键能力的重要性；第三章是核心素养下高中物理关键能力的培养策略，从深度学习、大概念教学、学习进阶、高考实验复习、习题复习、测试命题等方面培养学生物理关键能力；第四章是高中物理关键能力培养教学设计，精选高中物理的部分内容，从有效落实核心素养下关键能力的视角进行设计，整个设计简洁明了，一线教师完全可以根据教学设计的步骤组织学生完成核心素养下关键能力培养目标，达到预期的教学效果。本书可作为研究核心素养下关键能力与课堂整合的指导书，为研究和实施高中物理学科育人功能的老师们提供重要的参考。

  本书在编写过程中，得到很多领导、专家、同行的关心和支持，在此特别感谢湛江市第二中学裴珊珊、周秀琴老师，湛江第一中学高雯老师，岭南师范学院附属中学胡三妹老师，徐闻县徐闻中学邓章浪老师等提供大量的素材和帮助，本书参考了不少学者的研究成果，在此一并致谢！

  由于编者水平有限，书中难免存在疏漏和不足之处，恳请广大师生和读者批评指正。

编　者
2023 年 8 月

目录 CONTENTS

第一章 高中物理关键能力简介 ································· 001
第一节 提出问题 ··· 001
第二节 国内外研究现状 ······································· 002
第三节 高中物理核心素养的内涵 ······························· 003
第四节 高中物理关键能力的内涵 ······························· 015

第二章 物理高考中关键能力的考查探究 ························· 019
第一节 课程标准学业质量关键能力的要求 ······················· 019
第二节 关键能力在教材中的体现 ······························· 022
第三节 关键能力在广东省高考中的体现 ························· 038
第四节 关键能力在全国高考中的体现 ··························· 056
第五节 关键能力在新高考省份中的体现 ························· 076

第三章 核心素养下高中物理关键能力的培养策略 ················· 097
第一节 在深度学习教学中培养学生的关键能力 ··················· 097
第二节 在大概念教学中培养学生的关键能力 ····················· 112
第三节 在进阶理论教学中培养学生关键能力 ····················· 119
第四节 在高三物理习题复习教学中培养学生的关键能力 ··········· 128
第五节 在高三物理实验复习教学中培养学生的关键能力 ··········· 146
第六节 在测试试题中培养学生的关键能力 ······················· 165

第四章 高中物理关键能力培养教学设计 ························· 183
第一节 高中物理概念课教学设计 ······························· 183
第二节 高中物理规律课教学设计 ······························· 197
第三节 高中物理实验课教学设计 ······························· 212
第四节 高中物理习题课教学设计 ······························· 231

参考文献 ··· 249

第一章 高中物理关键能力简介

第一节 提出问题

教育部于 2014 年 3 月 30 日颁布《关于全面深化课程改革落实立德树人根本任务的意见》，提出"研究制订学生发展核心素养体系和学业质量标准"，并将其视为推进教育改革与课程改革的重要举措。教育部于 2017 年颁布的《普通高中物理课程标准》指出，学科核心素养是学科育人价值的集中体现，是学生通过学科学习而逐步形成的正确价值观念、必备品格和关键能力。物理学科的核心素养是学生通过物理学习，内化为带有物理学科特性的必备品质和关键能力，它是科学素养的关键组成部分，具体表现为物理观念、科学思维、科学探究、科学态度与责任四个方面。2019 年出版的《中国高考评价体系》明确了"一核四层四翼"的概念及其在素质教育发展中的内涵。其中四层包括"核心价值、学科素养、关键能力、必备知识"。2023 年度高考蓝皮书《中国高考报告（2023）》指出，通过对近三年的高考试题分析发现，信息识别与加工、逻辑推理与论证、科学探究与思维建模、语言组织与表达、独立思考与质疑（提出问题、开放作答、合理论证）、批判性思维等关键能力已经成为高考考查的重点，这充分表明以批判性思维为代表的关键能力已经成为高考命题的主要方向和要求。关键能力重点考查学生所学知识的运用能力、强调独立思考、分析问题和解决问题、交流与合作等学生适应未来不断变化发展社会的至关重要的能力。可见，关键能力在高考评价体系中占据了重要地位。目前我国中学物理的"教"与"学"仍然存在不少的问题，从教师"教"的角度看，教学内容的整合和教学方式的转变不着边际，在教学中只重视"知识点"的教学，忽视知识间的联系，忽视物理关键能力的培养，教学中不仅要重视知识的培养也要重视关键能力的发展。

第二节　国内外研究现状

一、国外研究现状

在教育发展改革的历程中，各个国家都非常注重对未来社会建设者能力的培养，例如：科学素养（PISA）测试框架中将识别科学相关问题、科学地解释现象、使用科学的证据定义为关键科学能力，这三项关键能力不仅包括提出科学问题，还包含对科学真理的探究以及科学知识的理解和运用，比如在特定情况下进行科学探究，搜集相关科学信息或识别科学探究的关键特征。在教育发展改革的历程中，各个国家都非常注重对未来社会建设者能力的培养。日本文部科学省把未来建设者的整体能力定义为关键能力；新西兰更强调关键能力培养的连贯性，从基础教育一直到高等教育不间断的在项目式教学中培养核心技能等；德国教育学家梅滕斯认为关键能力是指人才用于应对职业生涯中不可预估的动态情况时，自身所掌握的与特定专业技能并无直接关联、可持续性迁移且对未来个体自身发展有着关键性作用的能力。经上述调研发现国外未将学科关键能力和核心素养分类单独研究，而是强调学习者在基础教育阶段不应仅仅局限于对知识的学习，更需要学习适应终身发展的能力，在全球化发展的大浪潮中能站稳脚跟；并且国外关键能力的研究更多是将能力融入职业教育中，指向之后在工作和社会中的专业能力，把关键能力融入到学科实际教学中。自"关键能力"被提出，对很多国家的教育产生了影响，提出符合自身国情的关键能力，例如英国资格与课程当局对关键能力进行了多次调整，于1999年形成了英国职业教育所规定的关键能力，共有六项，分别是交流、数字应用、信息技术、与他人合作、学习与业绩的自我提高、问题解决的能力等。对于英国提出的关键能力，在物理实验过程中，需要学生具备与他人合作以及交流能力；对于物理探究类问题，学生应具备发现问题，解决问题的能力。

二、国内研究现状

与国外对关键能力的研究现状相比，我国学者在学科关键能力的研究方面做了较多的工作。1997年，我国著名学者林崇德教授认为学科能力是基于学科特殊性，学习者能在学习知识或认识世界的过程中，把所有智力和能力有机整合后所具备的能伴随一生的方法和策略，这种方法和策略在生活和工作中能切实帮助学习者解决问题，克服阻力，从而不断前进，促进学习者的进步，同时还能促进学生发展和社会所需的必备品格，也促进社会的发展和进步。"关键能力"一词首次出现在2014年教育部提及的"核心素养"中，《2018年普通高等学校招生全国统一考试大纲（总纲）》中确立了"必备知识、关键能力、学科素养、核心价值"等四层考查内容，进一步解答"考什么？"的问题。2019年，发布了高考评价体系的基本内涵（即"一核四层四翼"），在我国教育界引起广泛的关注，许多学者展开对核心素养和关键能力的研究。乔桥基于物理学科关键能力，构建高中物理学习目标图谱，将其应用于改进高中物理教学实践。陶兆宝立足于高中物理的教学经验，提出在高中物理中培养学生的关键能力要从以下三方面出发：首先夯实一般物理方法、思维的教学；其次要突出典型核心思维能力的培养；最后符合学生群体的能力特征，关注能力培养的渐进性。对于学科关键能力，林崇德教授指出"一种学科的学科能力，首先要揭示这种学科的特殊性，找出最能直接体现这种学科的特殊要求与特殊问题的一般能力"。物理学是以实验为基础的一门学科，段金梅等提出"中学物理教学中要注意培养的能力包括物理观察能力、物理实验能力、物理思维能力、分析和解决问题能力、创造性思维能力、自学能力等"。郭玉英等人认为物理学科能力是一种综合性的能力，包括多个方面或多个维度，其中科学思维、解释论证、实验探究等是不同解构视角中的共性要素。陶兆宝总结近几年物理学科关键能力培养的描述，强调要培养认知能力中的理解和推理能力、分析综合和合作创新能力以及提高物理实验探究能力这几项物理学科关键能力。

通过对上述文献调研发现，我国对学科关键能力的研究大都强调：站在理论和教学经验的角度略微浅显地探讨了培养学生学科关键能力的教学建议和教学方法，可是对学科关键能力的"落实"以及落实的系统路径研究甚少，由于物理学科的特殊性，仅仅只用关键能力的内涵和理论上的教学建议，没法实现在实际教学中培养学生物理学科的关键能力，也没法切实解决"怎样培养人？"这一实质的教育问题，基于上述实际存在的问题，结合当前文献研究提供的教学建议，分析大量的教学实验案例，从微观层面探讨出在高中物理课堂教学中如何切实培养学生关键能力的培养策略。

第三节　高中物理核心素养的内涵

一、高中物理学科核心素养的构建

物理教育是科学教育的一部分，国际上对物理教育的研究，都是在科学教育统一的框架下进行的。课程标准依据学生发展核心素养和物理学科的本质，系统分析了主要发达国家的科学课程标准和国际科学教育研究现状与趋势，总结了我国物理教育的实践和研究，建构了物理学科核心素养。

物理学科核心素养是学生在接受物理教育过程中逐步形成的适应个人终身发展和社会发展需要的正确价值观、必备品格和关键能力，是学生通过物理学习内化的带有物理学科特性的品质，是学生科学素养的关键成分。物理学科核心素养主要由"物理观念""科学思维""科学探究""科学态度与责任"四个方面的要素构成。

（一）物理观念

知识是能力的基础。在科学教育领域，国际上关于科学知识的表述有核心概念、关键概念、大概念、科学原理、科学知识等多种方式。在应试教育的背景下，我国特别重视知识和原理的教学，很多学校强调死记硬背的知识和原理学习，而素养强调知识和原理的深度理解与灵活应用。最新的国际科学教育研究与实践，强调核心概念、大概念、跨学科概念，而在中国的文化中，概念是指一类事物的共同属性与本质特征[1]，是抽象的，与国际上关于概念的内涵并不一致。因此，在建构物理学科核心素养时，没有使用物理知识，也没有使用物理概念，而使用了物理观念。一方面，观念是概念和规律等在头脑中的提炼与升华；另一方面，中国文化中的观念与国际上的概念的内涵基本一致。

我们将物理观念（特别强调应用）作为物理学科核心素养，其依据主要有以下几个方面。

第一，科学、技术与应用是学生发展非常重要的核心素养，主要包括科学技术原理、方法与应用等。

第二，世界各国的课程标准都将核心概念或者大概念，或者关键概念，或者知识理解与应用、工程实践等作为重要的科学素养。例如，英国《国家科学教育课程标准》认为在科学研究领域，有一些关键概念支撑着科学研究工作顺利进行，学生需要理解这些概念，以帮助他们更加深入理解所学的科学知识、技巧和科学观念。南非科学教育标准提出自然科学领域的学习有助于提高学生的科学素养，主要有三个方面，其中一个方面是提高对科学知识的理解和运用。美国《新一代科学教育标准》提出：强调科学与工程实践、学科核心概念、跨学科概念。

第三，科学教育研究一直重视概念学习，从21世纪之前重视概念发展、概念转变，到最近重视核心概念和概念进阶，都把科学概念学习作为科学教育的重要目标之一。科学教育研究者普遍认为，科学教育的目标不应是获得一大堆由事实和理论堆砌的知识，而应是实现一个趋向于核心概念的进展过程。核心概念是某个知识领域的中心，是一种教师希望学生理解并能得以应用的概念性知识，这些知识必清楚地呈现给学生，以便学生理解与他们生活相关的事件和现象[2]。

"物理观念"中从物理学视角形成的关于物质、运动与相互作用、能量等的基本认识；是物理概念和规律等在头脑中提炼与升华，从物理学视角解释自然现象和解决实际问题的基础。基于高中物理的基本内容，"物理观念"主要包括物质观念、运动与相互作用观念、能量观念等要素。

（二）科学思维

观察、实验与科学思维相结合，是物理学科的基本特征。科学思维是具有人脑对科学事物（包括科学对象、科学现象、科学过程、科学事实等）的属性、内在规律及事物之间的相互联系和关系的间接与概括的反映，物理学学会学习、批判性思维与创新是学

---

[1] 胡卫平，孙枝莲，刘建伟. 物理课程与教学论研究[M]. 北京：高等教育出版社，2007.
[2] 韩葵葵，胡卫平，王碧梅. 国际科学教学心理的研究进展与趋势[J]. 华东师范大学学报（教育科学版），2014，32（4）：63-70.

生发展核心素养的重要成分。

学会学习是指学生面对新的情境或者具有挑战性的学习任务时，所表现出来的在思维策略和自我调控等方面的综合能力，包括对学习的兴趣、习惯方法、思维方式、知识策略等。批判性思维与创新主要是指对于事物保持好奇心和开放性态度，具有探索精神；对于现象能够进行反思和质疑，发现问题所在，具有批判精神和批判能力；敢于创新，勇于挑战，能够提出新颖和有价值的想法并付诸实践。

21世纪以来的科学教育研究，特别重视科学论证、模型思维和科学推理。人们认识到批判性思维是21世纪的主要能力，科学论证作为科学学习和批判性思维的重要表现，其研究和培养已经得到高度重视。科学论证可以帮助发展科学探究能力[1]，建构科学知识并促进科学概念转变与理解[2]，提升科学认识论水平[3]，提升推理能力、批判性思维能力和交流能力。

理想模型是根据研究的问题和内容，在一定条件下对研究客体的抽象，是从多维的具体图像中，抓住最具有本质特征的图像，建立一个易于研究、能从主要方面反映研究客体的新图像。为了描述客观事物的运动规律，科学家往往把研究对象抽象为理想模型，建模方法是科学研究的常用方法，模型思维是一种重要的科学思维，创设基于建模的科学学习环境，有利于学生建模思维的发展。科学推理是根据一个判断得出另一个判断的思维形式，在关于科学推理的研究中，研究者普遍认为，小学生应该具体学习分类、排序、守恒和可逆性等，中学生应该具体学习理论推理、组合推理、比例推理、控制变量、概率推理、关系推理等。

几乎所有国家或地区的课程标准都会将科学思维与创新列为课程目标。英国将"想法和证据"（ideas and evidence）设定为教育目标。西班牙将"论证能力"(skill of argumentation）确定为学生必须具备的基本能力。国际学生评估项目（Program for International Student Assessment，简称PISA）对科学能力的评价包括认识科学问题、运用知识科学地解释现象、运用科学证据做决策并与他人交流[4]。芬兰的高中物理课程标准强调建模。澳大利亚维多利亚州物理课程标准强调建立模型的科学思维过程、分析、综合、评价等。韩国的科学课程目标中提出培养学生科学思考的能力和创造性解决问题的能力，为创意地、科学地解决日常生活的问题培养必备的科学素养。加拿大安大略省提出，科学素养可以被定义为拥有适应21世纪的知识、技能和思维方式，科学课程的目标之一是发展学生进行探究的技能、策略和思维习惯。

基于上述分析，"科学思维"是从物理学视角对客观事物的本质属性、内在规律及相

---

[1] LAWSON A. The nature and development of hypothetico-predictive argumentation with impliaimteaching [J]. International journal of science education, 2003, 25 (11): 1387-1408.

[2] KUHN D. Teaching and learning science as argument [J]. Science education, 2010, 94 (5): 810-824.

[3] KHISHFE R.Explicit nature of science and argumentation instruction in the context of socioscientific issues: an effect on student learning and transfer [J]. International journal of science education, 2013: 36 (6), 974-1016.

[4] 韩葵葵,胡卫平,王碧梅. 国际科学教学心理的研究进展与趋势[J]. 华东师范大学学报(教育科学版),2014, 32 (4): 63-70.

互关系的认识方式；是基于经验事实建构物理模型的抽象概括过程；是分析综合、推理论证等方法在科学领域的具体运用；是基于事实证据和科学推理对不同观点和结论提出质疑和批判，进行检验和修正，进而提出创造性见解的能力与品格。"科学思维"主要包括模型建构、科学推理、科学论证、质疑创新等要素。

（三）科学探究

科学探究是人类探索和了解自然、获得科学知识的主要方法，也是学生学习科学的主要方式之一，还是一种综合的、关键的科学能力和素养。

科学教学倡导探究式学习，通过为学生提供充分的探究式学习机会，逐步培养学生收集和处理科学信息的能力、获取新知识的能力、分析问题和解决问题的能力以及交流与合作的能力等，形成尊重事实、善于质疑的科学态度。探究式教学突出强调学习能力、创新精神、实践能力，以及批判性思维和创造性思维能力的培养。探究及其教学是科学教育最重要的研究领域之一，最近的趋势是：探究教学强调合作学习与科学论证，基于模型的科学学习环境有利于促进学生进行科学探究，提高学生的探究能力。

世界各国的课程标准都将科学探究与交流能力作为培养目标。例如，美国国家科学教育的课程目标强调培养学生进行科学探究所需要的能力和科学探究的理解能力。其中，学生进行科学探究所需要的能力包括确定可以通过科学探究回答的问题，设计和进行科学研究，利用适当的工具和技术收集、分析和解析数据，运用证据描述、解释、预测和构建模型，通过批判性和逻辑性思维建立证据与解析之间的关系，承认和分析提出的可供选择的解释及预测，交流科学过程和解析，把数学运用在科学探究的各个方面。对科学探究的理解能力包括遇到不同性质的问题会进行不同的科学探究，理解科学知识可以指导科学探究；数学对科学探究的各个方面均十分重要，收集数据所采用的技术提高了数据的精度，使科学家能够分析研究结果并使之定量化；科学解释强调证据，拥有符合逻辑的论据还需要运用科学原理、模型和理论；合理的怀疑是科学进步的动力；科学研究有时可以产生新概念和新现象、产生调查研究的新方法、开发出改进数据收集工作的新技术。

又如，英国《国家科学教育课程标准》提出，通过科学教育促进核心技能的发展，包括进行科学调查研究，进行科学探究，发现和交流各种不同的事实、观点和意见，收集、思考和分析第一手和第二手资料等，这些都是科学探究的主要成分。英国国家课程标准将实践与探究技能以及交流都作为学科核心素养。

此外，澳大利亚维多利亚州物理课程标准提出，学生的关键技能包括科学探究、分析和应用对物理的理解、交流物理信息和理解。它强调用书面语言、口头语言形象地表达事物、过程、概念等特点，能用图形、表格、图像等呈现信息。韩国物理课程强调培养科学探究自然的能力。加拿大曼尼托巴省则强调科学探究、技术问题解决、STSE等。

我国从2001年以来的课程改革，强调自主学习、合作学习和探究学习。科学探究成为科学教学的主要目标之一。"科学探究"是指基于观察和实验提出物理问题、形成猜想和假设、设计实验与制订方案、获取和处理信息、基于证据得出结论并作出解释，以及对学科探究过程和结果进行交流、评估、反思的能力。"科学探究"主要包括问题、证据、解释、交流等要素。

（四）科学态度与责任

"科学态度与责任"是指在认识科学本质，理解科学、技术、社会、环境关系的基础上，逐渐形成了探索自然的内在动力，严谨认真、实事求是和持之以恒的科学态度以及遵守道德规范，保护环境并推动可持续发展的责任感。"科学态度与责任"主要包括科学本质、科学态度、社会责任等要素。

科学本质是指对科学知识、科学研究过程、科学方法、科学精神、科学的历史、科学的价值、科学的限度等方面最基本特点的认识，是一种对科学本身全面的、哲学性的基础认识。近年来，研究者特别重视科学本质与科学学习兴趣的研究及培养，科学态度的多个方面反映了科学本质。

值得说明的是，科学的内在动机或者兴趣是重要的科学素养。从广义上讲，态度包括情感、价值观，还包括动机、兴趣等，而从狭义上讲，态度不包括这些方面。如果我们提出情感、态度与价值观，就必须从狭义上理解态度，这样，内在动机或者兴趣就不包括在态度之内，显然对学生素养的培养是不全面的。因此，在这里没有用情感、态度与价值观的表述，而是用的广义的态度。

通过物理学科的学习，学生保持对自然现象的好奇心和探究热情，乐于观察、实验和思维；实事求是，不迷信权威，敢于大胆质疑，追求创新；善于与他人合作、分享；了解科学、技术、社会、环境的关系；热爱自然、珍惜生命，具有保护环境、节约资源的责任感。这些都是科学态度与责任的主要内容，也是物理学习的重要目标。

世界各国的课程标准都强调科学态度的培养。例如，英国国家科学教育课程标准提出，通过科学教育，促进学生在精神、道德、社会、文化，以及核心技能等方面的发展。精神发展是指学生通过感知生存于其中的自然的、物质的世界，反思他们在其中的责任，以及探究诸如生命起源于何时、来自何处之类的问题。道德发展是指通过帮助学生认识到利用观察和证据，而不是利用先入之见或偏见得出结论的重要性，以及讨论科学知识应用的意义，承认科学知识的应用既可以产生有利的影响，也可以产生不利的影响。社会发展是指帮助学生认识到意见的形成和决策的理由，可以通过实验证据得出，使学生注意到对科学知识的不同解释如何运用于讨论社会问题。文化发展是指帮助学生认识到科学发现和科学思想影响着人们的思考、感知、创造、行为和生活方式，以及使学生注意到文化差异影响人们接受、运用和重视科学思想的程度。核心技能的发展包括交流、合作等技能。

在物理学科核心素养的四个要素中，科学探究是一个过程，是一种学习方式和科学研究的方式，是一种学习物理观念、发展科学思维、形成科学态度与责任的手段和途径，同时，也是一种综合的能力。物理观念、科学思维、科学态度与责任是通过物理学科的学习而形成的。

二、高中物理学科核心素养的内涵

物理学科核心素养主要由物理观念、科学思维、科学探究、科学态度与责任四个方面的要素构成。在理解物理学科核心素养的内涵时，要结合学生发展核心素养的内涵，注意核心素养的整体性。在这四个要素中，物理观念代表知识的内化，是其他核心素养的基础；科学思维和科学探究是关键能力；科学态度和责任是必备品格。四个方面相互依赖，共同发展。在知识教学、学生探究和知识应用的过程中，让学生掌握物理观念，发展学生的思维能力和探究能力，培养学生的科学态度和社会责任。下面具体分析核心素养四个方面的内涵与表现。

（一）物理观念

物理学是研究物质的基本结构、物质运动的一般规律、物质之间相互作用的一门科学，能量是物质运动转换的量度，表征物理系统做功的本领。"物理观念"是从物理学视角形成的关于物质、运动与相互作用、能量等的基本认识，是物理概念和规律等在头脑中的提炼与升华，是从物理学视角解释自然现象和解决实际问题的基础。

物理观念包括物质观念、运动观念、相互作用观念、能量观念及其应用。由于核心素养只有在真实情境中解决问题时才能表现出来，因此，在物理观念素养中，特别强调运用这些观念解决实际问题。在教学中，一是要创设真实的教学情境，让学生经历科学探究和思维加工，保证物理概念和规律的内化，形成学科思想；二是要重视将这些观念用于解决实际问题，发展学生提出问题、分析问题和解决问题的能力。

通过高中阶段的学习，学生深入理解力学、热学、电磁学、光学等经典物理的概念和规律，逐步形成经典物理的物质观念、运动观念、相互作用观念、能量观念等，能用其解释自然现象和解决实际问题；了解相对论和量子力学等现代物理的概念与规律，初步形成现代物理的物质观念、运动观念、相互作用观念、能量观念等，并能用这些观念描述自然界的图景。

（二）科学思维

前面提到科学思维就是具有意识的人脑对科学事物（包括科学对象、科学过程、科学现象、科学事实等）的本质属性、内在规律及事物之间的相互联系和关系的间接与概括的反映。作为物理学科核心素养的"科学思维"，是从物理学视角对客观事物的本质属性、内在规律及相互关系的认识方式，是基于经验事实建构理想模型的抽象概括过程，是分析综合、推理论证等方法的内化，是基于事实证据和科学推理对不同观点和结论提出质疑、批判，进而提出创造性见解的能力与品质。

在理解科学思维时，要注意明确以下几点。

第一，科学思维的特征。科学思维有两个基本特征：一是精确性与近似性的统一。科学思维既具有精确性，又具有近似性，是精确性和近似性的辩证统一。在进行科学思维时，要根据要求和问题的性质，处理好精确性与近似性的关系。二是抽象性与形象性的统一。科学思维不仅具有抽象性，还具有形象性。抽象思维是科学思维的核心，形象思维是科学思维的先导，在具体的科学思维中往往同时存在两种思维，抽象思维和形象思维相互作用、相互补充，推动着科学的发展。

第二，科学思维的基本形式。科学思维的对象是一个多层次、多结构、多序列的完整的网络，各种物质及其运动之间的相互关系、相互作用形成一个有机的整体。而我们对科学事物的反映和认识，总是一点一点地、一个方面一个方面地、一个层次一个层次地、一个角度一个角度地进行，并在积累了大量知识和经验的基础上，形成对科学事物立体的、完整的认识。因此，我们在进行科学思维时，必须从不同的方面、不同的角度获得关于科学事物本质属性的外部表现的信息，并对其进行加工改造。根据思维对象的不同，可将科学思维分为科学抽象思维、科学形象思维和科学直觉思维三种。凡是以科学概念为思维对象，以科学概念、科学判断和科学推理的形式来反映自然界物质的形态、结构、性质、运动规律及物质之间的相互作用，达到对科学事物的本质特征和内在联系的认识过程，称为科学抽象思维。抽象性和概括性、逻辑性和系统性、能动性和间接性是科学抽象思维的三个特点。科学形象思维是以科学表象为思维材料而进行的思维。它具有形象性、动态性和创造性三个主要特点。科学直觉思维是以科学概念和科学表象相结合而成、以整体功能的"知识组块"为思维材料而进行的，是指人脑不借助于逻辑推理而综合运用已有知识、表象和经验知觉，以高度省略、简化、浓缩的方式洞察事物的实质，并迅速做出猜测、设想或突然领悟的思维，具有整体性、突发性和随机性三个特点。

第三，科学思维的基本方法。自然科学在长期的发展过程中，形成了一系列基本的思维方法，主要包括以下几种。

1. 分析与综合

所谓分析，是把研究对象在思维中分解成它的各个组成部分或要素，然后分别加以考察和研究，研究它们相互联系及相互制约的关系，研究它们之间的相互作用及在整体对象中的地位，考察它们对研究对象的状态及发展变化的影响，从而揭示事物的属性和本质的方法。所谓综合，就是在分析的基础上，把研究对象的各个组成部分或要素在思维中重新结合为一个整体，从而在整体上把握事物的本质和规律。在科学思维中，分析与综合具有辩证统一的关系，它们既有区别，又有联系，不可分割。

2. 抽象与概括

为了探索和揭示事物的本质与规律，必须根据研究对象和问题的特点，从我们所考察的角度出发，撇开问题中个别的、非本质的因素，抽出主要的、本质的因素进行研究，并把一类事物共同的、本质的属性联合起来，从而建立起一个轮廓清晰、主题突出、易于研究的新形象、新过程，或者形成新概念，这种方法称为抽象与概括的方法。常见的抽象与概括包括理想模型的产生、理想过程的形成和理想实验的应用。

3. 比较与分类

比较是确定事物之间差异点和共同点的思维方法，包括类似比较、差异比较和系统比较三种。分类是以比较为基础，根据研究对象的共同点和差异性，把事物进行分门别类的思维方法。科学研究中的分类必须遵循如下原则：一是分类必须按一定的标准进行；二是分类要遵循穷尽性原则，即划分出来的子项目的外延之和必须等于母项目的外延；三是分类要反映事物的层次和次序。

4. 逻辑推理

逻辑推理包括归纳推理和演绎推理。归纳推理是由一些个别的、特殊的判断推出一般性判断的思维方式，也就是从个别的或者只具有一定程度的一般性的知识中导出一般的或者一般性更大的知识的推理。演绎推理是由一般性的判断推出个别性的判断的推理。即从一般的原理、结论出发，导出新的结论的思维形式。

物理学科核心素养中的"科学思维"包括模型建构、科学推理、科学论证和质疑创新。模型建构作为一种认识手段和思维方式，是学生根据研究问题和情境在对客观事物进行抽象和概括的基础上构建易于研究的、能反映事物本质特征和共同属性的理想模型、理想过程、理想实验和物理概念的过程。建构模型有助于学生抓住事物的关键要素，加深对概念、过程和系统的理解，形成系统思维。高中阶段的模型建构主要表现在能够分析模型所涉及的各个要素及其结构，使用模型解释物理现象和过程，阐明物理概念和原理，在真实的情境中具有构建模型的意识和能力等。

科学教育研究和实践中所提出的科学推理，不仅包括逻辑上的归纳推理、演绎推理和类比推理，而且包括分析与综合、抽象与概括、比较与分类等思维方式，还包括控制变量及组合推理、概率推理、相关推理、因果推理等推理形式。高中生应能正确理解和应用上述科学思维方法，从定性和定量两个方面进行科学推理，找出规律，形成结论，并能解释自然现象和解决实际问题。

科学论证是以科学知识为中介，积极面对问题，对所获得的数据资料进行解释说明，提出自己的论点，反思自己和别人论点的不足并提出反论点，同时能反驳他人的质疑和批判的高级思维能力。高中生应该具有使用科学证据的意识和能力，能运用证据对研究的问题进行描述、解释和预测。

质疑创新的核心是科学创造力。科学创造力是在科学知识学习、科学问题解决和科学创造活动中，根据一定的目的，运用一切已知信息，在新颖、独特且有价值地（或恰当地）产生某种产品的过程中表现出来的智能品质或能力。高中生的科学创造力主要表现在思维和想象的流畅性、灵活性和独创性等方面。从物理学习和活动的角度来看，高中生的科学创造力主要表现在观察与实验、物理知识的学习、物理问题的提出、物理问题的解决、物理创造活动等方面。

在观察与实验方面，能提出具有探索性的观察与实验课题；观察具有敏锐性，能迅速抓住重要信息；善于运用分析、综合、抽象、概括，迅速洞察科学研究对象的本质属性和相互联系；能设计出各种实验方案，且能设计出简单、有效、新颖、独特的实验方案。

在物理知识的学习方面，能深入理解科学知识中所体现的科学思想、科学观点和科学方法；善于在物理概念、物理规律与科学事实之间产生丰富的联想；能够借助于数学、哲学等学科知识进行推理，发现原来没有联系的两个对象、现象和概念、规律之间的联系；善于将物理知识归类，形成合理的认知结构，储存大量的结构良好的"知识组块"；对已有的结论不盲目轻信，具有检查和评价已有知识或结论的强烈意识，并善于发现和纠正错误；善于形象化地理解物理知识，并对其赋予新的含义；具有丰富的想象力。

在物理问题的提出方面，善于质疑，不满足于教材上的一些结论及教师的讲解；善于平中见奇、同中见异、异中见同，从一般人不觉得有问题的地方发现和提出隐蔽的、复杂的、探索性的问题。

在物理问题的解决方面，能迅速鉴别问题的特殊性，从研究的材料中揭示隐蔽条件，排除多余因素的干扰，并发现有价值的因素，迅速选择解题策略，确定解题方法；善于进行一题多变、一题多解、多题归一，并从中发现规律；善于将一些实际问题抽象为物理问题并进行解答，能自编新颖的习题；善于监控解决问题的过程，对难以用常规方法解决的问题另辟蹊径，寻找最简捷的解题方法和途径；当思维受阻时，能及时改变思维路线，修正原有的方案，顺向思维和逆向思维相结合，集中思维和发散思维相结合，运用甄别、类比等创造性的科学思维方法理解和处理问题。

在物理创造活动方面，善于发现日常生活和生产实际中的物理问题，并对其进行实际推测和理论验证；善于根据实际情况进行创造性思维，并提出独特的见解；善于对实验仪器、设备等提出改进意见；善于在课外活动中进行小发明、小制作，写出小科技论文，并独立地提出新的见解。经过高中阶段的学习，学生应该具有基于证据大胆质疑的意识和能力，能从不同的角度思考问题，追求科技创新。

（三）科学探究

科学探究是人们探索和了解自然、获得科学知识的主要方法，是提出科学问题，形成猜想和假设，获取和处理信息，基于证据得出结论并做出解释，以及对科学探究过程和结果进行交流、评估、反思的能力。以证据为基础，运用各种信息分析和逻辑推理得出结论、公开研究结果、接受质疑、不断更新和深入，是科学探究的主要特点。根据《普通高中物理课程标准（2017年版2020年修订）》，科学探究是指基于观察和实验提出物理问题、形成猜想和假设、设计实验与制订方案、获取和处理信息，基于证据得出结论并做出解释，以及对科学探究过程和结果进行交流、评估、反思的能力。科学探究主要包括问题、证据、解释、交流等四个要素。

高中生科学探究能力的表现有如下几点。

1. 问　题

具有科学探究意识，能在学习和日常生活中发现问题，提出合理的猜测与假设。例如，提出或识别可以通过科学探究解决的问题；判断一项探究活动围绕什么问题展开；根据已有的研究，提出可以进一步探究的科学问题；针对问题提出合理的猜想与假设。

2. 证 据

具有设计探究方案和获取证据的能力，能正确实施探究方案，使用各种科技手段和方法收集信息。例如，能通过观察、调查和实验等方式获取证据；掌握课程标准要求的实验器材的使用、实验方案的设计和数据的收集；以图形或表格等多种方式呈现收集到的数据。

3. 解 释

具有分析论证的能力，会使用各种方法和手段分析、处理信息，描述、解释探究结果和变化趋势，基于证据得出合理的结论。例如，基于证据，分析相关的现象或原因；使用课程标准要求的方法和技术来分析数据；对收集到的证据的可靠性进行评估；评价证据是否支持所得出的结论。

4. 交 流

具有交流与合作的意愿和能力，能准确表述、评估和反思探究过程与结果。例如，准确表达自己的探究问题、过程和结果；选择和运用适宜的媒介与他人进行有效交流；对他人的探究过程和结果能提出建设性的意见。

除此之外，学生还应该理解科学探究：第一，理解科学探究是获取科学知识的主要途径，是通过多种方法寻找证据，运用创造性思维和逻辑推理解决问题，并通过评价与交流等方式形成共识的过程。第二，理解科学探究需要围绕已提出和聚焦的问题设计研究方案，通过收集和分析信息获取证据，经过推理得出结论，并通过有效的表达与他人交流探究结果和观点。第三，理解通过科学探究形成共识的科学知识在一定阶段是正确的，但是随着新证据的增加，会不断完善和深入，甚至会发生变化。第四，理解科学探究不仅是一种综合能力，而且是学习物理的主要方式，在科学探究中，掌握分析、综合、比较、分类、抽象、概括、推理、类比等思维方法，发展学习能力、思维能力、实践能力和创新能力，以及运用科学语言与他人交流和沟通的能力。

（四）科学态度与责任

物理学科核心素养中的"科学态度与责任"是指在认识科学本质，理解科学、技术、社会、环境（STSE）关系的基础上，逐渐形成对科学和技术应有的正确态度和责任感。它主要包括科学本质、科学态度、社会责任等三个要素。

1. 科学本质

科学本质是指对于科学知识、科学研究过程、科学方法、科学精神、科学的历史、科学的价值、科学的限度等方面最基本特点的认识，是一种对于科学本身全面的、哲学性的基础认识。科学本质观是一个结构化的观念系统，不同的历史时期和不同的人对科学本质的认识不尽相同。美国科学促进协会在《面向全体美国人的科学》一书中从三个方面阐述其科学本质观。一是科学知识的本质：世界是可以认识的，科学是可变的，科学不可能解决所有问题。二是科学研究的本质：科学讲究证据、科学是逻辑与想象相结合的产物，科学用于解释和预测，科学试图确定和避免偏见，科学反对权威。三是科学事业的本质：科学是一种负责的社会活动，科学被分成专门领域并在不同的情况下进行研究，科学研究中存在普遍的伦理原则，科学家既作为专家又作为公民参加公共事务。在高中物理教学过程中，要通过知识的学习和科学探究，让学生逐步理解科学的本质。

2. 科学态度

态度是个体对特定对象（人、观念、情感或者事件等）所持有的稳定的心理倾向，这种心理倾向蕴含着个体的主观评价以及由此产生的行为倾向性。科学态度是个体对科学对象、科学现象、科学过程、科学事实、科学理论、科学研究等所持有的稳定的心理倾向，主要包括好奇心、实事求是、追求创新、合作分享四个方面。通过高中阶段的物理学习，学生应该具有学习和研究物理的好奇心与求知欲；具有基于证据与逻辑发表自己的见解的意识和能力，不迷信权威，实事求是；善于从不同的角度思考问题，追求创新；能主动与他人合作，尊重他人的情感和态度。

3. 社会责任

物理课程标准中的"社会责任"主要包括"科学伦理"和STSE两部分内容。科学伦理的要求是在应用物理研究和物理成果时，知道需要考虑伦理和道德的价值取向，并能遵循普遍接受的伦理道德规范；理解科学技术的本质；理解科学、技术、社会与环境（STSE）的关系（理解人类活动对自然环境、生活条件和社会变迁的影响，以及科学技术已成为社会与经济发展的重要推动力量；理解社会需求是推动科学技术发展的动力）；热爱自然，具有保护环境、节约资源、促进可持续发展的责任感。

在课程标准中，我们基于问题解决的视角，从问题情境的复杂程度（从简单到复杂），知识背景的抽象水平（如机械运动、电磁运动、热运动、微观粒子的运动等从宏观到微观，从具体到抽象），素养应用的品质（包括深刻性、灵活性、批判性、敏捷性和独创性等方面，从意识到能力、从他人指导到自主完成）等三个维度划分素养水平。教师在教学过程中，要基于学生实际，循序渐进地培养学生的核心素养。

三、高中物理学科核心素养的水平划分

高中物理学科核心素养水平划分见表1-1。

表 1-1　高中物理学科核心素养的水平划分

水平	物理观念
水平 1	能从物理学的视角观察自然现象，具有将物理学与实际相联系的意识
水平 2	形成初步的物理观念，能从物理学的视角解释一些自然现象，能运用物理知识解决实际问题
水平 3	具有物理观念，能从物理学的视角描述和解释自然现象，能运用物理知识解决实际问题
水平 4	具有清晰的物理观念，能从物理学的视角正确描述和解释自然现象，能综合运用物理知识解决实际问题，能指导工作和生活实践
水平 5	具有清晰、系统的物理观念，能从物理学的视角正确描述和解释自然现象，能灵活运用所学的物理知识灵活解决实际问题，能有效指导工作和生活实践
	科学思维
水平 1	能说出一些简单的物理模型；能对常见的物理现象进行简单分析；能区分观点和证据；知道质疑和创新的积极性
水平 2	能在熟悉的问题情境中运用常见的物理模型；能对比较简单的物理现象进行分析和推理，获得结论；能使用简单和直接的证据表达自己的观点；具有质疑和创新的意识
水平 3	能在熟悉的问题情境中根据需要选用恰当的物理模型解决简单的物理问题；能对常见的物理现象进行分析和推理，获得结论并作出解释；能恰当使用证据表达自己的观点；能对已有观点提出质疑，从不同角度思考物理问题
水平 4	能将实际问题中的对象和过程转换成物理模型；能对综合性物理问题进行分析和推理，获得结论并作出解释；能恰当使用证据证明物理结论；能对已有结论提出有依据的质疑，采用不同方式分析解决物理问题
水平 5	能将较复杂的实际问题中的对象和过程转换成物理模型；能在新的情境中对综合性物理问题进行分析和推理，获得正确结论并作出解释；能考虑证据的可靠性，合理使用证据；能从多个视角审视检验结论；解决物理问题具有一定的新颖性
	科学探究
水平 1	具有问题意识；能在他人指导下使用简单的器材收集数据；能对数据进行初步整理；具有与他人交流成果、讨论问题的意识
水平 2	能观察物理现象，提出物理问题；能根据已有的科学探究方案，使用基本的器材获得数据；能对数据进行整理，得出初步的结论；能撰写简单的报告，陈述科学探究过程和结果
水平 3	能分析物理现象，提出可探究的物理问题，作出初步的假设；能在他人帮助下制订科学探究方案，使用基本的器材获得数据；能分析数据，发现特点，形成结论，尝试用已有的物理知识进行解释；能撰写实验报告，用学过的物理术语、图表等交流科学探究过程和结果

续表

	科学探究
水平4	能分析相关事实或结论，提出并准确表述可探究的物理问题，作出有依据的假设；能制订科学探究方案，选用合适的器材获得数据；能分析数据，发现其中规律，形成合理的结论，用已有的物理知识进行解释；能撰写完整的实验报告，对科学探究过程与结果进行交流和反思
水平5	能面对真实情境，从不同角度提出并准确表述可探究的物理问题，作出科学假设；能制订有一定新意的科学探究方案，灵活选用合适的器材获得数据；能用多种方法分析数据，发现规律，形成合理的结论，用已有物理知识进行科学解释；能撰写完整规范的科学探究报告，交流、反思科学探究过程与结果
	科学态度与责任
水平1	认识到物理学是对自然现象的描述与解释；对自然界有好奇心，知道学习物理需要实事求是，有与他人合作的意愿；知道科学、技术、社会、环境存在相互联系
水平2	认识到物理学是基于人类有意识地探究而形成的对自然现象的描述与解释，并需要接受实践的检验；有学习物理的兴趣，具有实事求是的态度，能与他人合作；认识到物理研究与应用会涉及道德与规范问题，理解科学、技术、社会、环境的关系
水平3	认识到物理研究是建立在观察和实验基础上的一项创造性工作；有较强的学习和研究物理的兴趣，能做到实事求是，在合作中尊重他人；认识到物理研究与应用应考虑道德与规范的要求，认识到人类在保护环境和促进可持续发展方面的责任
水平4	认识到物理研究是一种对自然现象进行抽象的创造性工作；有学习和研究物理的内在动机，坚持实事求是，在合作中既能坚持观点又能修正错误；能依据普遍接受的道德与规范认识和评价物理研究与应用，具有保护环境、节约资源、促进可持续发展的责任感
水平5	认识到物理学是人类认识自然的方式之一，是不断发展的，具有相对持久性及普适性，但同时也存在局限性；有较强的学习和研究物理的内在动机，能自觉抵制违反实事求是的行为，在合作中既能主动参与又能发挥团队作用；在进行物理研究和应用物理成果时，能自觉遵守普遍接受的道德与规范，养成保护环境、节约资源、促进可持续发展的良好习惯

第四节 高中物理关键能力的内涵

关键能力是指即将进入高等学校的学习者在面对与学科相关的生活实践或学习探索问题情境时，高质量地认识问题、分析问题、解决问题所必须具备的能力。它是使学习者适应时代要求并支撑其终身发展的能力，是培育核心价值、发展学科素养所必须具备的能力基础，是高水平人才素质的重要组成部分。

《普通高中物理课程标准（2017年版）》提出了发展学生学科核心素养的要求，其中"物理观念"代表知识的内化，是其他核心素养的基础，"科学思维"和"科学探究"是关键能力，"科学态度与责任"是必备品格，课程标准明确指出"科学思维"和"科学探究"包含的要素是构建物理科考试关键能力的重要基础，将"科学思维"中的科学推理、科学论证合并为"推理论证能力"；在"模型建构""质疑创新"的基础上，提出"模型建构能力"和"创新能力"；将物理学科所要求的实验能力与科学探究整合为"实验探究能力"；"理解能力"主要对应学科素养中的"物理观念"，强调对于物理概念、规律的深度理解与灵活应用相结合以及物理学科核心素养，我们认为物理学科关键能力包括模型建构能力、科学推理能力、科学论证能力、质疑创新能力、提出问题能力、获得证据能力、解释能力和交流能力等方面。

《2019 中国高考评价体系》指出基于学科素养导向，承接学科素养要求，结合学生认知发展实际，高考评价体系确立了符合考试评价规律的三个方面的关键能力群：第一方面是以认识世界为核心的知识获取能力群；第二方面是以解决实际问题为核心的实践操作能力群；第三方面是涵盖了各种关键思维能力的思维认知能力群。根据高考的特征，高考评价体系将这三个方面关键能力的发展水平作为主要考查内容，以区分学生综合能力水平的高低，引导基础教育对学生综合能力的培养。

一、知识获取能力群

"知识获取能力"是指学习者在面对与学科相关的生活实践或学习探索问题情境时，客观描述世界、科学解释世界的过程中表现出的稳定的个性心理特征，是个体认识世界、学会学习所必须具备的关键能力。主要包括：语言解码能力、符号理解能力、阅读理解能力、信息搜索能力、信息整理能力等。经过素质教育的培养，知识获取能力强的学习者应当能够阅读和理解学科的各种主要文本、基本符号；能够客观全面地获取相关信息，能够从情境中提取有效信息；能够准确概括和描述学科所涉及基本现象的特征及其相互关系，并从中发现问题；能够透过现象看到本质，发现隐含的规律或原理；能够对学科基本知识进行结构化理解，形成学科知识网络。

二、实践操作能力群

"实践操作能力"是指学习者在面对生活实践或学习探索问题情境时，进行学以致用的学科认知操作和行动操作的过程中表现出的稳定的个性心理特征，是理论联系实际所必须具备的能力基础。主要包括：实验设计能力、数据处理能力、信息转化能力、动手操作能力、应用写作能力、语言表达能力等。

经过素质教育的培养，实践操作能力强的学习者应当能够根据实验目的和要求，设计合理的实验方案，进行正确的实验操作，科学收集、处理并解释实验数据；能够根据行为目标和面临的客观条件，设计或选择解决问题的最佳方案；能够对问题解决方案的合理性、可行性进行基于事实和逻辑的论证；能够根据方案的实践结果不断修正和改进；能够运用口头语言和书面语言进行沟通交流，准确表达自己的看法，通过合作解决问题。

三、思维认知能力群

"思维认知能力"是指学习者在面对生活实践或学习探索问题情境时，进行学科认知加工的过程中表现出的稳定的个性心理特征，是学习者在秉持科学态度，运用严谨的理性思维和丰富的感性思维，发现新问题、运用新方法、解决新问题、获得新结论的过程中表现出来的思维能力，是激发个体好奇心、想象力、塑造创新人格所必须具备的能力基础。主要包括：形象思维能力、抽象思维能力、归纳概括能力、演绎推理能力、批判性思维能力、辩证思维能力等。

经过素质教育的培养，思维认知能力强的学习者应当能够独立思考，通过自己的逻辑思维，发表独立的、有创造性的看法；能够从多个视角观察、思考同一个问题；能够灵活地、创造性地运用不同方法，发散地、逆向地解决问题；能够通过敏锐的洞察能力，发现复杂、新颖情境中的关键事实特征和有价值的新问题；能够将所学知识迁移到新情境中，解决新问题，得出新结论，并且能够科学地反思和验证自己的新结论，以确保新结论的可靠性。

物理科考试内容改革要坚持关键能力的考查，关键能力的构建依据《物理课程标准》，物理科考试提出理解能力、推理论证能力、模型建构能力、实验探究能力、创新能力等五种关键能力。

1. 理解能力

"理解能力"是指理解知识的意义，把握物理情境的本质特征，能将知识与情境联系起来，并运用已有的知识和方法解决问题的能力。它具体包括：理解物理概念和规律的确切含义；明确其适用对象、适用条件和适用范围，清楚地认识其表达形式；能领会物理概念和规律所涉及的基本思想和方法，并能正确选用物理概念和规律解决问题。

2. 推理论证能力

"推理论证能力"是指能根据已知的物理事实，通过分析、推理和论证，得出正确结论并做出正确解释的能力。它具体包括：能应用物理概念和物理规律正确分析、推断物理状态的存在条件；根据具体问题，运用物理规律和数学方法确定物理量之间的定量关系，通过运算、估算进行推断和论证；针对不同观点进行适当反驳，证据充分，推理过程符合逻辑。

3. 模型建构能力

"模型建构能力"是指针对物理现象抽象出其主要特征，通过类比、想象等方法建构物理模型，并能用物理语言进行描述，在实际问题中能运用物理模型解决问题的能力。

具体要求如下：理解常见的研究对象、物理状态、物理过程等物理模型建立的条件；在较复杂的实际问题中，能识别并选用恰当的物理模型解决问题。

4. 实验探究能力

"实验探究能力"是指能独立完成基本的学生实验，能针对具体探究的问题，根据已有条件制定实验探究方案，根据实验数据形成合理结论并做出科学解释和评价的能力。它具体包括：独立完成课标中规定的"学生必做实验"；能针对具体的物理情境，提出可探究的物理问题，进行科学的猜想或假设；能运用已学过的知识和方法，根据已有的实验器材制订实验探究方案，获取数据并能用多种方法从中探寻规律、得出结论；能撰写完整、规范的实验探究报告；能对误差进行分析和讨论，并提出修改和完善的建议。

5. 创新能力

"创新能力"是指在已有经验的基础上，通过自主学习和独立思考，发现新问题、获取新知识、创造新方法、解决新问题的能力。它具体包括：通过阅读和观察，获取新知识、新方法等新信息；对已有结论提出合理质疑，发现多种可能性，采用多种方式和方法解决问题；面对新颖或复杂的物理情境，能发现新问题，能创造性地构建新的物理模型，应用新思路、新方法解决问题。

物理科考试提出的五种能力与高考评价体系的关键能力群匹配度很高，其中：理解能力属于知识获取能力群，模型建构能力、推理论证能力和创新能力属于思维认知能力群，实验探究能力属于实践操作能力群。

第二章

物理高考中关键能力的考查探究

第一节 课程标准学业质量关键能力的要求

学业质量是学生在完成本学科课程学习后的学业成就表现。学业质量水平是以本学科核心素养及其表现水平为主要维度，结合课程内容，对学生学业成就表现的总体刻画。依据不同水平学业成就表现的关键特征，学业质量水平明确将学业质量划分为不同水平，并描述了不同水平学习结果的具体表现。高中物理学业质量是依据物理学科核心素养中的"物理观念""科学思维""科学探究""科学态度与责任"四个方面及其水平，结合课程内容的要求而制定的。

高中物理学业质量水平分为五级，它既是指导学生自主学习和评价、教师开展日常教学设计、命题和评价的重要依据，又是高中学业水平考试命题的重要依据。其中，学业质量水平2是高中毕业生应达到的合格要求，是学业水平合格考试的命题依据，学业质量水平4是用于高等院校招生录取的学业水平等级性考试的命题依据。学业水平4的要求：

（1）理解所学的物理概念和规律及其相互关系，能正确解释自然现象，综合运用所学的物理知识解决实际问题。这体现的是关键能力中的理解能力。

（2）能将实际问题中的对象与过程转换成所学的物理模型；能对综合性物理问题进行分析和推理，获得结论并作出解释；能恰当使用证据证明物理结论；能对已有结论提出有依据的质疑，采用不同方式分析解决物理问题。这体现的是关键能力的模型建构能力、推理和论证能力以及质疑创新能力。

（3）能分析相关事实或结论，提出并准确表述可探究的物理问题，作出有依据的假设；能制订科学探究方案，选用合适的器材获得数据；能分析数据，发现其中规律，形成合理的结论，用已有的物理知识进行解释；能撰写完整的实验报告，对科学探究过程与结果进行交流和反思。这体现的是关键能力的科学探究能力。

（4）认识到物理研究是一种对自然现象进行抽象的创造性工作；有学习和研究物理的内在动机，坚持实事求是，在合作中既能坚持观点又能修正错误；能依据普遍接受的道德与规范认识和评价物理研究与应用，具有保护环境、节约资源、促进可持续发展的责任感。

高中物理学业质量根据问题情境的复杂程度、知识和技能的结构化程度、思维方式或价值观念的综合程度等划分为不同水平。每一级水平皆包含物理学科核心素养的四个方面，主要表现为学生在不同复杂程度情境中运用重要概念、思维、方法和观念等解决问题的关键特征。不同水平之间具有由低到高逐渐递进的关系。依据这个要求，选取一些真实情境问题让学生体验相应的处理过程：

（1）针对某一特定的情境，设置考查的知识点和能力层次。

（2）拟定考查的知识点，通过情境转化来考查能力水平。

（3）将平时抽象的问题赋予真实的情境。

通过创设真实的情境进行教学，对培养学生的物理学科关键能力具有重要作用。下面以针对某一特定的情境，设置考查的知识点和关键能力层次为例。以学生熟悉且真实的情境——骑自行车过圆形拱桥。考查物理观念和科学思维中的相关要素。一个情境可以设计成不同水平层次的试题。

【例1】 如图2-1所示，用力蹬自行车踏板匀速通过拱桥的过程中，自行车的速度方向（　　）。

A. 沿车与拱桥圆心连线背离圆心

B. 沿车与拱桥圆心连线指向圆心

C. 垂直于车与拱桥圆心连线向下

D. 垂直于车与拱桥圆心连线向上

图 2-1

此题通过以用力蹬自行车踏板匀速通过圆形拱桥这一情境，能从物理学的视角观察曲线运动，并与实际相联系，处于学业水平1层级，这体现的是关键能力中的理解能力。

变式1：如图2-1所示，用力蹬自行车踏板匀速通过拱桥的过程中，自行车对桥面压力（　　）。

A. 逐渐增大

B. 逐渐减小

C. 选增大后减小

D. 始终保持不变

此题通过以用力蹬自行车踏板匀速通过圆形拱桥这一情境，能在骑车过桥的问题情境中运用所学的圆周运动模型；能对比较简单的匀速圆周运动问题进行分析和推理，获得结论处于学业水平2层级，这体现的是关键能力中的模型建构能力和推理论证能力。

变式 2：如图 2-1 所示，用力蹬自行车踏板匀速通过拱桥的过程中，则（　　）。

A. 人对自行车做的功为零
B. 人所做的功等于人和自行车的重力势能增量
C. 人所做的功等于人和自行车的机械能增量
D. 人和自行车的机械能在不断的增大

此题通过以用力蹬自行车踏板匀速通过圆形拱桥这一情境，了解这个过程中的做功、动能、重力势能、机械能等概念和动能定理、重力做功与重力势能的关系，处于学业水平 3 层级，这体现的是关键能力中的理解能力和推理论证能力。

变式 3：如图 2-1 所示，用力蹬自行车踏板匀速通过拱桥的过程中，快到桥顶时，发现蹬车的力减小了，原因是（　　）。

A. 车受到的摩擦力减小了
B. 车对桥面的压力减小了
C. 人和车受到的向心力减小了
D. 人、车重力与车受到支持力的合力减小了

此题通过以用力蹬自行车踏板匀速通过圆形拱桥这一情境，能将实际问题中的对象和过程转换成物理模型；能对综合问题进行分析和推理，获得结论并作出解释，处于学业水平 4 层级，这体现的是关键能力中的理解能力、模型建构能力、推理论证能力和质疑创新能力。

拟定考查的知识点，通过情境转化考查能力水平来实现关键能力的考查。以加速度为考查点，通过问题情境、知识和技能、思维方式或价值观念等的变化，考查学生应用概念、思维、方法和观念等解决问题的能力。

【例 2】 物体以 4 m/s 的速度做直线运动，经 $t=2$ s 速度达到 8 m/s，求该物体的加速度。

此题通过了解所学的物理加速度概念，处于学业水平 2 层级，考查关键能力中的理解能力。

变式 1：物体以 4 m/s 的速度在水平面上做直线运动，经过 $t=2$ s 物体通过的位移为 10 m，求该物体的加速度。

此题通过了解所学的物理概念和规律及其相互关系，并能在熟悉的问题情境中运用所学的常见物理模型，处于学业水平 3 层级，考查关键能力中的理解能力和模型建构能力。

变式 2：小球以 4 m/s 的水平速度撞击在距水平地面高为 1.25 m 的墙后水平反弹，并落在距墙 1 m 的地面上。球与墙的作用时间为 0.1 s，求小球与墙接触时间内的平均加速度。

此题通过理解所学的加速度概念，并能将实际问题中的对象和过程转换成所学的物理模型，处于学业水平 4 层级，考查关键能力中的理解能力和模型建构能力。

变式 3：在倾角为 α 的光滑绝缘斜面上有两个带电小球 A 与 B，它们的质量相同，开始时 A 与 B 相距 L，释放两球的瞬间，A 球的加速度刚好为零。当两球距离为 $\sqrt{2}L$ 时，求 B 球的加速度（重力加速度取 g）。

此题通过清晰、系统地理解所学的物理概念和规律，能综合运用所学物理知识灵活解决实际问题，并能在新情境中对综合性物理问题进行分析和推理，处于学业水平 5 层级，考查关键能力中的推理论证能力和模型建构能力。

将平时抽象的问题赋予真实的情境。

【例3】如图 2-2 所示，小球从 A 点开始自由下落到 B 点时接触到固定在地板上的竖直轻弹簧的上端点，随之将弹簧压缩到最低点 C，然后被弹回到空中（离开弹簧），试分析：小球从 B 到 C 的过程中，小球的机械能是否守恒？小球的加速度和速度大小如何变化？方向如何？

【点评】这是一道训练分析思维能力的好题，要求能准确分析小球在运动过程中受力的变化情况，根据受力分析判断加速度和速度的变化情况，以及做功情况。如果学生能准确分析出小球运动过程中的受力、加速度、速度、做功以及能量等物理量的变化情况，那么该学生的物理一定学得不错。

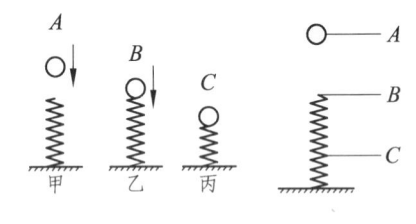

图 2-2

如何把这一平时抽象的问题赋予真实的情境呢？可以设计蹦床情境进行考查。

【例4】蹦床是少年儿童喜欢的一种体育运动，如图 2-3 所示，蹦床的中心由弹性网组成，若少年儿童从最高点落下至最低点的过程中，空气阻力大小恒定，则少年儿童（　　）。

A. 机械能一直减小
B. 刚接触网面时，动能最大
C. 重力势能的减少量大于克服空气阻力做的功
D. 重力势能的减少量等于弹性势能的增加量

此题通过理解动能和动能定理、重力势能、机械能守恒定律，定性了解弹性势能。能用动能定理解释和能用机械能守恒定律分析：生产生活中的现象和有关问题；能将实际问题中的对象和过程转换成物理模型；能对综合问题进行分析和推理，获得结论并作出解释。处于学业水平 4 层级，考查关键能力中的推理论证能力和模型建构能力。

图 2-3

第二节 关键能力在教材中的体现

高中物理教材站在素质教育的高度，发挥教材的育人功能，落实物理课程在"物理观念""科学思维""科学探究""科学态度与责任"等方面的要求，有效促进学生物理学科核心素养的达成。无论是内容还是呈现方式皆应遵从科学性原则，不仅应准确反映课程标准要求的物理概念和规律，正确纳入物理实验，还应科学融入研究方法、科学态度与价值观等内容。遵循学生的认知规律，照应教师教学特点，关注城乡差异，做到线索清晰、层次分明、循序渐进、重点突出，既有总体的系统性与科学性，又有一定的灵活性与可读性。及时反映物理学的发展，反映物理学对社会进步及科技发展的重要作用，反映物理技术应用对生产生活带来的影响，反映物理学成果具有相对持久性、普适性、局限性及发展性等特点。弘扬中华民族传统优秀文化，增强民族自信心和凝聚力，注重吸收世界各国的物理教材的先进元素，关注多元文化，注重体现对人的尊重、对不同文化的理解等相关内容。遵照课程标准要求，在内容的深度与广度等方面与课程标准的要求保持一致，同时注重教材的特色与创新，根据学生需求等编写不同风格、各具特色的教材。

一、物理教材例题非常注重联系社会生活实际

物理新教材例题非常注重联系学生的生活和社会实际，体现"从生活走向物理，从物理走向社会"的理念，努力创设能引起学生兴趣和联系实际的情景，试卷取材广泛。例题注意挖掘物理知识的人文教育价值，渗透科学、技术和社会协调发展的思想，切实有效地发挥试题的教育功能。许多题目都在一定程度上渗透了激发学生热爱科学，学好物理的积极性，在例题中适时体现了对学生进行"科学态度与责任"的培养，也渗透着科学精神、人文精神以及人与自然、社会协调发展的现代意识。

【例1】粤教版高中物理2019必修1第二章第四节P49）如图2-4所示，椰子从距地面高度为20 m的树上静止落下，不计椰子下落时受到的空气阻力，取$g=10$ m/s²，求椰子落地的时间和到达地面时的速度。

【点评】椰子下落过程是初速度为零的匀加速直线运动，忽略空气阻力影响，椰子做的是自由落体运动，可以运用自由落体运动规律求解，物体运动的加速度和速度都是矢量，解题时要考虑其方向性，首先要选定一个正方向，本题选定竖直向下为正方向。

图2-4

【例2】（粤教版高中物理2019必修2第一章第二节P13）当灾害发生时，有时会利用无人机运送救灾物资，如图2-5所示，一架无人机正准备向受灾人空投急救用品，急救用品的底面离水面高度$h=9.6$ m，无人机以$v=10$ m/s的速度水平匀速飞行。若空气阻力忽略不计，重力加速度$g=9.8$ m/s²。

（1）为了使投下的急救用品落在指定地点，无人机应该在离指定地点水平距离多远的地方进行投放？

（2）投放的急救用品落到水面上时，速度的大小是多少？

图2-5

【点评】急救用品离开无人机时具有与无人机相同的水平速度，且只受重力作用，急救用品做平抛运动，在水平方向上做匀速直线运动，在竖直方向上做自由落体运动且两个分运动经历时间相同，末速度为两个分速度的矢量和。

【例3】（粤教版高中物理2019必修2第一章第四节P17）如图2-6所示，是食品加工厂生产和包饺子的一道工序，水平传送带的速度可调节，为了保证饺子能够落在水平传送带下方的槽内，请设计方案，估算水平传送带的运转速度范围。

图2-6

【点评】若空气阻力忽略不计，饺子离开水平传送带后做平抛运动，可根据平抛运动的公式，求出初速度的表达式，再测量相应的数值，根据该表达式进行计算，由此设计合理的生产方案。

【例4】（人教版高中物理2019必修1第三章第5节P77）某幼儿园要在空地上做一个滑梯如图2-7（a）所示，根据空地的大小，滑梯的水平跨度确定为6 m。设计时，滑板和儿童裤料之间的动摩擦因数取0.4，为使儿童在滑梯游戏时能在滑板上滑下，滑梯至少要多高？

【点评】将滑梯抽象为一个斜面的模型如图2-7（b）所示，以正在匀速滑下的小孩为研究对象。小孩受到三个力的作用：重力 G、斜面的支持力 F_N 和滑动摩擦力 F_f。当这三个力的合力为0时，小孩能在滑板上获得一定速度后匀速滑下，则斜面的高度即为所要求的滑梯的高度。

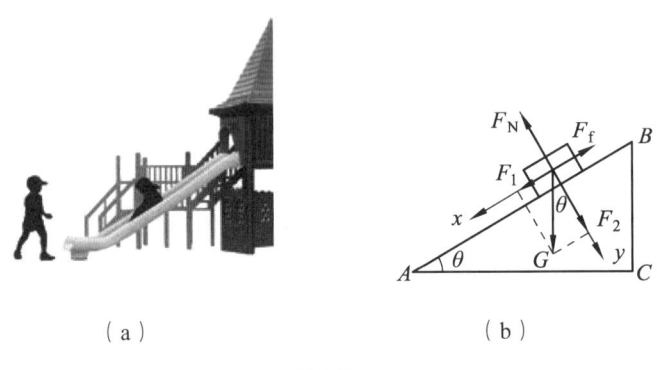

（a）　　　（b）

图2-7

【例5】（人教版高中物理2019必修2第八章第3节P86）一架喷气式飞机，质量 m 为 7.0×10^4 kg，起飞过程中从静止开始滑跑。当位移 l 达到 2.5×10^3 m 时，起飞速度达到80 m/s。在此过程中，飞机受到的平均阻力是飞机所受重力的 $\dfrac{1}{50}$。g 取 10 m/s²，求飞机平均牵引力的大小。

【点评】本题已知飞机滑跑过程的始、末速度，因而能够知道它在滑跑过程中增加的动能。根据动能定理，动能的增加等于牵引力做功和阻力做功的代数和。如图 2-8 所示，在整个过程中，牵引力对飞机做正功、阻力做负功。由于飞机的位移和所受阻力已知，因而可以求得牵引力的大小。

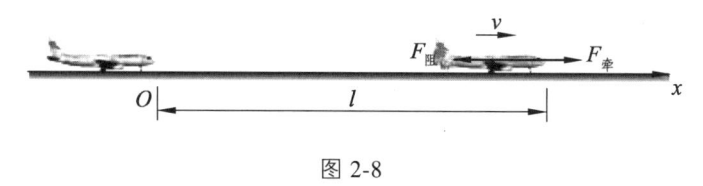

图 2-8

【例 6】（粤教版高中物理 2019 必修 2 第五章第七节 P109）跳台滑雪筹备组考察某一雪道是否符合比赛要求，图 2-9 所示是简化后的跳台滑雪雪道示意图，整条雪道由倾斜的助滑坡 AB 和着陆坡 CD，以及一段水平起跳平台 BC 组成，且 AB 与 BC 由一段平滑圆弧连接。

设质量为 60 kg 的运动员从助滑坡 AB 上由静止开始下滑，筹备组希望该运动员到达点 C 时能够以

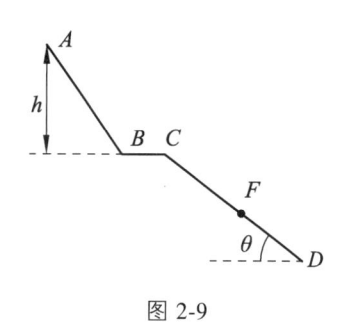

图 2-9

25 m/s 左右的速度水平飞出，并希望腾空时间能够至少达到 3.5 s。设整个过程可忽略空气阻力影响，重力加速度 $g=9.8$ m/s²。

（1）测得 AB 段的竖直高度 $h=50$ m，该高度是否符合筹备组的要求（sin37°= 0.6，cos 37°= 0.8）？

（2）测得着陆坡 CD 与水平面的夹角 $\theta=37°$，该夹角是否符合筹备组的要求？

【点评】（1）斜坡高度与重力势能有关。根据机械能守恒定律，运动员在斜坡顶端的重力势能与运动员从点 C 滑出的速度有关，可忽略摩擦力与空气阻力的作用，计算理想状况下，运动员从点 C 飞出的速度，并与筹备组的要求进行比较。

（2）运动员从点 C 滑出后，可视为做平抛运动，根据平抛运动的知识，计算腾空时间，并与筹备组的要求进行比较。

【例 7】（粤教版高中物理 2019 选择性必修 2 第二章第三节 P45）2012 年 11 月，我国歼-15 舰载机（见图 2-10）在"辽宁号"航空母舰上着舰成功，它的阻拦系统原理如图 2-11 所示，飞机着舰时，通过阻拦索对飞机施加作用力，使飞机在甲板上短距离滑行后停止，新一代航母阻拦系统的研制，则从阻拦索阻拦转向了引入电磁学模型的电磁阻拦技术，其基本原理如图 2-12 所示，飞机着舰时钩住轨道上的一根金属棒并关闭动力系统，在磁场中共同滑行减速，阻拦索与金属棒绝缘。

（1）试分析电磁阻拦相对于阻拦索阻拦的优点。

（2）试分析电磁阻拦中，飞机从钩住金属棒到停下来的整个过程是怎样运动的。

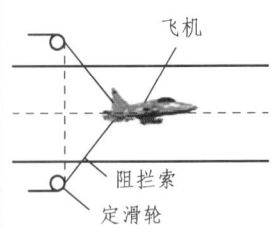

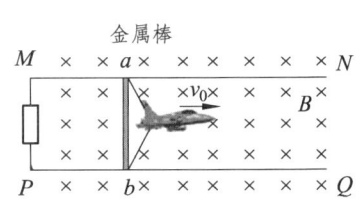

图 2-10 舰载机着舰　　图 2-11 阻拦索阻拦原理　　图 2-12 电磁阻拦原理

【点评】对于第（1）个问题，可以通过受力分析比较两种阻拦模型中阻力的来源，进而比较其优缺点。对于第（2）个问题，可以将飞机和金属棒看成一个整体，综合应用动量、运动学、安培力等知识，分析整个过程中的运动状态。

二、教材重视实验探究能力的培养

物理实验探究能力是指通过实验设计和实验操作来探究物理现象、解决物理问题的能力，具体包括以下几个方面：

（1）实验设计能力：能够根据所要研究的物理现象或问题，合理设计实验方案，包括确定实验目的、选取适当的实验方法和仪器设备、制定实验步骤等。

（2）实验操作能力：能够熟练、准确地进行实验操作，包括仪器设备的正确使用、实验步骤的规范执行、数据的准确记录等。

（3）实验数据处理能力：能够对实验所得数据进行有效处理和分析，包括数据的整理、计算、统计等，以获得有意义的结果和结论。

（4）实验结果分析能力：能够对实验结果进行合理的解释和分析，包括与理论知识的比较、与已有实验结果的对比、可能的误差来源等。

（5）实验问题解决能力：在实验过程中遇到问题时，能够迅速识别问题、找出解决办法，并采取相应的措施进行修正。

（6）实验安全意识和操作技能：能够正确理解和遵守实验安全规范，具备安全意识，能够正确使用实验仪器设备，防范实验中可能出现的危险。

通过培养和提高物理实验探究能力，可以帮助学生更好地理解和应用物理知识，培养科学思维和创新能力，提高解决实际问题的能力。

【例8】（粤教版高中物理2019必修1第三章第二节P69）用铁架台、下端带挂钩的不同弹簧若干、50 g 的钩码若干、刻度尺等，探究弹簧弹力的大小与伸长量之间的定量关系。

在实验操作之前，思考下列问题。

（1）如何测量弹簧的弹力？

（2）如何测量弹簧的伸长量？

（3）如何保证测量的准确性？

如图 2-13 所示，将弹簧一端固定在铁架台上，让弹簧自然下垂，用刻度尺测量并记录弹簧的原长 L_0；在弹簧的挂钩上，挂上一个钩码，测量弹簧伸长后的长度，计算此时弹力的大小并将数据填入表 2-1 中，依次增加钩码重复上述操作。

实验时要注意：

（1）本实验要求定量测量，因此要尽可能减小实验误差，标尺要竖直且紧靠指针以减小读数带来的误差，每次改变悬挂钩码个数后，要待系统静止后再读数。

（2）实验中所提供的刻度尺分度值为 1 mm，读数应估读到下一位。

图 2-13　实验装置图

（3）注意弹簧的弹性限度，使用时不要超过它的弹性限度。

表 2-1　实验数据记录表　　　　　　　　　$L_0=$_____cm

实验次数	钩码的重力 G/N	弹簧的长度 L/cm	弹簧的伸长量 x/cm	弹力的大小 F/N

想一想：弹簧弹力 F 的大小与弹簧的伸长量 x 有何关系？如果将实验数据在伸长量 x 与弹力大小 F 的坐标平面内（见图 2-14）绘制图线，会得到怎样的图像呢？

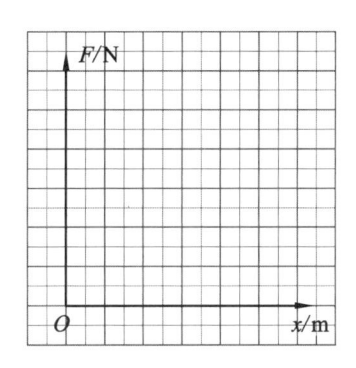

图 2-14

再用两条不同的弹簧重做上述实验，并在 F-x 坐标平面内作图比较。

【例9】（粤教版高中物理 2019 必修 2 第二章第三节 P33）利用向心力演示器（见图 2-15），定量探究匀速圆周运动所需向心力的大小与物体的质量、角速度的大小和运动半径之间的关系。

转动手柄可以使长槽和短槽分别随变速塔轮匀速转动，槽内的小球随之做匀速圆周运动，长槽和短槽的挡板为小球的运动提供向心力、小球对挡板的作用力通过杠杆结构使弹簧测力筒下降，露出标尺，通过标尺上红白相间等分格的数量，即可求得两个小球所受向心力的大小之比。

图 2-15　向心力演示器

可以调整塔轮上的皮带，使其套到半径大小不同的塔轮上，改变长短槽旋转角速度之比，也可以将小球放在长槽不同的卡位上，改变小球做圆周运动的半径。

参考上述实验仪器原理的介绍，根据实验需要测量的物理量，设计相应的实验方案，完成下列探究活动。

探究 1：保持两个小球质量 m、转动半径 r 相同，探究两个小球所受向心力 F 与角速度 ω 之间的关系。

（1）如何保持 m 和 r 相同？

_____。

（2）如何使小球以不同的角速度 ω 运动？

_____。

（3）将实验数据记录在表 2-2 中。

表 2-2　实验数据记录表

实验次数	角速度之比	标尺格子数之比（向心力之比）
1		
2		
3		

（4）实验结论是_____。

探究 2：保持_____相同，探究_____之间的关系。

（1）_____。

（2）_____。

（3）将实验数据记录在表2-3中。

表2-3 实验数据记录表

实验次数		
1		
2		
3		

（4）实验结论是_____。

探究3：保持_____相同，探究_____之间的关系。

参考前面的探究实验，采用控制变量法，自主完成向心力与第三个物理量之间的关系探究实验。

【例10】（人教版高中物理2019必修3第十二章第三节P89）实验：电池电动势和内阻的测量。

电动势和内阻都是电源的重要参数。根据闭合电路欧姆定律，有多种方法可以测定电池的电动势和内阻。请你思考并提出一两种实验设计方案。

1. 实验思路

方法1：如图2-16所示，根据闭合电路的欧姆定律，电源电动势 E、内阻 r 与路端电压 U、电流 I 的关系可以写成

$$E = U + Ir \quad (1)$$

如果能测出 U、I 的两组数据，就可以列出两个关于 E、r 的方程，从而解出 E 和 r。因此，用电压表、电流表加上一个滑动变阻器 R，就能测定电源的电动势 E 和内阻 r。

图2-16

方法2：（1）式可以写成

$$E = IR + Ir \quad (2)$$

如图2-17所示连接电路，测出 I、R 的两组数据，也可以得到关于 E 和 r 的两个方程，从而解出 E 和 r。这样，用电流表和电阻箱也可以测定电源的电动势 E 和内阻 r。

图2-17

方法3：（1）式还可以写成

$$E = U + \frac{U}{R}r \quad (3)$$

如图2-18所示连接电路，测出 U、R 的两组数据，同样能通过解方程组求出 E 和 r。这样，除了以上两个方法外，还可以用电压表和电阻箱来测定电源的电动势 E 和内阻 r。

下面选用方法1测定电池的电动势 E 和内阻 r。

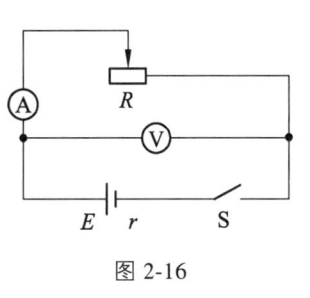

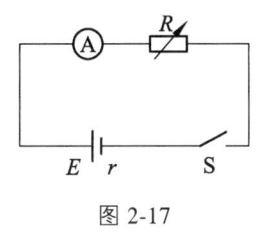

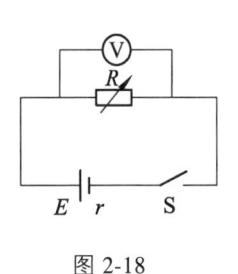

图2-18

2. 物理量的测量

在方法 1 中，需要测量路端电压 U 和电流 I 两个物理量。然而，是否只需测量两组 U、I 数据，联立方程解得 E 和 r 就行呢？

只测量两组数据，通过联立方程解得 E 和 r，看起来比较简单，误差却可能较大。只有多次测量，并对数据进行处理，才能减小误差。所以，应该使用滑动变阻器改变外电路的电阻，进行多次测量。

3. 数据分析

为了减小误差，根据多次测量的结果，分别列出若干组联立方程，求出若干组 E 和 r，最后以 E 的平均值和 r 的平均值作为实验结果。这种方法的实验结果比只用两组 U、I 数据求得的结果误差小。

采用另外一种方法，也能减小误差，而且更简便、直观。

（1）式可以改写成

$$U = -Ir + E$$

以 U 为纵坐标、I 为横坐标建立平面直角坐标系。根据几组 U、I 的测量数据，在坐标系中描点。某次实验的测量结果如图 2-19 所示，此时可以看到这些点大致呈直线分布，画出这条直线。

这条直线与 U 坐标轴的交点值表示断路时的路端电压，这时的电压 U 等于电源的电动势 E。根据这条直线可以推出 $U = 0$ 时的短路电流。根据短路电流 $I_短$ 与电源内阻 r、电动势 E 的关系 $r = \dfrac{E}{I_短}$ 可以求出电源的内阻 r。

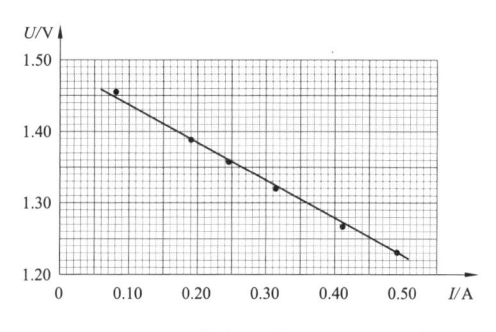

图 2-19　某次实验结果的 $U\text{-}I$ 图像

另外，如果从直线方程 $U = -Ir + E$ 的角度理解，通过求解 $U\text{-}I$ 图像斜率的绝对值也可以求出电源的内阻 r，即 $r = |\dfrac{\Delta U}{\Delta I}|$。

参考案例 1：测量干电池的电动势和内阻。

旧电池的内阻相对于新电池要大得多，容易测量。

如图 2-16 所示，把滑动变阻器的阻值调到某一较大的数值，分别测出电路中的电压和电流，并记录在预先绘制的表格中。不断减小电阻，得到多组电压和电流。作出 $U\text{-}I$ 图像，求得干电池的电动势 E 和内阻 r。

由于干电池的内阻较小，当电流变化时，电压的变化可能较小。为了得到更加精确的测量结果，作图时，电压轴的起点标度一般不从 0 开始，应根据实验数据选择合适的起点标度。

参考案例 2：测量水果电池的电动势和内阻。

把铜片和锌片相隔约 1 cm 插入一个梨中，就制成一个水果电池，如图 2-20 所示。铜片和锌片相距越近、插入越深，电池的内阻就越小。铜片是电池的正极，锌片是负极。

把水果电池、电阻箱、电压表等按图 2-20 所示连接起来。根据前面提到的方法 3，用电压表和电阻箱测出多组电压 U 和电阻 R，并记录在预先绘制的表格中，求出水果电池的电动势和内阻。水果电池的内阻较大，容易测量。但实验时，内阻会发生明显改变。测量应尽量迅速，在内阻发生较大变化之前结束测量。

图 2-20　水果电池

【例 11】（人教版高中物理 2019 选择性必修 2 第二章第一节 P23）试验：探究影响感应电流方向的因素。

在纸上画出上面实验的草图，记录磁极运动的四种情况如图 2-21 所示。根据实验结果，分别标出不同情况下磁体的 N 极、S 极的运动方向以及感应电流的方向。

(a)　　　　(b)　　　　(c)　　　　(d)

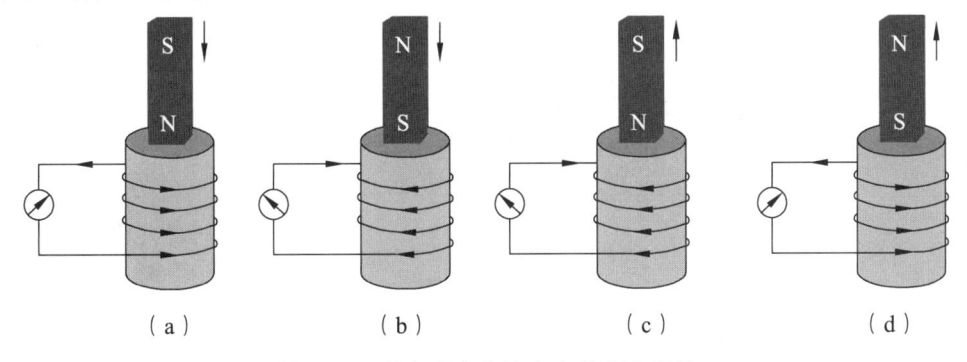

图 2-21　研究感应电流方向的实验记录

实验现象表明，穿过线圈的磁通量都在增大时，如果磁场方向不同，如图 2-21（a）、2-21（b）所示，感应电流的方向并不相同。而穿过线圈的磁通量都减小时，如果磁场的方向不同，如图 2-21（c）、2-21（d）所示，感应电流的方向也不同。看来，实验并不能直接显示出感应电流的方向与磁通量变化的关系。

感应电流的方向与磁通量变化不容易建立起直接的联系，那么应该如何转换一个角度来研究这一问题呢？

进一步分析可以想到，磁体周围存在磁场，感应电流也会产生磁场。感应电流磁场的磁通量与磁体磁场的磁通量有没有联系呢？

由于线圈的横截面积是不变的，磁通量的变化可以用磁场的变化来体现。感应电流的方向与磁场的方向有关，我们应该选择磁体的磁场和感应电流的磁场进行分析。

下面用表格来比较图 2-21 中的信息。由于这几幅图标出了感应电流的方向，所以根据右手螺旋定则就能判定感应电流的磁场方向。

我们分别研究穿过线圈的磁通量增大和减小的情况。

表 2-4　磁通量增大时的情况

图号	磁体的磁场方向	感应电流的方向	感应电流的磁场方向
（a）	向下	逆时针（俯视）	向上
（b）	向上	顺时针（俯视）	向下

比较表 2-4 中的数据，可以发现，当穿过线圈的磁通量增大时，感应电流的磁场与磁体的磁场方向相反，阻碍磁通量的增加。

表 2-5　磁通量减小时的情况

图号	磁体的磁场方向	感应电流的方向	感应电流的磁场方向
（c）			
（d）			

根据实验结果填写表 2-5 并比较表中的数据。当穿过线圈的磁通量减小时，感应电流的磁场与磁体磁场的方向是相同的，还是相反的？是有助于磁通量的减小，还是阻碍了磁通量的减小？

概括以上的实验结果，能得出什么结论？

【例 12】（人教版高中物理 2019 选择性必修 3 第二章第一节 P23）实验：探究气体等温变化的规律。

1. 实验思路

针对气体的研究，我们可以先选定一个热力学系统，比如一定质量的空气，在温度不变的情况下，测量气体在不同体积时的压强，再分析气体压强与体积的关系。利用注射器选取一段空气柱为研究对象，如图 2-22 所示，注射器下端的开口有橡胶套，它和柱塞一起把一段空气柱封闭。在实验过程中，一方面让空气柱内气体的质量不变；另一方面，让空气柱的体积变化不要太快，保证温度不发生明显的变化。

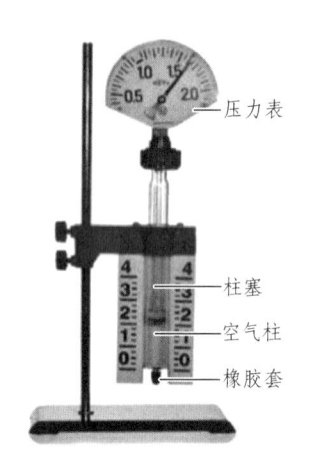

图 2-22　实验装置

2. 物理量的测量

需要测量空气柱的体积 V 和空气柱的压强 p，具体操作如下。空气柱的长度 l 可以通过刻度尺读取，空气柱的长度 l 与横截面积 S 的乘积就是它的体积 V。空气柱的压强 p 可以从与注射器内空气柱相连的压力表读取。把柱塞缓慢地向下压或向上拉，读取空气柱的长度与压强的几组数据。

3. 数据分析

一定质量气体等温变化的压强 P 与体积 V 的关系，可以用 P-V 图像来呈现。用采集的各组数据在坐标纸上描点，绘制曲线，由于它描述的是温度不变时气体压强与体积的关系，因此称它为等温线。若你绘制的 P-V 图像类似于双曲线，如图 2-23 所示，那么，空气柱的压强是否跟体积成反比呢？

我们可以进一步通过图像来检验这个猜想。再以压强 P 为纵坐标，以体积的倒数 $\frac{1}{V}$ 为横坐标，把采集的各组数据在坐标纸上描点。如果 P-$\frac{1}{V}$ 图像中的各点位于

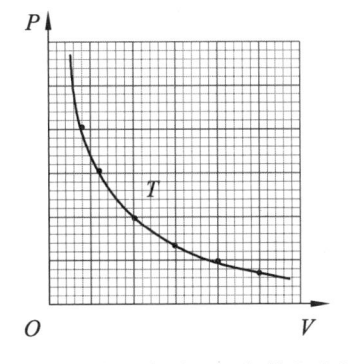

图 2-23 温度不变时压强与体积的关系

过原点的同一条直线上，如图 2-24 所示，就说明压强跟体积的倒数成正比，即压强与体积成反比。如果不在同一条直线上，我们再尝试其他关系。

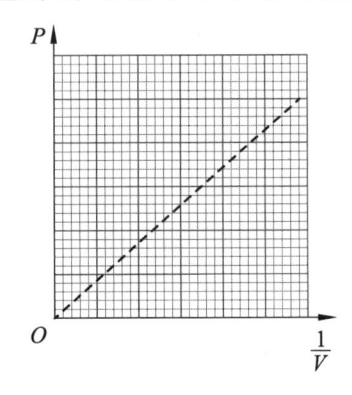

图 2-24 检验 P 与 $\frac{1}{V}$ 的线性关系

三、教材重视创新能力的培养

高中物理创新能力是指学生在学习和应用物理知识的过程中，能够独立思考、发现和解决问题的能力。具体包括以下几个方面：

独立思考能力：学生能够对物理问题进行深入思考，理解问题的本质和背后的原理，形成自己的观点和见解。

创新思维能力：学生能够运用创新思维方法，提出新颖的物理问题、解决方案和实验设计，开展独立的科学研究。

实验设计能力：学生能够设计和实施物理实验，合理选择实验方法和仪器，准确记

录和分析实验数据，得出科学结论。

综合应用能力：学生能够将所学的物理知识应用于实际问题中，解决复杂的物理问题，提出创新的应用方案。

团队合作能力：学生能够与他人合作，共同解决物理问题，分工合作，有效沟通，协同完成任务。

培养高中物理创新能力需要学校和教师提供丰富的实践机会和创新平台，鼓励学生参与科学研究和竞赛活动，引导学生进行自主学习和独立思考，培养学生的创新意识和创新思维。同时，学生也需要积极主动地参与学习，勇于尝试和探索，不断提高自己的实践和创新能力。

【例 13】（人教版高中物理 2019 必修 1 第一章第三节 P27）实验：借助传感器与计算机测速度。

随着信息技术的发展，中学物理的实验手段也在不断进步。用"位移传感器"把物体运动的位移、时间转换成电信号，经过计算机的处理，可以立刻在屏幕上显示物体运动的速度，自动绘制出物体运动的 v-t 图像，如图 2-25 所示。这样，同学们就可以用更多的时间和精力对物理过程进行分析。

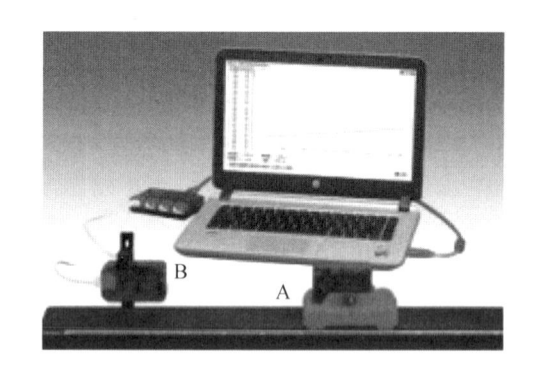

图 2-25　绘制 v-t 图像

图 2-26 是利用位移传感器测量速度的原理示意图。这个系统由发射器 A 与接收器 B 组成，发射器 A 能够发射红外线和超声波信号，接收器 B 可以接收红外线和超声波信号。发射器 A 固定在被测的运动物体上，接收器 B 固定在桌面上或滑轨上。测量时 A 向 B 同时发射一个红外线脉冲和一个超声波脉冲（即持续时间很短的一束红外线和一束超声波）。B 接收到红外线脉冲开始计时，接收到超声波脉冲时停止计时。根据两者的时差和空气中的声速，计算机自动算出 A 与 B 的距离（红外线的传播时间可以忽略）。经过短暂的时间 Δt，传感器和计算机系统自动进行第二次测量，得到物体的新位置。算出两个位置差，即物体运动的位移 Δx，系统按照 $v = \dfrac{\Delta x}{\Delta t}$，算出速度 v，显示在屏幕上。所有这些操作都可以在不到 1 s 的时间内自动完成。

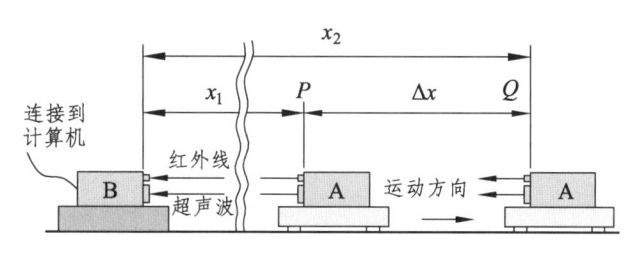

图 2-26 位移传感器测量速度的原理

这样测出的速度是发射器 A 在时间 Δt 内的平均速度。然而 Δt 很短，通常设置为 0.02 s，所以 Δx 与 Δt 之比可以代表此刻发射器 A（即运动物体）的瞬时速度。还有另外一种位移传感器，如图 2-27 所示。这个系统只有一个不动的小盒 C，工作时小盒 C 向被测物体 D 发出短暂的超声波脉冲，脉冲被运动物体反射后又被小盒 C 接收。根据发射与接收超声波脉冲的时间差和空气中的声速，可以得到小盒 C 与运动物体 D 的距离 x_1、x_2 以及 Δx 和 Δt，从而系统也能算出运动物体 D 的速度 v。

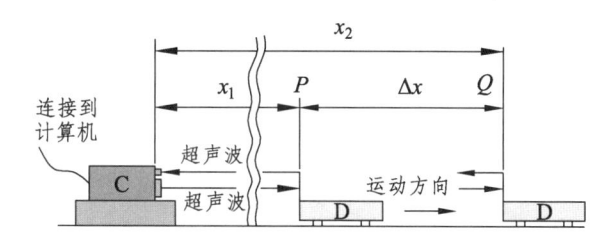

图 2-27 另一种位移传感器测速度的原理

【例 14】（人教版高中物理 2019 必修 1 第二章第二节 P41）如果 C919 飞机沿直线做匀速运动，它的 v-t 图像是一条平行于时间轴的直线。实验中，小车在重物牵引下运动的 v-t 图像是一条倾斜的直线，它表示小车在做什么运动。

【例 15】（人教版高中物理 2019 必修 2 第六章第四节 P33）推导向心加速度公式。

下面用运动学的方法求做匀速圆周运动物体的向心加速度的方向与大小。

（1）向心加速度的方向。

如图 2-28（a）所示，一物体沿着圆周运动，在 A、B 两点的速度分别为 v_A、v_B，可以分四步确定物体运动的加速度方向。

推导向心加速度公式：

第一步，根据曲线运动的速度方向沿着切线方向，画出物体经过 A、B 两点时的速度方向，分别用 v_A、v_B 表示，如图 2-28（a）所示。

第二步，平移 v_A 至 B 点，如图 2-28（b）所示。

第三步，根据矢量运算法则，做出物体由 A 点到 B 点的速度变化量 Δv，其方向由 v_A 的箭头位置指向 v_B 的箭头位置，如图 2-28（c）所示。由于物体做匀速圆周运动，v_A、v_B 的大小相等，所以，Δv 与 v_A、v_B 构成等腰三角形。

第四步，假设由 A 点到 B 点的时间极短，在匀速圆周运动的速度大小一定的情况下，A 点到 B 点的距离将非常小，作出此时的 Δv，如图 2-28（d）所示。

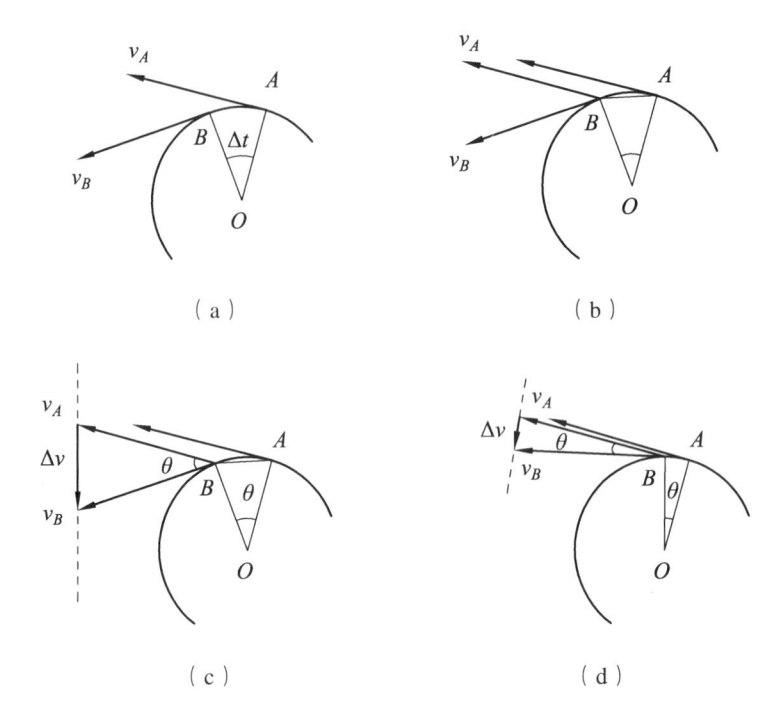

图 2-28 推导向心加速度公式

仔细观察图 2-28（b），可以发现，此时，Δv 与 v_A、v_B 都几乎垂直，因此 Δv 的方向几乎沿着圆周的半径，指向圆心。由于加速度 a 与 Δv 的方向是一致的，所以从运动学角度分析也可以发现：物体做匀速圆周运动时的加速度指向圆心。

（2）向心加速度的大小。

仔细观察图 2-28（d）还可以发现，当 Δt 足够小时，v_A、v_B 的夹角 θ 就足够小，θ 角所对的弦和弧的长度就近似相等。因此 $\theta = \dfrac{\Delta v}{v}$，在 Δt 时间内，速度方向变化的角度 $\theta = \omega \Delta t$。由此可以求得 $\Delta v = v\omega \Delta t$。将此式代入加速度定义式 $a = \dfrac{\Delta v}{\Delta t}$，并把 $v = \omega r$ 代入，可以导出向心加速度大小的表达式为 $a_n = \omega^2 r$，也可以写成 $a_n = \dfrac{v^2}{r}$。它与根据牛顿第二定律得到的结果是一致的。

【例 16】（人教版高中物理 2019 必修 3 第十章第五节 P44）如图 2-29（a）所示，某装置由多个横截面积相同的金属圆筒依次排列，其中心轴线在同一直线上，圆筒的长度依照一定的规律依次增加。序号为奇数的圆筒和交变电源的一个极相连，序号为偶数的圆筒和该电源的另一个极相连。交变电源两极间电势差的变化规律如图 2-29（b）所示。在 $t = 0$ 时，奇数圆筒相对偶数圆筒的电势差为正值，此时位于和偶数圆筒相连的金属圆板（序号为 0）中央的一个电子，在圆板和圆筒 1 之间的电场中由静止开始加速，沿中心轴线冲进圆筒 1。

为使电子运动到圆筒与圆筒之间各个间隙中都能恰好使静电力的方向跟运动方

向相同而不断加速，圆筒长度的设计必须遵照一定的规律。若已知电子的质量为 m、电子电荷量为 e、电压的绝对值为 u，周期为 T，电子通过圆筒间隙的时间可以忽略不计。则金属圆筒的长度和它的序号之间有什么定量关系？第 n 个金属圆筒的长度应该是多少？

【点评】如图 2-29 所示，由于金属导体内部的电场强度等于 0，电子在各个金属圆筒内部都不受静电力的作用，它在圆筒内的运动是匀速直线运动，只是在相邻圆筒的间隙中才会被加速。

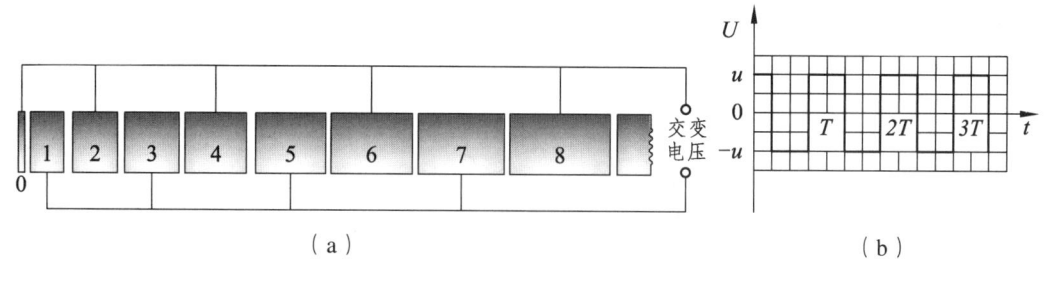

图 2-29

为使电子在所有相邻圆筒的间隙中都能受到向右的静电力，电子所到达间隙处的电场强度都必须向左。在同一间隙中，电场强度的方向是周期性变化的，每半个周期，电场强度的方向左右变化一次。如果电子匀速穿过每个圆筒运动的时间恰好等于交变电压的周期的一半，它就能踏准节奏，每到达一个间隙，恰好是该间隙的电场强度变为向左的时刻。

由于电子通过每一个间隙所增加的动能都等于 eu，由此可知电子在各个圆筒内的动能和速度，而各个圆筒的长度应该等于电子在该圆筒中的速度大小与交变电压的半个周期的乘积。

【例17】（粤教版高中物理 2019 选择性必修 2 第二章 P62）月球探测器在月面实现软着陆是非常困难的，为此科学家们在实验探索过程中设计了一种电磁阻尼缓冲装置，其原理如图 2-30 所示。该装置的主要部件有两部分：①缓冲滑块，它由高强绝缘材料制成，其内部边缘绕有闭合单匝矩形线圈 $abcd$，指示灯连接在 cd 两处；②探测器主体，包括绝缘光滑缓冲轨道 MN、PQ 和超导线圈（图中未画出），超导线圈能产生方向垂直于整个缓冲轨道平面的匀强磁场。当缓冲滑块接触仿真水平月面时，滑块立即停止运动。

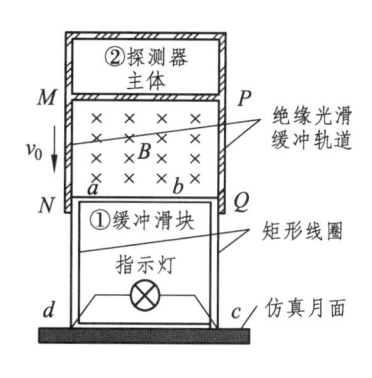

图 2-30

（1）请运用已学知识分析该装置是如何实现缓冲的。
（2）简要阐述该装置在缓冲过程中能量是如何转化的。

【例18】（粤教版高中物理2019必修3第二章P53）图2-31所示为喷墨打印机的原理示意图，其中墨盒可以喷出墨汁液滴，此液滴经过带电室时被带上负电，带电多少由计算机按字体笔画高低位置输入信号加以控制，带电后液滴以一定的初速度进入偏转电场，带电液滴经过偏转电场发生偏转后打到纸上、显示出字体，计算机无信号输入时，墨汁液滴不带电，径直通过偏转板最后注入回流槽流回墨盒。

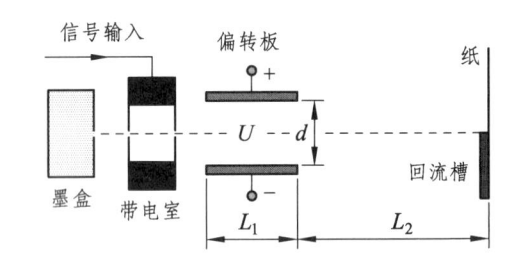

图2-31 喷墨打印机原理示意图

设偏转板长 L_1=1.6 cm，两板间的距离 d=0.5 cm，两板间的电压 U=8.0×10³ V，偏转板的右端距纸的距离 L_2=3.2 cm。若一滴墨汁液滴的质量 m=1.6×10⁻¹⁰ kg，墨汁液滴以 v_0=20 m/s 的初速度垂直电场方向进入偏转电场，此液滴打到纸上的点距原入射方向的距离为 2.0 mm。忽略空气阻力和重力作用。

（1）求该液滴通过带电室后所带的电量 q。

（2）若要使纸上的字体放大，可通过调节两极板间的电压或调节偏转板右端距纸的距离 L_2 来实现，现调节 L_2 使纸上的字体放大10%，调节后偏转板的右端距纸的距离 L_2 是多少？

第三节 关键能力在广东省高考中的体现

物理科考试内容改革以核心价值为引领，以学科素养为导向，以关键能力为重点，以必备知识为基础，通过增强考试的基础性、综合性、应用性和创新性，考查学生进入高等学校继续学习的能力，促进学生综合能力和创新思维的提升，引导高中教学培养和发展学生的物理学科素养，为学生终身发展、应对现代和未来社会发展的挑战奠定基础。

纵观广东省自主命题以来，关键能力考查的有效方式主要有以下四个方面。

一、物理学科的考查载体——情境

情境是运用文字、数据、图表等形式，围绕一定主题加以设置的，为呈现解题信息、设计问题任务、达成测评目标而提供的载体。结合学科考试实际，探索将物理科考查情境分为生活实践问题情境和学习探索问题情境两种。

（一）生活实践问题情境

生活实践问题情境主要包括三个方面的内容：

（1）与大自然中相关的物理现象，如彩虹、日食等。

（2）与生产生活紧密联系的物理问题，如与体育运动相关的情境（乒乓球、篮球、滑雪）等。

（3）科技前沿，如国家重大科技工程（载人航天与探月工程、大飞机、北斗导航系统）等。在设计生活实践问题情境时，应注重情境与考查内容的有机融合，情境叙述准确、清晰，避免出现项目功能偏差。

（二）学习探索问题情境

学习探索问题情境主要包括三个方面的内容：

（1）物理学史问题情境。通过考查学生对物理概念和规律的产生和发展过程、物理学家探索发现物理概念和规律的过程、研究方法等内容的了解，鉴别考生掌握物理概念和规律的程度，反映考生的科学素养水平。

（2）课程标准和教材中的典型问题情境，引导教学遵循课程标准，回归课堂教材。

（3）科学探究的问题情境，培养学生的科学探究能力。

密切联系实际，从中学教学实际出发，联系学生的生活实际，联系科学事件，前沿科学的动态和发展，考查学生运用所学物理知识解决问题的能力。通过问题解决可以促进物理学科核心素养的达成。广东省高考出题时一般以下形式呈现：

1. 问题与生产生活相结合

【例1】（2005年广东高考）钳形电流表的外形和结构如图2-32（a）所示，图中电流表的读数为1.2 A，图2-32（b）中用同一电缆线绕了3匝，则（　　）。

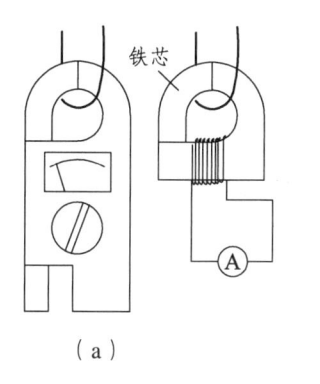

图 2-32

A. 这种电流表能测直流电流，图2-32（b）的读数为2.4 A

B. 这种电流表能测交流电流，图2-32（b）的读数为0.4 A

C. 这种电流表能测交流电流，图2-32（b）的读数为3.6 A

D. 这种电流表既能测直流电流，又能测交流电流，图2-32（b）的读数为3.6 A

【点评】这是一个与生活实际紧密联系的问题，电工师傅平时在检测电路电流时就是用钳形电流表进行的。钳形电流表可以在不切断导线的情况下通过电流表 A 测量导线中的电流强度，它的工作原理就是电磁感应。试题涉及对直流电、交流电的理解以及对变压器原理的掌握，强调理论联系实际、学以致用的基本教学理念。

【例2】(2006年广东高考)图 2-33 所示为电冰箱的工作原理示意图。压缩机工作时，强迫致冷剂在冰箱内外的管道中不断循环。在蒸发器中致冷剂汽化吸收箱体内的热量，经过冷凝器时致冷剂液化，放出热量到箱体外。下列说法正确的是（　　）。

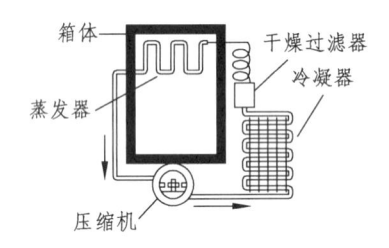

图 2-33　电冰箱工作原理示意图

A. 热量可以自发地从冰箱内传到冰箱外
B. 电冰箱的工作原理违反热力学第一定律
C. 电冰箱的工作原理不违反热力学第一定律
D. 电冰箱的致冷系统能够不断地把冰箱内的热量传到外界，是因为其消耗了电能

【点评】电冰箱的使用可谓非常之普遍了，正是由于这件家用电器的普遍使用，在初中物理教材中，结合物态变化的内容介绍了其工作原理。试题很好地体现了应用所学物理知识解释日常生活现象或常用家电的工作原理这一学以致用、理论联系实际的基本教学理念。

【例3】(2008年广东高考)图 2-34 所示是"嫦娥一号奔月"示意图，卫星发射后通过自带的小型火箭多次变轨，进入地月转移轨道，最终被月球引力捕获，成为绕月卫星，并开展对月球的探测。下列说法正确的是（　　）。

A. 发射"嫦娥一号奔月"的速度必须达到第三宇宙速度
B. 在绕月圆轨道上，卫星的周期与卫星质量有关
C. 卫星受月球的引力与它到月球中心距离的平方成反比
D. 在绕月圆轨道上，卫星受地球的引力大于受月球的引力

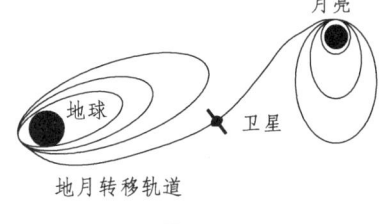

图 2-34

【点评】随着"嫦娥一号奔月"的成功，标志着中国人千年的"嫦娥奔月"梦想已成为现实。试题以最前沿的科技动态为背景考查学生对万有引力定律的掌握。取材紧跟形势，考点落到基础。

【例4】（2009年广东高考）图2-35所示为远距离高压输电的示意图。关于远距离输电，下列表述正确的是（　　）。

A. 增加输电导线的横截面积有利于减少输电过程中的电能损失

B. 高压输电是通过减小输电电流来减小电路的发热损耗

C. 在输送电压一定时，输送的电功率越大，输电过程中的电能损失越小

D. 高压输电必须综合考虑各种因素，不一定是电压越高越好

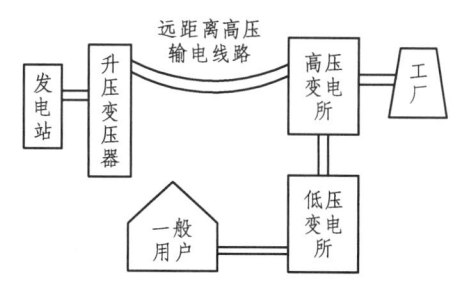

图 2-35

【点评】 远距离输电是一个与工、农业生产紧密联系的实际问题。要实现远距离输电，很关键的一点是要减少输电线上的功率损失。从理论上分析可知：提高输送电压或增大输电导线的横截面积都可以达到减少输电线上功率损失的目的，学生也许记住了这个结论，但远距离送电是一个非常具体的实际问题，必须从多种因素去考虑，如材料的来源、成本、架设线路的相关要求（如空间是否允许、是否会给人们的生活带来不便等），还有如相关技术上的问题等。试题没有以"输电电压升高到原来的 n 倍，则输电线上的功率损失将是原来的多少倍？"的形式出现，而是给出一个非常真实的问题情境，要学生以工程设计者的身份，从定性的角度解决这个问题要考虑哪些因素，真正体现运用所学物理知识解决实际问题的能力。

【例5】（2021年广东高考）赛龙舟是端午节的传统活动，下列 v-t 和 s-t 图像描述了五条相同的龙舟从同一起点线同时出发、沿长直河道划向同一终点线的运动全过程，其中能反映龙舟甲与其他龙舟在途中出现船头并齐的有（　　）。

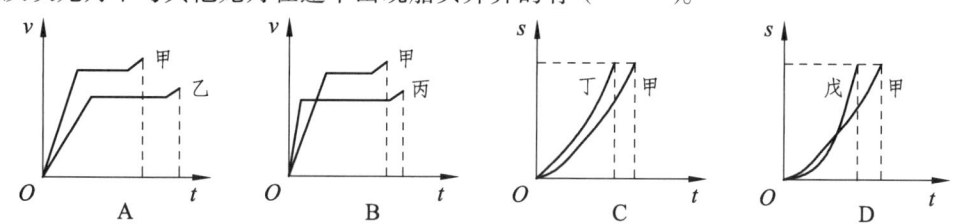

【点评】 本题以赛龙舟为背景，考查学生对运动学的理解，落实运动观。以下两点对教学有启示作用。

（1）在教学中往往从识图、辨图、用图和根据图像获取信息并进行简单计算来要求对物理图像的掌握，本题打破了这种思维定势的要求，给出运动全过程的 v-t 和 s-t 图像，要求学生根据图像还原运动情境。甲船有可能追上其他船，也可能被其他船追上。这种分析方法属于逆向思维分析的方法，是创新思维的重要特征之一。

（2）为分析途中船头并齐的情况，必须从题干中获取并加工信息，即转化成物理语言。题中"同一起点线同时出发"和"途中出现船头并齐"这两个信息即意味着"船头并齐"时两船经历的时间相同、通过的位移相同。在这个基础上，结合图像的物理意义

进行判断。根据 s-t 图像直接识别（图线的交点处）获得答案；根据 v-t 图像所围成的面积表示位移大小，可以判断（半定量计算的方法）出正确结果。

【例6】（2021年广东高考）长征途中，为了突破敌方关隘，战士爬上陡峭的山头，居高临下向敌方工事内投掷手榴弹，战士在同一位置先后投出甲、乙两颗质量均为 m 的手榴弹，手榴弹从投出的位置到落地点的高度差为 h，在空中的运动可视为平抛运动，轨迹如图2-36所示，重力加速度为 g，下列说法正确的有（　　）。

A. 甲在空中的运动时间比乙的长
B. 两手榴弹在落地前瞬间，重力的功率相等
C. 从投出到落地，每颗手榴弹的重力势能减少 mgh
D. 从投出到落地，每颗手榴弹的机械能变化量为 mgh

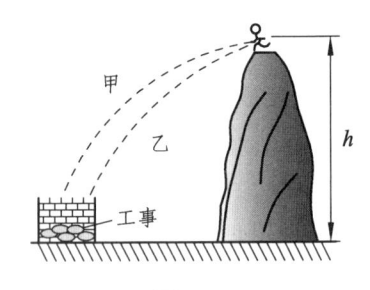

图2-36

【点评】本题根据历史事件，创设了一个投掷手榴弹的情境，通过抽象手榴弹为质点模型和已知的平抛运动模型，考查应用平抛运动规律分析与求解重力的功率、重力势能和机械能等，综合考查了力与运动和能量观念，落实了物理观念（能量和守恒观）和科学思维（模型构建）方面的核心素养。借一个情境，考查多个知识点，对多个物理概念的理解，这个考查方式引起我们要重视平时的教学。

【例7】（2021年广东高考）为方便抽取药瓶内的药液，护士一般先用注射器注入少量气体到药瓶里后再抽取药液，如图2-37所示，某药瓶的容积为 0.9 mL，内装有 0.5 mL 的药液内气体压强为 1.0×10^5 Pa。护士把注射器内横截面积为 0.3 cm²、长度为 0.4 cm、压强为 1.0×10^5 Pa 的气体注入药瓶。若瓶内外气体温度相同且保持不变，气体视为理想气体，求此时药瓶内气体的压强。

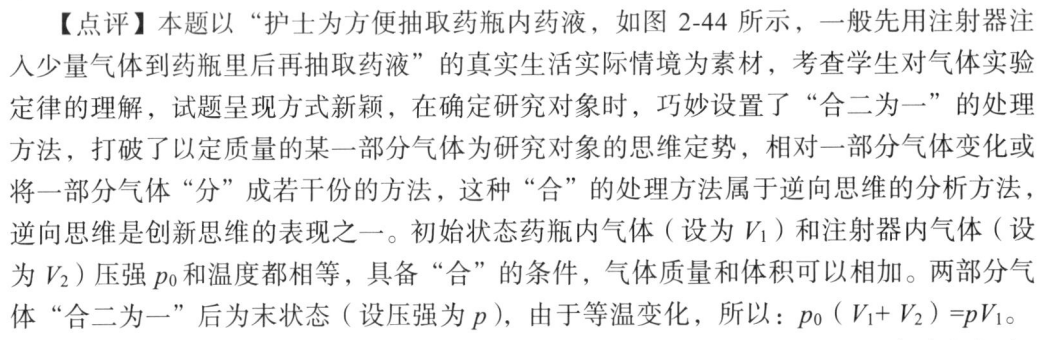

图2-37

【点评】本题以"护士为方便抽取药瓶内药液，如图2-44所示，一般先用注射器注入少量气体到药瓶里后再抽取药液"的真实生活实际情境为素材，考查学生对气体实验定律的理解，试题呈现方式新颖，在确定研究对象时，巧妙设置了"合二为一"的处理方法，打破了以定质量的某一部分气体为研究对象的思维定势，相对一部分气体变化或将一部分气体"分"成若干份的方法，这种"合"的处理方法属于逆向思维的分析方法，逆向思维是创新思维的表现之一。初始状态药瓶内气体（设为 V_1）和注射器内气体（设为 V_2）压强 p_0 和温度都相等，具备"合"的条件，气体质量和体积可以相加。两部分气体"合二为一"后为末状态（设压强为 p），由于等温变化，所以：$p_0(V_1+V_2)=pV_1$。

【例8】（2022年广东高考）"祝融号"火星车需要"休眠"以度过火星寒冷的冬季。假设火星和地球的冬季是各自公转周期的四分之一，且火星的冬季时长约为地球的1.88倍。火星和地球绕太阳的公转均可视为匀速圆周运动。下列关于火星、地球公转的说法正确的是（　　）。

A. 火星公转的线速度比地球的大
B. 火星公转的角速度比地球的大
C. 火星公转的半径比地球的小
D. 火星公转的加速度比地球的小

【点评】本题以我国首辆火星车"祝融号"为试题背景，考查万有引力定律的应用，考查推理能力和理解能力，引导学生关心国内外科技发展的新成就，关注人类对浩瀚星空、宇宙未知的持续探索，拓展学生的科学视野，提高学生对科学的兴趣，培养学生振兴中华的使命感。

【例9】（2023年广东高考）电子墨水是一种无光源显示技术，它利用电场调控带电颜料微粒的分布，使之在自然光的照射下呈现出不同颜色。透明面板下有一层胶囊，其中每个胶囊都是一个像素。如图2-38所示，胶囊中有带正电的白色微粒和带负电的黑色微粒。当胶囊下方的电极极性由负变正时，微粒在胶囊内迁移（每个微粒电量保持不变），像素由黑色变成白色。下列说法正确的有（　　　）。

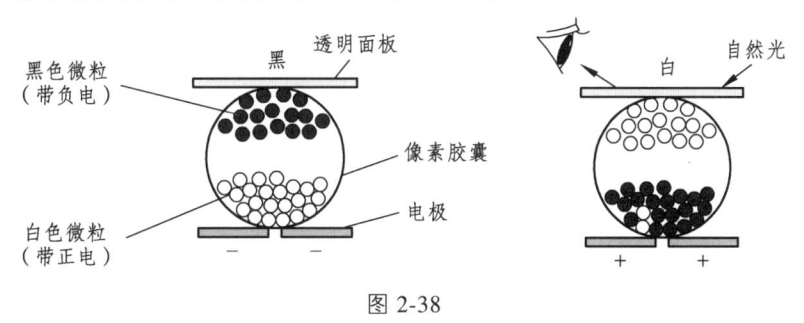

图2-38

A. 像素呈黑色时，黑色微粒所在区域的电势高于白色微粒所在区域的电势
B. 像素呈白色时，黑色微粒所在区域的电势低于白色微粒所在区域的电势
C. 像素由黑变白的过程中，电场力对白色微粒做正功
D. 像素由白变黑的过程中，电场力对黑色微粒做负功

【点评】本题以电子墨水、无光源显示技术为素材命题，需要学生在问题情景中分辨出带电粒子在电场中的运动模型，聚焦关键问题是很好的题目。

2. 情境尽可能以真实立体形式呈现

空间和时间是物质运动的存在形式。空间是物质存在的广延性，时间是物质运动过程的持续性和顺序性。日常生活中由长、宽、高三个维度所构成的空间，是我们看得见感受得到的。物理情境以三维立体空间呈现，一方面是真实问题的具体体现；另一方面，可以培养学生的空间想象能力。在处理物理问题时，可以将真实的物理情境或过程转换成二维的平面空间或一维的直线上来处理。能转换处理物理问题的方式方法，就已达到科学思维4的水平了。立体空间可以使物理问题情境更加真实、增加物理问题情境的复杂程度，能有效地考查物理学科的核心素养。

【例10】(2008年广东高考)1930年劳伦斯制成了世界上第一台回旋加速器,其原理如图2-39所示,这台加速器由两个铜质D形盒D_1、D_2构成,其间留有空隙,下列说法正确的是(　　)。

A. 离子由加速器的中心附近进入加速器

B. 离子由加速器的边缘进入加速器

C. 离子从磁场中获得能量

D. 离子从电场中获得能量

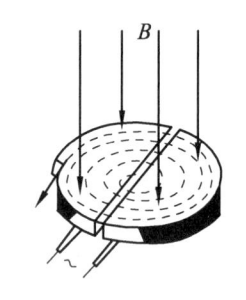

图2-39　回旋加速器

【点评】加速器是使带电粒子获得高能的装置。它不但是科学家探索物质微观奥秘的有力工具,而且在工业、农业、医学等行业中得到越来越广泛的应用。劳伦斯制成的回旋加速器就是其中的一种,这种回旋加速器不是利用高电压使粒子一次得到巨大的速度,而是用电压较低的高频电源,使粒子每隔一定的时间受到一次加速,经过多次加速后达到巨大的速度。该试题显然是联系科学事件,考查学生运用所学物理知识解决问题的能力。

【例11】(2014年广东高考)如图2-40所示,水平地面上堆放着原木,关于原木P在支撑点M、N处受力的方向,下列说法正确的是(　　)。

A. M处受到的支持力竖直向上

B. N处受到的支持力竖直向上

C. M处受到的摩擦力沿MN方向

D. N处受到的摩擦力沿水平方向

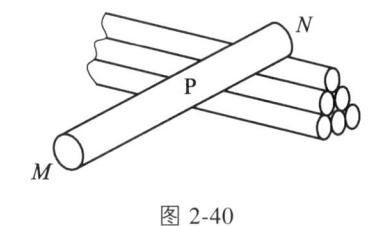

图2-40

【点评】本题以水平地面上堆放着原木为背景,构建真实的立体空间,考查对支持力、摩擦力的方向的理解,考查学生的理解能力。

【例12】(2015年广东高考)如图2-41所示,帆板在海面上以速度v朝正西方向运动,帆船以速度v朝正北方向航行,以帆板为参照物(　　)。

A. 帆船朝正东方向航行,速度大小为v

B. 帆船朝正西方向航行,速度大小为v

C. 帆船朝南偏东45°方向航行,速度大小为$\sqrt{2}v$

D. 帆船朝北偏东45°方向航行,速度大小为$\sqrt{2}v$

图2-41

【点评】本题通过帆船的运动,构建真实的立体空间,考查学生对运动合成的理解,考查理解能力和模型建构能力。

【例13】(2021年广东高考)图2-42(a)是一种花瓣形电子加速器简化示意图。空间有三个同心圆 a、b、c 围成的区域，圆 a 内为无场区，圆 a 与圆 b 之间存在辐射状电场，圆 b 与圆 c 之间有三个圆心角均略小于 90°的扇环形匀强磁场区Ⅰ、Ⅱ和Ⅲ。各区磁感应强度恒定，大小不同，方向均垂直纸面向外，电子以初动能 E_{k0} 从圆 b 上 P 点沿径向进入电场，电场可以反向，保证电子每次进入电场即被全程加速，已知圆 a 与圆 b 之间电势差为 U，圆 b 半径为 R，圆 c 半径为 $\sqrt{3}R$，电子质量为 m，电荷量为 e。忽略相对论效应，取 tan 22.5° = 0.4。

（1）当 $E_{k0} = 0$ 时，电子加速后均沿各磁场区边缘进入磁场，且在电场内相邻运动轨迹的夹角 θ 均为 45°，最终从 Q 点射出，运动轨迹如图 2-42（b）中带箭头实线所示。求Ⅰ区的磁感应强度大小、电子在Ⅰ区磁场中的运动时间及在 Q 点出射时的动能。

（2）已知电子只要不与Ⅰ区磁场外边界相碰，就能从出射区域出射。当 $E_{k0} = keU$ 时，要保证电子从出射区域出射，求 k 的最大值。

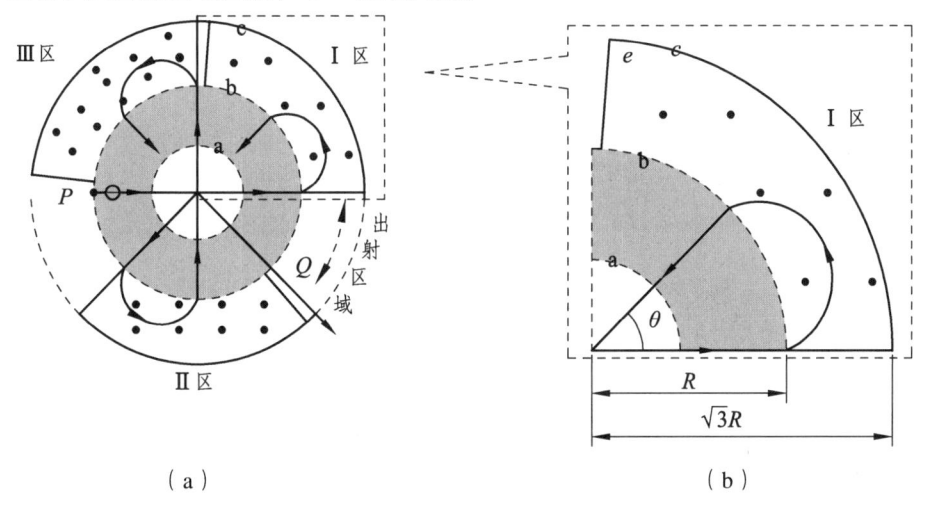

（a）　　　　　　　　　　　　（b）

图 2-42

【点评】 本题把改装的"回旋加速器"、多模块教材的不同知识点、设置几何约束等形式进行组合，创设了合理的问题情境，试题呈现方式新颖，突出关键的能力考查。通过拆分组合题的方式，考查获取并加工信息、推断与猜想和分析与论证三个方面的关键能力。成功的问题解决需要把复杂的问题分解成一系列子问题，直到每一个子问题都是可以解决的。从某种意义上讲，教学的最终目的是要使学生能自主地解决各种问题。在平时的教学中要重视问题解决的一般方法和步骤，形成问题解决的策略，培养学生问题解决的能力。

所谓组合题就是将课本中难度不大、要求不高，但属于重点内容的不同知识块的知识点、例题、习题或实验（分组实验、演示实验和课外小实验）进行拼接、组合成新的题型，从而针对知识的迁移能力、重组能力、创新能力来考查学生的基本技能和综合素质，这种题型有别于难度较大、过程复杂、综合性强的试题，其特点是面貌一新，似曾相识又从未见过无法从题海中找到原样。

【例14】（2022年广东高考）如图2-43所示，一个立方体空间被对角平面 MNPQ 划分成两个区域，两区域分布有磁感应强度大小相等、方向相反且与 z 轴平行的匀强磁场。一质子以某一速度从立方体左侧垂直 Oyz 平面进入磁场，并穿过两个磁场区域。下列关于质子运动轨迹在不同坐标平面的投影中，可能正确的是（　　）。

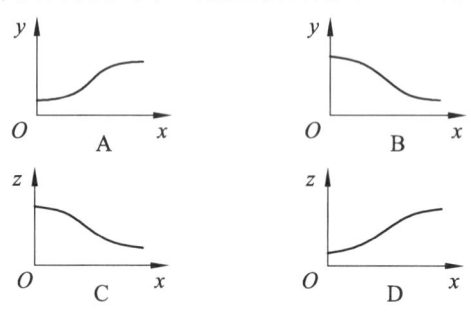

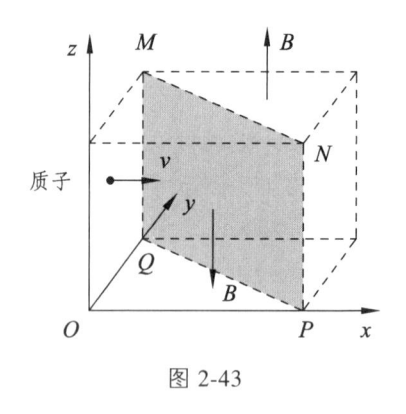

图2-43

【点评】此题通过带电粒子在立体空间运动，根据左手定则可知质子在整个运动过程中都只受到平行于 xOy 平面的洛伦兹力作用，在 z 轴方向上没有运动，z 轴坐标不变；质子在整个运动过程中，在 MN 左右侧，受到洛伦兹力方向相反。考查定性推理、理解能力和空间想象能力。

【例15】（2022年广东高考）如图2-44所示，水平地面（xOy 平面）下有一根平行于 y 轴且通有恒定电流 I 的长直导线。P、M 和 N 为地面上的三点，P 点位于导线正上方，MN 平行于 y 轴，PN 平行于 x 轴。一闭合的圆形金属线圈，圆心在 P 点，可沿不同方向以相同的速率做匀速直线运动，运动过程中线圈平面始终与地面平行。下列说法正确的有（　　）。

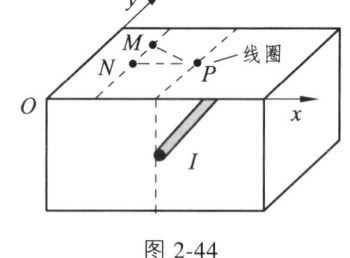

A. N 点与 M 点的磁感应强度大小相等，方向相同
B. 线圈沿 PN 方向运动时，穿过线圈的磁通量不变
C. 线圈从 P 点开始竖直向上运动时，线圈中无感应电流
D. 线圈从 P 到 M 过程的感应电动势与从 P 到 N 过程的感应电动势相等

图2-44

【点评】本题考查法拉第电磁感应定律、磁感应强度、通电导线的磁场，通过构建立体空间结构，考查定量或定性、理解能力、空间想象能力和建模能力。

二、突出实验知识和方法的迁移和应用

学习的目的在于运用。学生能将所学的知识迁移到新情境中去，解决新问题，得到新结论，既是学生思维认知能力的表现，也是运用知识的能力表现。

【例16】（2021年广东高考）某兴趣小组测量一缓冲装置中弹簧的劲度系数，缓冲装置如图2-45所示，固定在斜面上的透明有机玻璃管与水平面夹角为30°，弹簧固定在有机玻璃管底端。实验过程如下：先沿管轴线方向固定一毫米刻度尺，再将单个质量为200 g的钢球（直径略小于玻璃管内径）逐个从管口滑进，每滑进一个钢球，待弹簧静止，记录管内钢球的个数n和弹簧上端对应的刻度尺示数L_n，数据如下表。实验过程中弹簧始终处于弹性限度内。采用逐差法计算弹簧压缩量，进而计算其劲度系数。

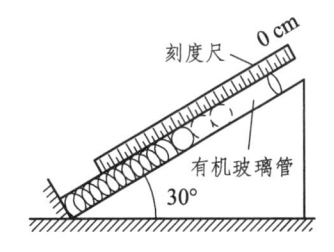

图 2-45

n	1	2	3	4	5	6
L_n/cm	8.04	10.03	12.05	14.07	16.11	18.09

（1）利用$\Delta L_i = L_{i+3} - L_i$（$i$=1，2，3）计算弹簧的压缩量：$\Delta L_1$=6.03 cm，$\Delta L_2$=6.08 cm，$\Delta L_3$=_____cm，压缩量的平均值$\overline{\Delta L} = \dfrac{\Delta L_1 + \Delta L_2 + \Delta L_3}{3}$ =_____cm。

（2）上述$\overline{\Delta L}$是管中增加_____个钢球时产生的弹簧平均压缩量。

（3）忽略摩擦，重力加速度g取9.80 m/s²，该弹簧的劲度系数为_____N/m（结果保留3位有效数字）。

【点评】本题以测量弹簧的劲度系数为实验目的，考查学生对实验数据的分析与处理，并求得实验结果。题中要求采用"逐差法"计算弹簧压缩量。"逐差法"是处理打点计时器在纸带上打点后，为计算纸带上计时点之间位移的变化量时采用的方法，目的是减小偶然误差，提高实验精度。现将运动学这种处理实验数据的方法迁移到力学当中来，试题呈现方式新颖。

【例17】（2021年广东高考）某小组研究热敏电阻阻值随温度的变化规律。根据实验需要已选用了合适规格和量程的器材。

（1）先用多用电表预判热敏电阻阻值随温度的变化趋势。选择适当倍率的欧姆挡，将两表笔_____，调节欧姆调零旋钮，使指针指向右边"0 Ω"处。测量时观察到热敏电阻温度越高，相同倍率下多用电表指针向右偏转角度越大，由此可判断热敏电阻阻值随温度的升高而_____。

（2）再按图2-46所示连接好电路进行测量。

① 闭合开关S前，将滑动变阻器R_1的滑片滑到_____端（选填"a"或"b"）。

将温控室的温度设置为T，电阻箱R_0调为某一阻值R_{01}。闭合开关S，调节滑动变阻器R_1，使电压表和电流表的指针偏转到某一位置。记录此时电压表和电流表的示数、T和R_{01}。断开开关S。

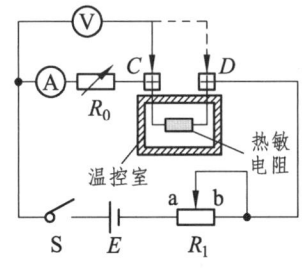

图 2-46

再将电压表与热敏电阻 C 端间的导线改接到 D 端，闭合开关 S。反复调节 R_0 和 R_1，使电压表和电流表的示数与上述记录的示数相同。记录此时电阻箱的阻值 R_{02}。断开开关 S。

② 实验中记录的阻值 R_{01} _____ R_{02}（选填"大于""小于"或"等于"）。此时热敏电阻阻值 R_T = _____。

（3）改变温控室的温度，测量不同温度时的热敏电阻阻值，可以得到热敏电阻阻值随温度的变化规律。

【点评】本题第（1）问，主要是多用电表的使用，即如何"调零"，第（2）问，为求得热敏电阻的阻值，本题采用等效替代的方法。电压表分别与热敏电阻的 C 端和 D 端连接时，通过调节电阻箱 R_0 和滑动变阻器 R_1，使得两次电压表和电流表的示数保持不变，即有：$R_{01} = R_{02} + R_T$，得 $R_T = R_{01} - R_{02}$。"等效替代"是"验证力的平行四边形"实验的原理和方法，现将它迁移到电学实验，试题设置合理，打破知识的界限。

【例 18】（2022 年广东高考）某实验小组为测量小球从某一高度释放，与某种橡胶材料碰撞导致的机械能损失，设计了如图 2-47（a）所示的装置，实验过程如下：

（1）让小球从某一高度由静止释放，与水平放置的橡胶材料碰撞后竖直反弹。调节光电门位置，使小球从光电门正上方释放后，在下落和反弹过程中均可通过光电门。

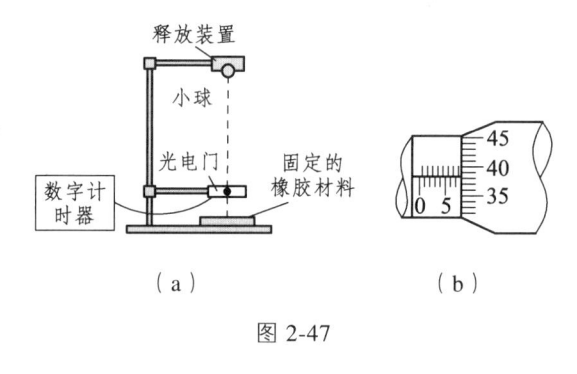

图 2-47

（2）用螺旋测微器测量小球的直径，示数如图 2-47（b）所示，小球直径 d = _____ mm。

（3）测量时，应 _____（选填"A"或"B"，其中 A 为"先释放小球，后接通数字计时器"，B 为"先接通数字计时器，后释放小球"）。记录小球第一次和第二次通过光电门的遮光时间 t_1 和 t_2。

（4）计算小球通过光电门的速度，已知小球的质量为 m，可得小球与橡胶材料碰撞导致的机械能损失 ΔE = _____（用字母 m、d、t_1 和 t_2 表示）。

（5）若适当调高光电门的高度，将会 _____（选填"增大"或"减小"）因空气阻力引起的测量误差。

【点评】此题先是利用光电门测速度，其次利用动能概念对小球的动能进行计算，在实验器材和实验原理上利用功能关系进行创新改造。首先考查基本仪器的读数，利用螺旋测微器测量小球的直径，其次考查实验仪器的操作：先接通数字计时器，后释放小球，通过光电门测出小球的速度，从而计算出小球的动能，最后利用功能关系求出小球与橡胶材料碰撞导致的机械能损失，等于两次通过光电门时小球动能的较少量，调高光电门的高度，较调整之前小球会经历较大的空中距离，所以将会增大因空气阻力引起的测量误差。

从本实验的考查内容上看，考查了学生对于仪器的使用、实验操作的理解、数据处理等核心能力，以及考查对实验原理分析、实验误差分析等物理学科素养和核心价值，从命题者的角度来看，该题实验设计的基本思路、实验原理均来源于教材，而在考查过程中对实验进行了创新改造，体现高考评价体系的"一核""四层""四翼"，引导实验教学从"题海"战术向学科素养转变，从而推动学生思路由"解题"向"解决问题"转变，全面提升学生物理学科素养，真正实现高考"立德树人，服务人才，指导教学"的核心功能。

【例19】（2022广东高考）弹性导电绳逐步成为智能控制系统中部分传感器的敏感元件。某同学测量弹性导电绳的电阻与拉伸后绳长之间的关系，实验过程如下：

（1）装置安装和电路连接。

如图2-48（a）所示，导电绳的一端固定，另一端作为拉伸端，两端分别用带有金属夹A、B的导线接入如图2-48（b）所示的电路中。

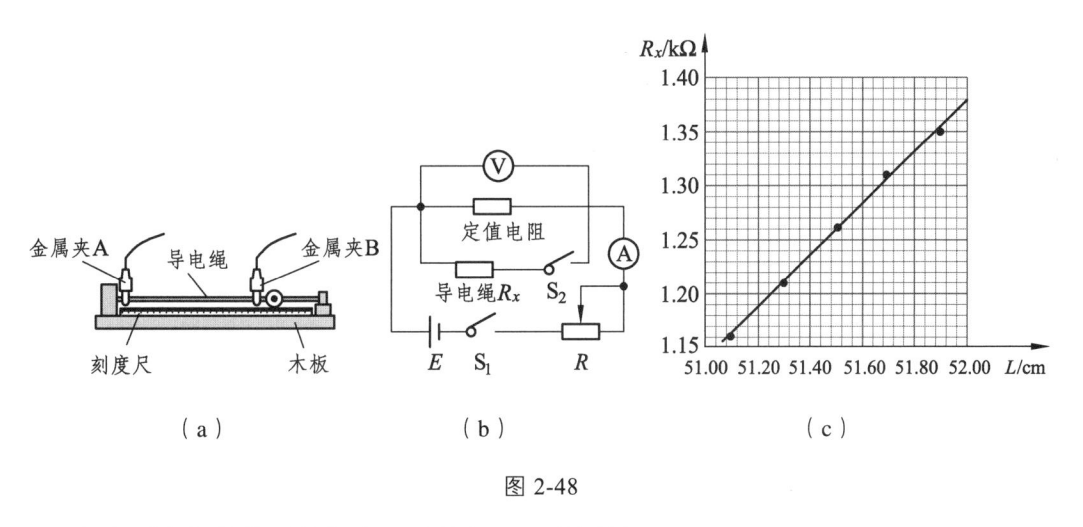

图2-48

（2）导电绳拉伸后的长度L及其电阻R_x的测量。

① 将导电绳拉伸后，用刻度尺测量并记录A、B间的距离，即为导电绳拉伸后的长度L。

② 将滑动变阻器R的滑片滑到最右端。断开开关S_2，闭合开关S_1，调节R，使电压表和电流表的指针偏转到合适位置。记录两表的示数U和I_1。

③ 闭合S_2，电压表的示数_____（选填"变大"或"变小"）。调节R使电压表的示数仍为U，记录电流表的示数I_2，则此时导电绳的电阻$R_x =$ _____（用I_1、I_2和U表示）。

④ 断开S_1，增大导电绳拉伸量，测量并记录A、B间的距离，重复步骤②和③。

（3）该电压表内阻对导电绳电阻的测量值_____（选填"有"或"无"）影响。

（4）图2-48（c）是根据部分实验数据描绘的R_x-L图线。将该导电绳两端固定在某种机械臂上，当机械臂弯曲后，测得导电绳的电阻R_x为1.33 kΩ，则由图线可读出导电绳拉伸后的长度为_____cm，即为机械臂弯曲后的长度。

【点评】此题通过对课本实验测量金属电阻率进行创新改造，设计出一种新情境，使用全新的电路来测量弹性导电绳电阻，然后通过控制两次电压表电压，从而确定加在导电绳两端的电压为 U，流过导电绳的电流为 I_2-I_1，利用欧姆定律求出待测电阻，接着通过对新的实验原理的理解，分析电压表内阻对导电绳电阻的测量值的影响，最后利用 R_x-L 图线，求出导电绳的电阻 R_x 为 1.33 kΩ 时机械臂弯曲后的长度。

【例20】（2023 广东高考）某兴趣小组设计了测量盐水电导率的实验。所用器材有：电源 E（电动势恒定，内阻可忽略）；毫安表 ⓜⒶ（量程 15 mA，内阻可忽略）；电阻 R_1（阻值 500 Ω）、R_2（阻值 500 Ω）、R_3（阻值 600 Ω）和 R_4（阻值 200 Ω）；开关 S_1 和 S_2；装有耐腐蚀电极板和温度计的有机玻璃样品池；导线若干。请完成下列实验操作和计算。

（1）电路连接。

图 2-49（a）所示为实验原理图，在图 2-49（b）所示的实物图中，已正确连接了部分电路，只有 R_4 一端的导线还未连接，该导线应接到 R_3 的_____（填"左"或"右"）端接线柱。

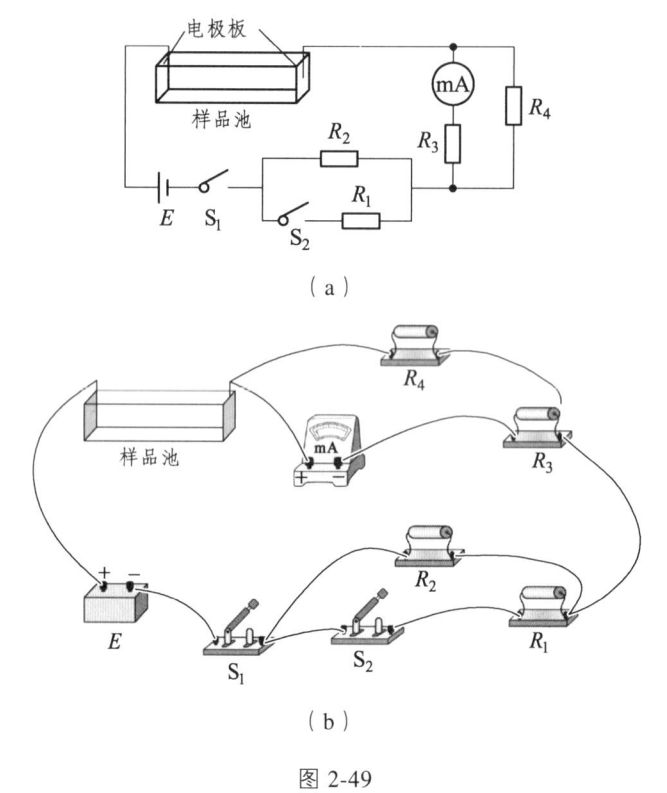

图 2-49

（2）盐水电导率和温度的测量。

① 测量并记录样品池内壁的长宽高，在样品池中注满待测盐水。

② 闭合开关 S_1，_____开关 S_1，毫安表的示数为 10.0 mA，记录此时毫安表的

示数。计算得到流过样品池的电流 I_1 为_____mA。

③_____开关 S_1，毫安表的示数为 15.0 mA，记录此时毫安表的示数。计算得到流过样品池的电流 I_1 为_____mA。

④ 断开开关 S_1，测量并记录盐水的温度。

（3）根据上述数据，计算得到样品池两电极板间待测盐水的电阻为_____Ω，进而可求得该温度时待测盐水的电导率。

【点评】以兴趣小组设计特定盐水电导率的实验为情境，考查电路的连接、读数、实验原理、实验操作、数据处理等。考查学生能否利用所学的电学知识，真正应用于生产，解决实际问题。

《中国高考评价体系说明》明确提出："情境正是实现价值引领、素养导向、能力为重、知识为基的综合考察的载体。"此题以"兴趣小组设计特定盐水导电率的实验"情境为载体，以全新的形式和测量电路来考查电阻的测量、电路的连接实验操作、数据处理等解题能力，不仅要考生能够适应新情境，还要考生运用知识迁移能力进行解答，也充分说明了学生在平时的学习之中既要学习必备知识又要注重关键能力培养。

无论教师还是学生都总是希望能把学到的知识运用于各种类似的情境中去，而不是仅仅按教科书的方式呈现出来，而且迁移总是与知识的运用和问题解决紧密联系在一起的。这种"迁移"的考查方式值得我们对教学进行思考。平常教学中，要重视课程标准规定要完成的实验，为学生迁移做好知识储备，毕竟迁移的前提是必须要有可"迁"可"移"的东西。加强学生对实验目的、原理、方法的理解，通过理解而不是机械记忆来学习的知识可迁移到各种情境中去；创设有利于与学习内容相结合的问题情境，迁移阶段的重要条件之一是学生在不同情境中学习，学生学习某件事情时经历的情境越多，迁移的可能性就越大。

三、突出模型建构能力的考查

"科学思维"主要包括模型建构、科学推理、科学论证、质疑创新等要素。对模型构建的要求提高了，学以致用，高考试题充分体现了这一要求。经历质点模型的建构过程，了解质点的含义；知道将物体抽象为质点的条件，能将特定实际情境中的物体抽象成质点；体会建构物理模型的思维方式，认识物理模型在探索自然规律中的作用。通过质点模型、太阳系行星模型等实例，体会物理模型在物理学研究中的意义。

【例21】（2021年广东高考）由于高度限制，车库出入口采用如图2-50所示的曲杆道闸。道闸由转动杆 OP 与横杆 PQ 链接而成，P、Q 为横杆的两个端点。在道闸抬起过程中，杆 PQ 始终保持水平。杆 OP 绕 O 点从与水平方向成30°匀速转动到60°的过程中，下列说法正确的是（　　）。

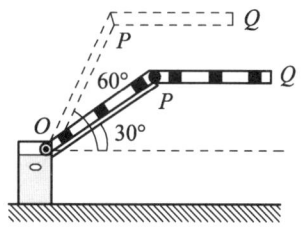

图2-50

A. P 点的线速度大小不变

B. P 点的加速度方向不变

C. Q 点在竖直方向做匀速运动

D. Q 点在水平方向做匀速运动

【点评】本题以并不常见的曲杆道闸为知识背景，需要对知识进行迁移与再应用，通过构建匀速圆周运动的模型，考查对匀速圆周运动的理解，同时考查了学生的创新能力和模型建构能力。

【例22】（2021年广东高考）算盘是我国古老的计算工具，中心带孔的相同算珠可在算盘的固定导杆上滑动，使用前算珠需要归零。如图 2-51 所示，水平放置的算盘中有甲、乙两颗算珠未在归零位置，甲靠边框 b，甲、乙相隔 $s_1 = 3.5 \times 10^{-2}$ m，乙与边框 a 相隔 $s_2 = 2.0 \times 10^{-2}$ m，算珠与导杆间的动摩擦因数 $\mu = 0.1$。现用手指将甲以 0.4 m/s 的初速度拨出，甲、乙碰撞后甲的速度大小为 0.1 m/s，方向不变，碰撞时间极短且不计，重力加速度 g 取 10 m/s²。

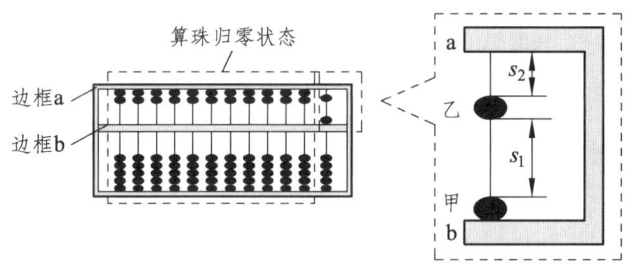

图 2-51

（1）通过计算，判断乙算珠能否滑动到边框 a；

（2）求甲算珠从拨出到停下所需的时间。

【点评】本题以我国古老的计算工具算盘为问题情境，以算盘"归零"为切入点，题干与问题呼应，较好地引导了"文化自信"。考查了牛顿运动定律、机械能守恒和动量守恒等高中物理中主干知识，考查了模型建构能力和推理论证能力。本题的问题与情境有机结合，描述流畅，试题新颖且具有创新性，由于隐含了算珠的厚度值，还需要让学生从高中常见的质点模型回归到真实的问题情境来解决问题，对高中物理教学回归生活实际具有良好的引导作用。

【例23】（2022年广东高考）图 2-52 所示为可用来制作豆腐的石磨。木柄 AB 静止时，连接 AB 的轻绳处于绷紧状态。O 点是三根轻绳的结点，F、F_1 和 F_2 分别表示三根绳的拉力大小，$F_1 = F_2$ 且 $\angle AOB = 60°$。下列关系式正确的是（ ）。

A. $F = F_1$

B. $F = 2F_1$

C. $F = 3F_1$

D. $F = \sqrt{3} F_1$

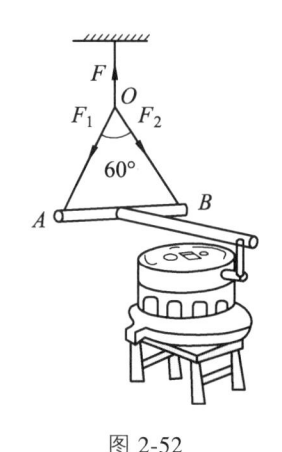

图 2-52

【点评】本题以可用来制作豆腐的石磨为素材，介绍中华民族在实践中积累的经验、产生的智慧，属于古代科技情境。本题结合生产劳动情境，考查共点力平衡知识，学生运用物理概念、物理规律解决生产劳动中的相关问题，引导学生积极参加劳动实践，树立正确的劳动观念，培育积极的劳动精神。

【例24】（2022年广东高考）图2-53所示是滑雪道的示意图。可视为质点的运动员从斜坡上的 M 点由静止自由滑下，经过水平 NP 段后飞入空中，在 Q 点落地。不计运动员经过 N 点的机械能损失，不计摩擦力和空气阻力。下列能表示该过程运动员速度大小 v 或加速度大小 a 随时间 t 变化的图像是（　　）。

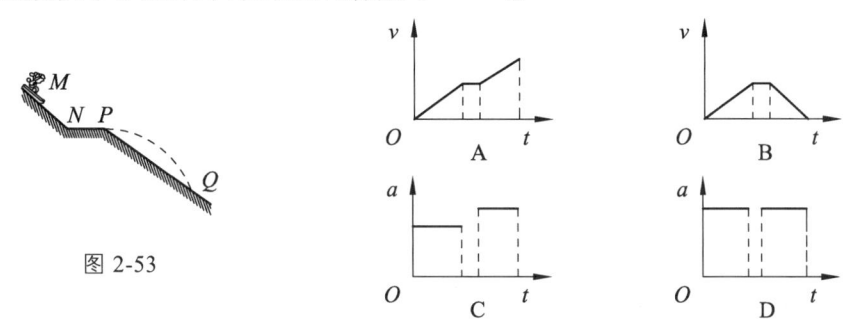

图2-53

【点评】本题以滑雪运动为背景，考查牛顿运动定律、平抛运动、运动的合成与分解的知识，通过建立平抛运动模型，考查学生知识的运用和迁移能力。

【例25】（2022年广东高考）某同学受自动雨伞开伞过程的启发，设计了如图2-54所示的物理模型。竖直放置在水平桌面上的滑杆上套有一个滑块，初始时它们处于静止状态。当滑块从 A 处以初速度 v_0 为 10 m/s 向上滑动时，受到滑杆的摩擦力 f 为 1 N，滑块滑到 B 处与滑杆发生完全非弹性碰撞，带动滑杆离开桌面一起竖直向上运动。已知滑块的质量 $m = 0.2$ kg，滑杆的质量 $M = 0.6$ kg，A、B 间的距离 $l = 1.2$ m，重力加速度 g 取 10 m/s², 不计空气阻力。求：

（1）滑块在静止时和向上滑动的过程中，桌面对滑杆支持力的大小 N_1 和 N_2；

（2）滑块碰撞前瞬间的速度大小 v；

（3）滑杆向上运动的最大高度 h。

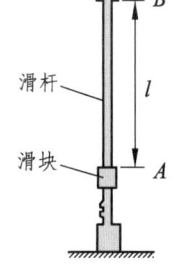

图2-54

【点评】本题以自动雨伞开伞过程为背景设置的生活情境，考查力的平衡、牛顿第三定律、竖直上抛运动、动量守恒定律、动能定理等知识，同时考查了模型建构能力和推理论证能力。

四、通过讨论与判断来考查创新能力

物理科考试增强试题的开放性和探究性，凸显试题的创新性，加强对学生创新能力的考查。物理科考试的创新性应符合中学生的认知实际，主要包括创造性的问题解决、创造性的实验设计等方面。通过创新试题的呈现方式和设问方式，要求学生从不同角度分析和思考问题，能提出个性化、创造性的思路和见解。

对问题进行讨论与判断的能力是渗透在高考物理五种能力（理解能力、推理能力、分析综合能力、应用数学处理物理问题的能力、实验与探究能力）之中的一种能力，在以能力立意为主的高考试题中，这是一种很能体现这一意图的题型。讨论与判断题对考生独立分析问题的能力和思维严密性要求较高，因为任何物理问题都是由物理情境和条件组成的，物理情境和条件发生变化，必然会使物理现象和相应结果发生变化。对在什么条件下遵循什么样的物理规律、在什么情境下发生什么样的物理现象，必须全面考虑。另外经数学处理后得到的结果，在物理上是否合理、是否合乎实际以及所得结果的物理意义如何，都需要进行讨论和判断，这既是一种能力，也是一种科学态度。原广东的高考物理试题在这个方面做得非常有特色。

【例26】（2011年广东高考）如图2-55所示，以 A、B 和 C、D 为端点的两半圆形光滑轨道固定于竖直平面内，一滑板静止在光滑水平地面上，左端紧靠 B 点，上表面所在平面与两半圆分别相切于 B、C，一物块被轻放在水平匀速运动的传送带上 E 点，运动到 A 时刚好与传送带速度相同，然后经 A 沿半圆轨道滑下，再经 B 滑上滑板，滑板运动到 C 时被牢固粘连，物块可视为质点，质量为 m，滑板质量 $M=2m$，两半圆半径均为 R，板长 $l=6.5R$，板右端到 C 的距离 L 在 $R<L<5R$ 范围内取值，E 距 A 为 $s=5R$，物块与传送带、物块与滑板间的动摩擦因数 μ 均为0.5，重力加速度取 g。

（1）求物块滑到 B 点的速度大小；
（2）试讨论物块从滑上滑板到离开滑板右端的过程中，克服摩擦力做的功 W_f 与 L 的关系，并判断物块能否滑到 CD 轨道的中点。

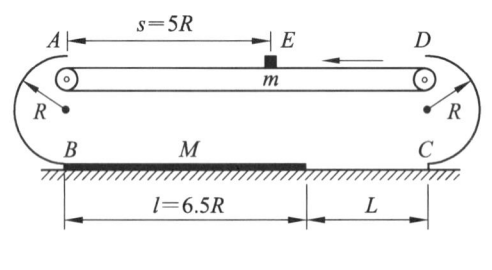

图 2-55

【点评】本题是根据条件分类求结果，判断滑块与木板是否共速，根据 L 的长短进行分类讨论。第（2）问的思维要求就比较高了，首先要判断滑板与 C 碰前滑块是否从板上掉下来，掉下的条件是什么？如果没有掉下来，又要分两种情况进行讨论，即滑板与 C 碰前，滑块是否与滑板共速度？共速度的条件是什么？共速以后的运动情境如何？在分类讨论（开放性）、深入分析、比较判断的过程中，物理思维的严密性、逻辑性得到充分的展示。

【例27】（2012年广东高考）如图2-56所示的装置中，小物块 A、B 质量均为 m，水平面上 PQ 段长为 l，与物块间的动摩擦因数为 μ，其余段光滑。初始时，挡板上的轻质弹簧处于原长；长为 r 的连杆位于图中虚线位置；A 紧靠滑杆（A、B 间距大于 $2r$）。

随后,连杆以角速度 ω 匀速转动,带动滑杆做水平运动,滑杆的 v-t 图像如图 2-56(b)所示。A 在滑杆推动下运动,并在脱离滑杆后与静止的 B 发生完全非弹性碰撞。

(1)求 A 脱离滑杆时的速度 v_0,及 A 与 B 碰撞过程的机械能损失 ΔE。

(2)如果 A、B 不能与弹簧相碰,设 A、B 从 P 点到运动停止所用的时间为 t_1,求 ω 的取值范围,及 t_1 与 ω 的关系式。

(3)如果 A、B 能与弹簧相碰,但不能返回到 P 点左侧,设每次压缩弹簧过程中弹簧的最大弹性势能为 E_p,求 ω 的取值范围及 E_p 与 ω 的关系式(弹簧始终在弹性限度内)。

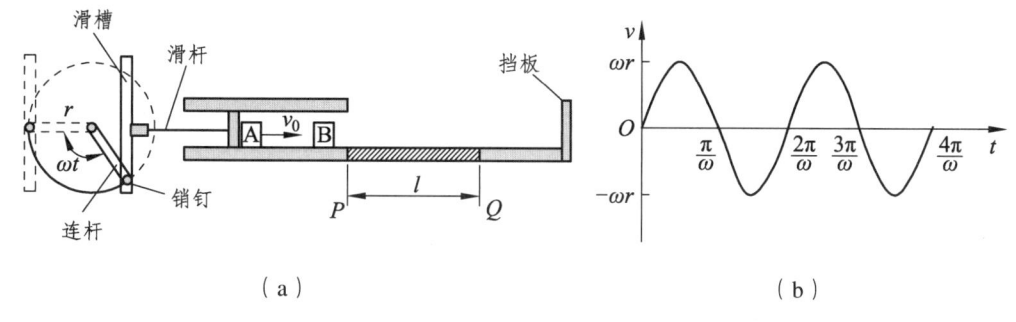

图 2-56

【点评】本题是根据条件分类,写分段函数。A、B 能与弹簧相碰是一个临界,不能返回到 P 点左侧是另一临界,从而进行分类讨论,在不同条件下满足不同的物理规律。

【例 28】(2014 年广东高考)如图 2-57 所示,足够大的平行挡板 A_1、A_2 竖直放置,间距 $6L$,两板间存在两个方向相反的匀强磁场区域Ⅰ和Ⅱ,以水平面 MN 为理想分界面,Ⅰ区的磁感应强度为 B_0,方向垂直纸面向外。A_1、A_2 上各有位置正对的小孔 S_1、S_2,两孔与分界面 MN 的距离均为 L。质量为 m、电量为 +q 的粒子经宽度为 d 的匀强电场由静止加速后,沿水平方向从 S_1 进入Ⅰ区,并直接偏转到 MN 上的 P 点,再进入Ⅱ区,P 点与 A_1 板的距离是 L 的 k 倍,不计重力,碰到挡板的粒子不予考虑。

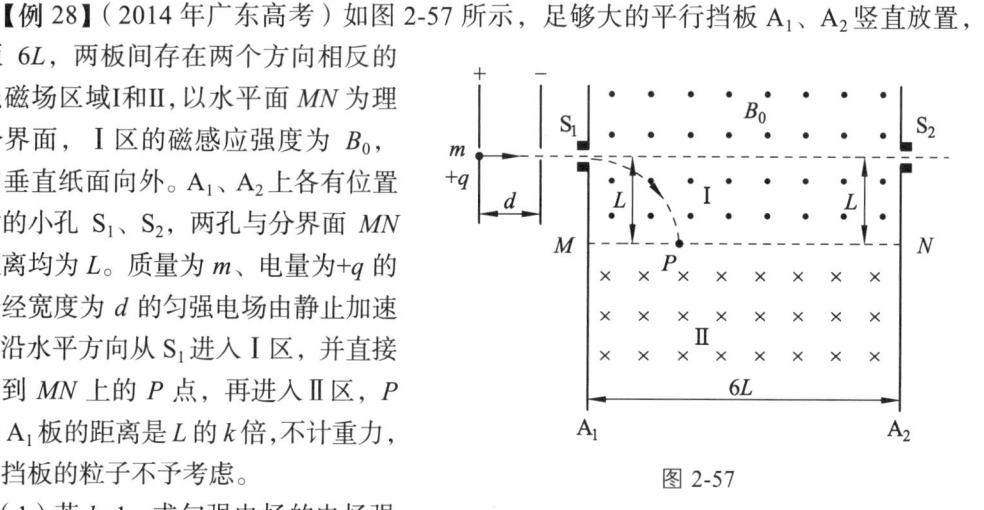

(1)若 $k=1$,求匀强电场的电场强度 E;

(2)若 $2<k<3$,且粒子沿水平方向从 S_2 射出,求出粒子在磁场中的速度大小 v 与 k 的关系式和Ⅱ区的磁感应强度 B 与 k 的关系式。

图 2-57

【点评】本题是根据条件分类,写分段函数。第(3)问当 $2<k<3$ 时,由题意可知粒子在Ⅱ区只能发生一次偏转,由几何关系可知 $(r-L)^2+(kL)^2=r^2$,得出 $r=\dfrac{(k^2+1)}{2}L$,

解得 $v=\dfrac{(k^2+1)qB_0L}{2m}$，粒子在Ⅱ区洛伦兹力提供向心力 $qvB=m\dfrac{v^2}{r_1}$，由对称性及几何关系可知 $\dfrac{k}{(3-k)}=\dfrac{r}{r_1}$，得出 $r_1=\dfrac{(3-k)(k^2+1)}{2k}L$，从而解得 $B=\dfrac{k}{(3-k)}B_0$。

【例29】（2022年广东高考）密立根通过观测油滴的运动规律证明了电荷的量子性，因此获得了1923年的诺贝尔物理学奖。图2-58所示为密立根油滴实验的原理示意图，两个水平放置、相距为 d 的足够大金属极板，上极板中央有一小孔。通过小孔喷入一些小油滴，由于碰撞或摩擦，部分油滴带上了电荷。有两个质量均为 m_0、位于同一竖直线上的球形小油滴 A 和 B，在时间 t 内都匀速下落了距离 h_1。此时将两极板加上电压 U（上极板接正极），A 继续以原速度下落，B 经过一段时间后向上匀速运动。B 在匀速运动时间 t 内上升了距离 h_2（$h_2 \neq h_1$），随后与 A 合并，形成一个球形新油滴，继续在两极板间运动直至匀速。已知球形油滴受到的空气阻力大小为 $f=km^{\frac{1}{3}}v$，其中 k 为比例系数，m 为油滴质量，v 为油滴运动速率。不计空气浮力，重力加速度为 g。求：

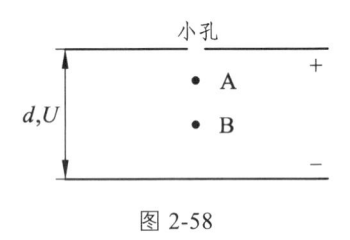

（1）比例系数 k；

（2）油滴 A、B 的带电量和电性及 B 上升距离 h_2 电势能的变化量；

（3）新油滴匀速运动速度的大小和方向。

【点评】本题以密立根油滴实验为情境，考查学生解释、解决探究过程中出现的实际现象和问题的能力。试题以密立根油滴实验为情境，以实验的真实现象为问题载体，考查带电粒子在复合场（电场、重力场）中的运动问题，考查了学生空间想象、科学思维、解决问题等方面能力。试题要求学生受力分析基本功扎实，在第（3）问分类讨论中，对学生思维的深刻性要求较高。要求学生从不同角度正确、全面、透彻看待问题，引导学生多角度地审视问题。体现高考评价体系的"一核""四层""四翼"，引导物理教学从"题海"战术向素质教育转变，从关注学生"解题"向"解决问题"转变，关注学生物理学科素养、关键能力的全面提升，真正实现高考"立德树人，服务人才，指导教学"的核心功能，这也是广东省高考物理自主命题压轴题的一贯特色。

第四节 关键能力在全国高考中的体现

《中国高考评价体系说明》指出高考能够通过基于教育测量学相关理论与技术获取的考生（常模）能力分布，了解其实际认知水平，从而进行准确地测量和区分，为高校科学选拔人才服务。将能力作为高考考查的重点内容不仅符合高考的客观实际，也是衔接高考经过长期实践所确立的"能力立意"命题理念的重要途径，同时可以与基于"价值引领、素养导向、能力为重、知识为基"的新时代高考命题工作有效链接，确保新时代高考"四层"考查内容能落到实处，从根本上实现其考查效果。从"四层"考查内容的外在显性效果看，关键能力也是非常直观和明显的。将关键能力作为整个"四层"考查内容的重心，是推进新时代高考内容改革的必然选择，也是教育测量学的规律性要求。根据不同学科的特点，基于学科素养导向的关键能力也有所差异、各有侧重。

根据"四翼"考查要求，高考命题需要体现基础性、综合性、应用性和创新性。因此，命题中应包含一定比例的基础性试题，引导学生筑牢知识基础；试题之间、考试内容之间、学科之间应相互关联，交织成网状的知识测评框架，实现对学生素质的综合考查；采用贴近时代、贴近社会、贴近生活的素材，鼓励学生理论联系实际，关心日常生活、生产活动中蕴含的实际问题，思考课堂所学内容的应用价值；合理创设情境，设置新颖的试题呈现方式和设问方式，促使学生主动思考，发现新问题、找到新规律、得出新结论。

纵观全国高考命题关键能力考查的有效方式主要有：

一、把情境作为物理学科的考查载体

基于知识应用和产生方式的不同，高考评价体系中的情境可以分为两类。第一类是"生活实践情境"。这类情境与日常生活以及生产实践密切相关，考查学生运用所学知识解释生活中的现象、解决生产实践中问题的能力。第二类是"学习探索情境"。这类情境源于真实的研究过程或实际的探索过程，涵盖学习探索与科学探究过程中所涉及的问题。学生在解决这类情境中的问题时，必须启动已有知识开展智力活动，同时在解决问题的过程中运用创新的思维方式。全国高考出题一般以以下形式呈现：

1. 真实的问题与生产生活相结合

【例1】（2014年全国高考新课标Ⅱ卷）2012年10月，奥地利极限运动员菲利克斯·鲍姆加特纳乘气球升至约39 km的高空后跳下，经过4分20秒到达距地面约1.5 km高度处，打开降落伞并成功落地，打破了跳伞运动的多项世界纪录，取重力加速度的大小 $g=10$ m/s^2。

（1）忽略空气阻力，求该运动员从静止开始下落到1.5 km高度处所需要的时间及其在此处速度的大小；

（2）实际上物体在空气中运动时会受到空气阻力，高速运动受阻力大小可近似表示为 $f=kv^2$，其中 v 为速率，k 为阻力系数，其数值与物体的形状、横截面积及空气密度有关。已知该运动员在某段时间内高速下落的 v-t 图像如图2-59所示，着陆过程中，运动员和所携装备的总质量 $m=100$ kg，试估算该运动员在达到最大速度时所受阻力的阻力系数（结果保留1位有效数字）。

图2-59

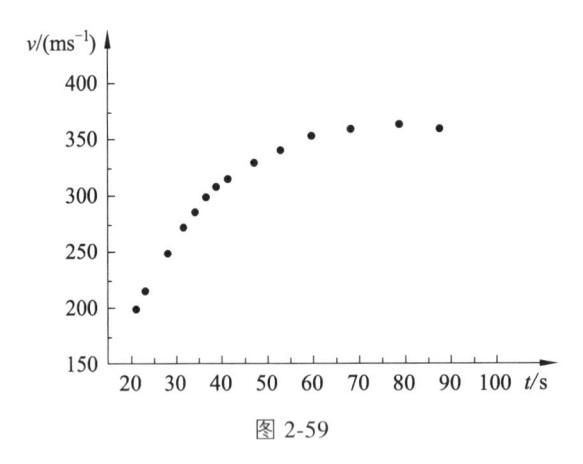

【点评】本题以奥地利极限运动员菲利克斯·鲍姆加特纳乘气球升至约 39 km 的高空跳伞运动为情境。运动员先自由落体运动，打开降落伞做变加速运动，当加速度为零时速度最大。考查了自由落体运动、牛顿运动定律、力与运动的动态分析，也考查了学生理解能力、推理论证能力等关键能力。

【例2】（2015 全国高考新课标Ⅰ卷）一带有乒乓球发射机的乒乓球台如图 2-60 所示。水平台面的长和宽分别为 L_1 和 L_2，中间球网高度为 h。发射机安装于台面左侧边缘的中点，能以不同速率向右侧不同方向水平发射乒乓球，发射点距台面高度为 $3h$。不计空气的作用，重力加速度大小为 g。若乒乓球的发射速率 v 在某范围内，通过选择合适的方向，就能使乒乓球落到球网右侧台面上，则 v 的最大取值范围是（　　）。

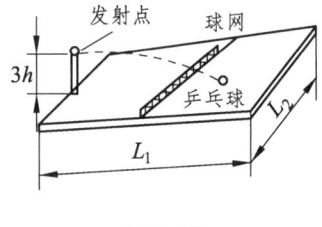

图2-60

A. $\dfrac{L_1}{2}\sqrt{\dfrac{g}{6h}}<v<L_1\sqrt{\dfrac{g}{6h}}$

B. $\dfrac{L_1}{4}\sqrt{\dfrac{g}{h}}<v<\sqrt{\dfrac{(4L_1^2+L_2^2)g}{6h}}$

C. $\dfrac{L_1}{2}\sqrt{\dfrac{g}{6h}}<v<\dfrac{1}{2}\sqrt{\dfrac{(4L_1^2+L_2^2)g}{6h}}$

D. $\dfrac{L_1}{4}\sqrt{\dfrac{g}{h}}<v<\dfrac{1}{2}\sqrt{\dfrac{(4L_1^2+L_2^2)g}{6h}}$

【点评】本题以一带有乒乓球发射机的乒乓球台为背景设置的情境问题，试题背景曾先后在高考试题中多次出现，但"独具匠心"的翻新，以选择题形式出现，既降低了试题的难度又有效地考查了学生解答物理推导型选择题的一般思维方法，当高度一定时，平抛最大水平距离决定水平初速度的最大值。

【例3】（2017年全国高考Ⅰ卷）大科学工程"人造太阳"主要是将氘核聚变反应释放的能量用来发电。氘核聚变反应方程是：$^2_1\text{H} + ^2_1\text{H} \rightarrow ^3_2\text{He} + ^1_0\text{n}$。已知 ^2_1H 的质量为 2.013 6 u，^3_2He 的质量为 3.015 0 u，^1_0n 的质量为 1.008 7 u，1 u = 931 MeV/c^2。氘核聚变反应中释放的核能约为（　　）。

A. 3.7 MeV B. 3.3 MeV
C. 2.7 MeV D. 0.93 MeV

【点评】2016 年 11 月，国家重大科学工程"人造太阳"实验装置 EAST 获得超过 60 s 的稳态高约束模等离子体放电，成为世界首个实现稳态高约束模运行持续时间达到分钟量级的托卡马克核聚变实验装置。本题以此为背景，考查学生对氘核聚变反应和爱因斯坦质能方程的理解和运用。试题契合能源问题解决的重大时代命题，展示出我国从科技大国迈向科技强国的坚实步伐，增强考生的民族自信心和自豪感，激励考生勇攀科技高峰。

【例 4】（2019 年全国高考 Ⅰ 卷）热等静压设备广泛应用于材料加工中。该设备工作时，先在室温下把惰性气体用压缩机压入到一个预抽真空的炉腔中，然后炉腔升温，利用高温高气压环境对放入炉腔中的材料加工处理，改善其性能。一台热等静压设备的炉腔中某次放入固体材料后剩余的容积为 0.13 m³，炉腔抽真空后，在室温下用压缩机将 10 瓶氩气压入到炉腔中。已知每瓶氩气的容积为 3.2×10^{-2} m³，使用前瓶中气体压强为 1.5×10^{7} Pa，使用后瓶中剩余气体压强为 2.0×10^{6} Pa；室温温度为 27 ℃。氩气可视为理想气体。

（1）求压入氩气后炉腔中气体在室温下的压强；

（2）将压入氩气后的炉腔加热到 1 227 ℃，求此时炉腔中气体的压强。

【点评】本题以热等静压设备为背景考查理想气体的等温变化、变质量问题，对信息的加工和处理要求较高，较好地考查了理解能力及推理论证能力，突出关键能力的考查。

【例 5】（2020 年全国高考 Ⅱ 卷）特高压输电可使输送中的电能损耗和电压损失大幅降低。我国已成功掌握并实际应用了特高压输电技术。假设从 A 处采用 550 kV 的超高压向 B 处输电，输电线上损耗的电功率为 ΔP，到达 B 处时电压下降了 ΔU。在保持 A 处输送的电功率和输电线电阻都不变的条件下，改用 1 100 kV 特高压输电，输电线上损耗的电功率变为 $\Delta P'$，到达 B 处时电压下降了 $\Delta U'$。不考虑其他因素的影响，则（ ）。

A. $\Delta P' = \dfrac{1}{4}\Delta P$ B. $\Delta P' = \dfrac{1}{2}\Delta P$ C. $\Delta U' = \dfrac{1}{4}\Delta U$ D. $\Delta U' = \dfrac{1}{2}\Delta U$

【点评】本题以特高压输电为背景设置的新情境问题，通过设置特高压输电过程中输电线上损耗的电功率较小，从而降低用电成本。考查了学生应用问题和解决实际问题的能力，同时培养学生的爱国情怀和民族自豪感。

【例 6】（2021 年全国高考甲卷）2021 年 2 月，执行我国火星探测任务的"天问一号"探测器在成功实施三次近火制动后，进入运行周期约为 1.8×10^{5} s 的椭圆形停泊轨道，轨道与火星表面的最近距离约为 2.8×10^{5} m。已知火星半径约为 3.4×10^{6} m，火星表面处自由落体的加速度大小约为 3.7 m/s²，则"天问一号"的停泊轨道与火星表面的最远距离约为（ ）。

A. 6×10^{5} m B. 6×10^{6} m C. 6×10^{7} m D. 6×10^{8} m

【点评】本题以执行我国火星探测任务的"天问一号"探测器进入环绕火星椭圆形停泊轨道为情境，考查学生运用开普勒第三定律等知识解决实际问题的能力，鼓励学生拓展学科视野，关注国家科技进展，增强民族自信心与自豪感。

【例7】（2022年全国高考乙卷）2022年3月，中国航天员翟志刚、王亚平、叶光富在离地球表面约 400 km 的"天宫二号"空间站上通过天地连线，为同学们上了一堂精彩的科学课。通过直播画面可以看到，在近地圆轨道上飞行的"天宫二号"中，航天员可以自由地飘浮，这表明他们（　　）。

A. 所受地球引力的大小近似为零
B. 所受地球引力与飞船对其作用力两者的合力近似为零
C. 所受地球引力的大小与其随飞船运动所需向心力的大小近似相等
D. 在地球表面上所受引力的大小小于其随飞船运动所需向心力的大小

【点评】以航天员可以在"天宫二号"上自由飘浮为情境，考查学生对太空失重本质的理解，体现新时代我国重大科技发展成果，提升学生的民族自信心和自豪感。

【例8】（2023年全国高考甲卷）在一些电子显示设备中，让阴极发射的电子束通过适当的非匀强电场，可以使发散的电子束聚集。下列 4 幅图中带箭头的实线表示电场线，如果用虚线表示电子可能的运动轨迹，其中正确的是（　　）。

【点评】本题以一些电子显示设备中电子束通过适当的非匀强电场聚集为情境，考查学生运动与相互作用的物理观念。

【例9】（2023年全国高考乙卷）2022 年 10 月，全球众多天文设施观测到迄今最亮伽马射线暴，其中我国的"慧眼"卫星、"极目"空间望远镜等装置在该事件观测中作出重要贡献。由观测结果推断，该伽马射线暴在 1 min 内释放的能量量级为 10^{48} J。假设释放的能量来自于物质质量的减少，则每秒钟平均减少的质量量级为（　　）kg（光速为 3×10^8 m/s）。

A. 10^{19} B. 10^{24} C. 10^{29} D. 10^{34}

【点评】本题以 2022 年 10 月全球众多天文设施观测到迄今最亮的伽马射线暴为背景，介绍我国的"慧眼"卫星、"极目"空间望远镜等在该事件观测中作出的重要贡献，凸显我国科技成就，开阔学生视野，引导学生了解科技前沿，激发学生崇尚科学、探索未知的兴趣。

【例10】（2023年全国高考新课标卷）无风时，雨滴受空气阻力的作用在地面附近会以恒定的速率竖直下落。一质量为 m 的雨滴在地面附近以速率 v 下落高度 h 的过程中，克服空气阻力做的功为（重力加速度大小为 g）（　　）。

A. 0   B. mgh C. $\frac{1}{2}mv^2 - mgh$ D. $\frac{1}{2}mv^2 + mgh$

【点评】以无风时雨滴受空气阻力的作用在地面附近以恒定的速率竖直下落为情境，考查学生对做功基本物理概念的理解。

2. 情境尽可能以真实的立体空间呈现

【例 11】（2022 年全国高考乙卷）安装适当的软件后，利用智能手机中的磁传感器可以测量磁感应强度 B。如图 2-61 所示，在手机上建立直角坐标系，手机显示屏所在平面为 xOy 面。某同学在某地对地磁场进行了四次测量，每次测量时 y 轴指向不同方向而 z 轴正方向保持竖直向上。根据表中测量结果可推知（　　）。

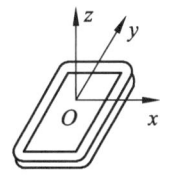

图 2-61

测量序号	$B_x/\mu T$	$B_y/\mu T$	$B_z/\mu T$
1	0	21	−45
2	0	−20	−46
3	21	0	−45
4	−21	0	−45

A. 测量地点位于南半球

B. 当地的地磁场大小约为 50 μT

C. 第 2 次测量时 y 轴正向指向南方

D. 第 3 次测量时 y 轴正向指向东方

【点评】本题通过智能手机测地磁场，要求学生根据题中给出的测量结果论证测量地点、y 轴正方向的指向情况等，让学生体会科学技术影响着我们的生活和学习，提升学生对物理实验探究的兴趣，发展学生的证据意识。

【例 12】（2020 年全国高考Ⅱ卷）CT 扫描是计算机 X 射线断层扫描技术的简称，CT 扫描机可用于对多种病情的探测。图 2-62（a）所示是某种 CT 机主要部分的剖面图，其中部分产生 X 射线的示意图如图 2-62（b）所示。图 2-62（b）中 M、N 之间有一电子束的加速电场，虚线框内有匀强偏转磁场；经调节后电子束从静止开始沿带箭头的实线所示的方向前进，打到靶上，产生 X 射线，如图 2-62（b）中带箭头的虚线所示；将电子束打到靶上的点记为 P 点，则（　　）。

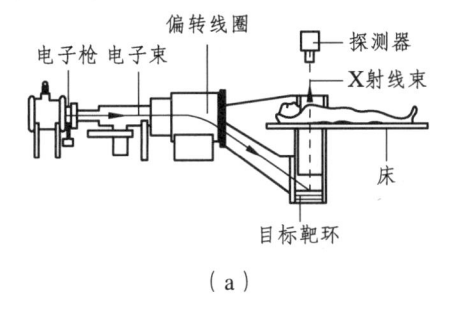

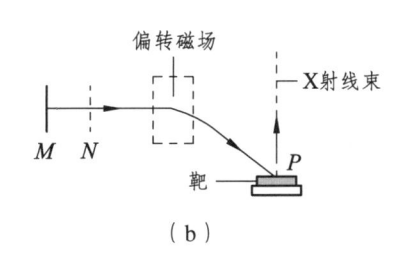

（a）　　　　　　　　　　　　（b）

图 2-62

A. M 处的电势高于 N 处的电势

B. 增大 M、N 之间的加速电压可使 P 点左移

C. 偏转磁场的方向垂直于纸面向外

D. 增大偏转磁场磁感应强度的大小可使 P 点左移

【点评】本题通过 CT 扫描机把电场和磁场巧妙结合，利用立体空间把电场中的加速运动和磁场中的偏转运动结合，考查电势、带电粒子在电场中的加速、洛伦兹力、带电粒子在有界磁场中的运动等。

【例 13】（2017 年全国高考 II 卷）某同学自制的简易电动机示意图如图 2-63 所示。矩形线圈由一根漆包线绕制而成，漆包线的两端分别从线圈的一组对边的中间位置引出，并作为线圈的转轴。将线圈架在两个金属支架之间，线圈平面位于竖直面内，永磁铁置于线圈下方。为了使电池与两金属支架连接后线圈能连续转动起来，该同学应将（　　）。

A. 左、右转轴下侧的绝缘漆都刮掉

B. 左、右转轴上下两侧的绝缘漆都刮掉

C. 左转轴上侧的绝缘漆刮掉，右转轴下侧的绝缘漆刮掉

D. 左转轴上下两侧的绝缘漆都刮掉，右转轴下侧的绝缘漆刮掉

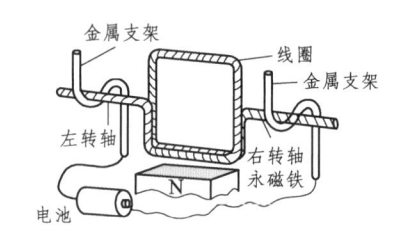

图 2-63

【点评】此题考查了电动机的原理以及安培力的知识，对学生的空间想象能力及综合分析能力要求很高。此题当年的得分率非常低，属于难题。电动机是利用通电导体在磁场中受力的原理，在转动过程中，分析线圈中电流方向和安培力做功情况是突破本题的关键。这道题让我们深受启发，要求平时教学过程中要注重提高学生读题审题的能力，增强学生对物理规律在实际生活中的运用能力，加强学生课外实践性作业的布置与落实，让学生在生活中感悟物理，体会物理世界的神奇。

【例 14】（2019 年全国高考 III 卷）如图 2-64 所示，电荷量分别为 q 和 $-q$（$q>0$）的点电荷固定在正方体的两个顶点上，a、b 是正方体的另外两个顶点，则（　　）。

A. a 点和 b 点的电势相等

B. a 点和 b 点的电场强度大小相等

C. a 点和 b 点的电场强度方向相同

D. 将负电荷从 a 点移到 b 点，电势能增加

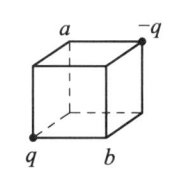

图 2-64

【点评】本题以立体空间形式展现的抽象情境，旨在培养学生的空间想象能力和转换处理物理问题的方式方法。本题考查了等量异种点电荷的电场线、电势、电场强度等相关知识点，意在考查考生的理解能力和推理能力等关键能力。

【例 15】（2023 年全国高考甲卷）如图 2-65 所示，水平桌面上固定一光滑 U 形金属导轨，其平行部分的间距为 l，导轨的最右端与桌子右边缘对齐，导轨的电阻忽略不计。

导轨所在区域有方向竖直向上的匀强磁场，磁感应强度大小为 B。一质量为 m、电阻为 R、长度也为 l 的金属棒 P 静止在导轨上。导轨上质量为 $3m$ 的绝缘棒 Q 位于 P 的左侧，以大小为 v_0 的速度向 P 运动并与 P 发生弹性碰撞，碰撞时间很短。碰撞一次后，P 和 Q 先后从导轨的最右端滑出导轨，并落在地面上同一地点。P 在导轨上运动时，两端与导轨接触良好，P 与 Q 始终平行。不计空气阻力。求：

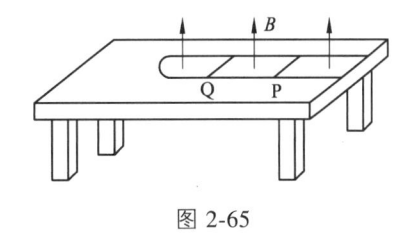

图 2-65

（1）金属棒 P 滑出导轨时的速度大小。

（2）金属棒 P 在导轨上运动过程中产生的热量。

（3）与 P 碰撞后，绝缘棒 Q 在导轨上运动的时间。

【点评】本题将弹性碰撞与电磁感应、微元法巧妙结合，能力要求高，具有较好的区分度和信度。本题引导学生从情境中发现问题、提出问题，逐步从解题引导学生分析解决实际问题；加强课堂教学与实际情境的关联，注重培养学生的物理学科核心素养。

二、通过情境补充与转换，考查思维品质

《2017 年普通高中物理课程标准》指出在教学设计和教学实施过程中重视情境的创设。创设真实的情境进行教学，对培养学生的物理学科核心素养具有关键作用。

物理概念的建立需要创设情境。学生在学习物理概念之前，基于生活经验形成了大量的经验性常识，要在此基础上建构物理概念，必须对所观察的现象进行重新加工，在诸多客观情境中概括事物的共同属性，抽象事物的本质特征，完成从经验性常识向物理概念的转变。在这个过程中，教师应促进学生科学思维能力的发展。例如，在自由落体运动的教学中，学生通常认为重物比轻物下落得快。针对学生的这种认识，教师可以利用纸片和纸团等随手可得的生活用品创设各种物体下落的具体情境，分析得出空气阻力对物体下落快慢有影响；通过羽毛和金属片在无空气阻力的真空玻璃管中下落的实验，抽象出物体在真空中下落快慢的共同特征，形成自由落体运动的抽象概念。教学实践证明，在物理概念的教学中，关键是创设体现概念本质特征的情境，发展学生的科学思维。

物理规律的探究需要创设问题情境。学生从情境中发现和提炼问题，对问题的可能答案作出假设，并根据问题情境运用已有知识制订探究计划，选择符合情境要求的实验装置进行实验，获取客观、真实的实验数据，通过对数据的分析形成关于物理规律的结论。例如在学习行星运动规律时，可利用木星的卫星便于观测且绕木星运行周期较短的特点，教师把每间隔一定时间拍摄的木星（连同多颗卫星）照片提供给学生，让学生从这些照片中分析不同卫星的运动周期，定量比较这些卫星绕木星做圆周运动的半径大小，对卫星做圆周运动的半径和周期的定量关系提出假设，并通过所测出的数

据检验或修正自己的假设，形成相关运动规律的结论。学生在活动中能真切感受科学探究过程，体会通过科学描述和解释自然现象的乐趣，提升对科学本质的认识，提高科学探究能力。

应用物理知识解决具体问题应结合具体的实际情境。运用物理知识解决实际问题能力的高低，往往取决于学生将情境与知识相联系的水平。例如，是否能把情境中的一段经历转化为一个物理探究过程，是否能把情境的故事情节转化为某种物理现象，是否能把描述情境的文字转化为具体的某个物理量，是否能把情境中需要完成的工作转化为相应的物理问题。我们常说某个问题很"活"，其"活"的本质之一在于情境的转化，能不能把问题中的实际情境转换成解决问题的物理情境，建立相应的物理模型，这是应用物理观念思考问题、应用物理知识分析问题的关键。物理教学中，应让学生获得在实际情境中解决问题的大量经验，形成把情境与知识相关联的意识。

【例16】（2016 全国高考乙卷）如图 2-66 所示，一带负电荷的油滴在匀强电场中运动，其轨迹在竖直面（纸面）内，且相对于过轨迹最低点 P 的竖直线对称。忽略空气阻力。由此可知（　　）。

A. Q 点的电势比 P 点高

B. 油滴在 Q 点的动能比它在 P 点的大

C. 油滴在 Q 点的电势能比它在 P 点的大

D. 油滴在 Q 点的加速度大小比它在 P 点的小

图 2-66

【点评】此题通过其轨迹在竖直面（纸面）内，且相对于过轨迹最低点 P 的竖直线对称，轨迹和力的关系，从而把情境补充完整，即合外力向上，从而判断电场力竖直向上，通过粒子带负电，判断出电场线竖直向下，那么就能快速解答此题。

【例17】（2018年全国高考Ⅰ卷）如图 2-67 所示，abc 是竖直面内的光滑固定轨道，ab 水平，长度为 $2R$；bc 是半径为 R 的四分之一圆弧，与 ab 相切于 b 点。一质量为 m 的小球，始终受到与重力大小相等的水平外力的作用，自 a 点处从静止开始向右运动。重力加速度大小为 g。小球从 a 点开始运动到其轨迹最高点，机械能的增量为（　　）。

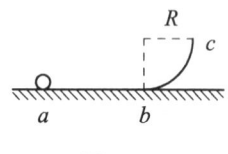

图 2-67

A. $2mgR$　　　　　　　　B. $4mgR$

C. $5mgR$　　　　　　　　D. $6mgR$

【点评】此题通过应用运动的独立原理，把过 c 点后的情境补充完整，即过 c 后小球竖直方向做竖直上抛运动，水平方向做匀加速直线运动，这样就可以快速解答本题目。本题考查了运动的合成与分解、动能定理等知识，意在考查考生综合力学规律解决问题的能力。

【例18】（2019年全国高考Ⅰ卷）如图 2-68 所示，在直角三角形 OPN 区域内存在匀强磁场，磁感应强度大小为 B、方向垂直于纸面向外。一带正电的粒子从静止开始经电压 U 加速后，沿平

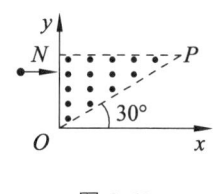

图 2-68

行于 x 轴的方向射入磁场；一段时间后，该粒子在 OP 边上某点以垂直于 x 轴的方向射出。已知 O 点为坐标原点，N 点在 y 轴上，OP 与 x 轴的夹角为 $30°$，粒子进入磁场的入射点与离开磁场的出射点之间的距离为 d，不计重力。求：

（1）带电粒子的比荷。

（2）带电粒子从射入磁场到运动至 x 轴的时间。

【点评】本题通过该粒子在 OP 边上某点以垂直于 x 轴的方向射出，判断出粒子离开磁场时的速度方向竖直向下，把情境补充完整，画出粒子运动的轨迹图，利用几何关系即可解答。

三、加强实验设计，发展学生实验探究能力

实验是培养学生物理学科素养的重要途径和方式。全国高考在实验原理的理解、实验方案的设计、实验仪器的选择、基本仪器的使用、实验数据的处理、实验结论的得出和解释等方面加强设计，考查学生的实验能力和科学探究能力，充分发挥对高中实验教学的积极导向作用，引导教学重视实验探究，引导学生自己动手做实验，切实提升实验能力。

【例 19】（2022 年全国高考乙卷）用雷达探测一高速飞行器的位置。从某时刻（$t=0$）开始的一段时间内，该飞行器可视为沿直线运动，每隔 1 s 测量一次其位置，坐标为 x，结果见下表。

t/s	0	1	2	3	4	5	6
x/m	0	507	1 094	1 759	2 505	3 329	4 233

回答下列问题：

（1）根据表中数据可判断该飞行器在这段时间内近似做匀加速运动，判断的理由是：_____。

（2）当 $x=507$ m 时，该飞行器速度的大小 $v=$ _____ m/s。

（3）这段时间内该飞行器加速度的大小 $a=$ _____ m/s^2（保留 2 位有效数字）。

【点评】本题以雷达探测一高速飞行器的位置为背景，要求学生将熟悉的打点计时器纸带处理方法进行灵活迁移；同时，试题要求学生给出该飞行器近似做匀加速直线运动的理由，考查学生运用物理专业术语进行表达的能力。

【例 20】（2022 全国高考乙卷）一同学探究阻值约为 550 Ω 的待测电阻 R_x 在 0～5 mA 范围内的伏安特性。可用器材有：电压表Ⓥ（量程为 3 V，内阻很大）、电流表Ⓐ（量程为 1 mA，内阻为 300 Ω）、电源 E（电动势约为 4 V，内阻不计）、滑动变阻器 R（最大阻值可选 10 Ω 或 1.5 kΩ）、定值电阻 R_0（阻值可选 75 Ω 或 150 Ω）、开关 S，导线若干。

图 2-69

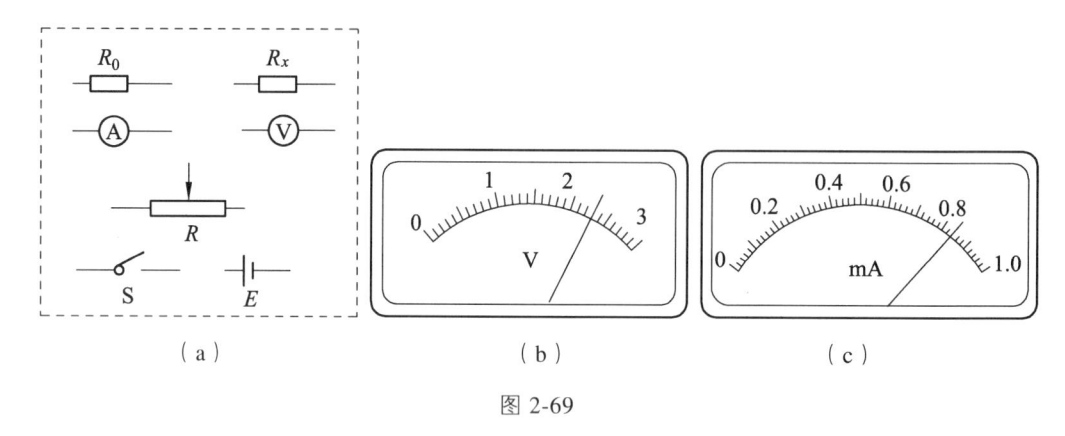

（1）要求通过 R_x 的电流可在 0～5 mA 范围内连续可调，在答题卡上将如图 2-69（a）所示的器材符号连线，画出实验电路的原理图。

（2）实验时，图 2-69（a）中的 R 应选最大阻值为_____（填"10 Ω"或"1.5 kΩ"）的滑动变阻器，R_0 应选阻值为_____（填"75 Ω"或"150 Ω"）的定值电阻。

（3）测量多组数据可得 R_x 的伏安特性曲线。若在某次测量中，电压表、电流表的示数分别如图 2-69（b）、2-69（c）所示，则此时 R_x 两端的电压为_____V，流过 R_x 的电流为_____mA，此组数据得到的 R_x 的阻值为_____Ω（保留 3 位有效数字）。

【点评】本题通过设计一个探测待测电阻在一定电流范围内的伏安特性的实验，要求学生根据实验目的和提供的实验器材，设计出实验的电路原理图以及选择合适的器材，具有很强的探究性。

【例21】（2021 年全国高考乙卷）某同学利用图 2-70（a）所示装置研究平抛运动的规律。实验时该同学使用频闪仪和照相机对做平抛运动的小球进行拍摄，频闪仪每隔 0.05 s 发出一次闪光，某次拍摄后得到的照片如图 2-70（b）所示（图中未包括小球刚离开轨道的影像）。图中的背景是放在竖直平面内的带有方格的纸板，纸板与小球轨迹所在平面平行，其上每个方格的边长为 5 cm。该同学在实验中测得的小球影像的高度差已经在图 2-70（b）中标出。

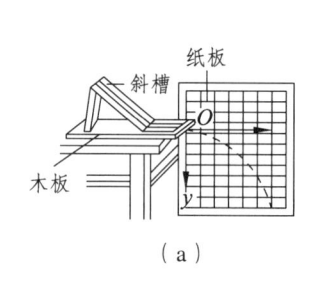

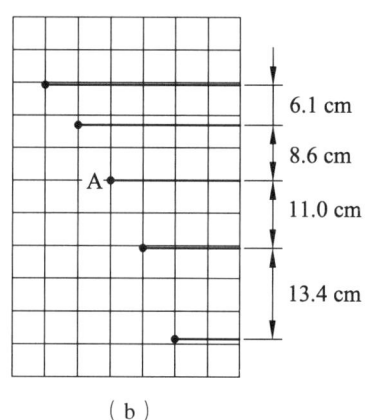

图 2-70

完成下列填空（结果均保留 2 位有效数字）：

（1）小球运动到图 2-70（b）中位置 A 时，其速度的水平分量大小为_____ m/s，竖直分量大小为_____ m/s。

（2）根据图 2-70（b）中数据可得，当地重力加速度的大小为_____ m/s²。

【点评】本题考查新课标新增加的研究平抛运动的特点的实验，通过实验数据，考查相关平抛运动的知识，同时考查逐差法求解加速度等。本题很好地将逐差法求解加速度运用到曲线运动中，是一种实验方法的迁移。

【例22】（2021 年全国高考乙卷）一实验小组利用图 2-71（a）所示的电路测量一电池的电动势 E（约 1.5 V）和内阻 r（小于 2 Ω）。图中电压表量程为 1 V，内阻 R_V = 380.0 Ω；定值电阻 R_0 = 20.0 Ω；电阻箱 R，最大阻值为 999.9 Ω；S 为开关。按电路图连接电路。完成下列填空：

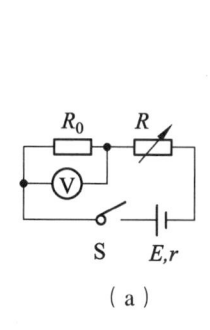

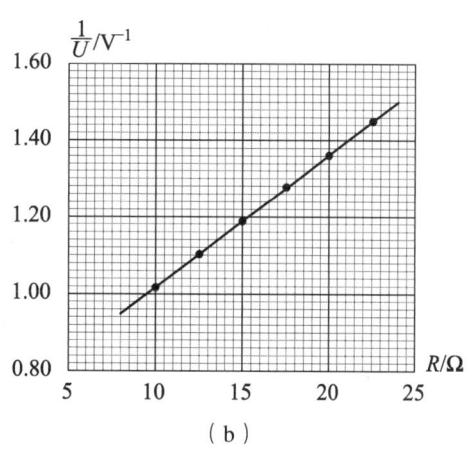

图 2-71

（1）为保护电压表，闭合开关前，电阻箱接入电路的电阻值可以选_____Ω（填"5.0"或"15.0"）。

（2）闭合开关 S，多次调节电阻箱，记录下阻值 R 和电压表的相应读数 U。

（3）根据图 2-71（a）所示电路，用 R、R_0、R_V、E 和 r 表示 $\dfrac{1}{U}$，得 $\dfrac{1}{U}$ = _____。

（4）利用测量数据，做 $\dfrac{1}{U}$-R 图线，如图 2-71（b）所示。

（5）通过图 2-71（b）可得 E = _____ V（保留 2 位小数），r = _____ Ω（保留 1 位小数）。

（6）若将图 2-71（a）中的电压表当成理想电表，得到的电源电动势为 E'，由此产生的误差为 $\left|\dfrac{E'-E}{E}\right| \times 100\%$ = _____%。

【点评】本题是测量电源电动势和内阻的实验，通过设计一个全新的实验，利用闭合电路欧姆定律原理，求出 $\dfrac{1}{U}$ 与 R 的线性表达式，从而利用图像的斜率和截距求解电源电动势和内电阻。

【例23】（2023年全国高考乙卷）一实验小组测量某金属丝（阻值约十几欧姆）的电阻率。现有实验器材：螺旋测微器、米尺、电源 E、电压表（内阻非常大）、定值电阻 R_0（阻值 10.0 Ω）、滑动变阻器 R、待测金属丝、单刀双掷开关 K、开关 S、导线若干。图 2-72（a）是学生设计的实验电路原理图。完成下列填空：

（1）实验时，先将滑动变阻器 R 接入电路的电阻调至最大，闭合 S。

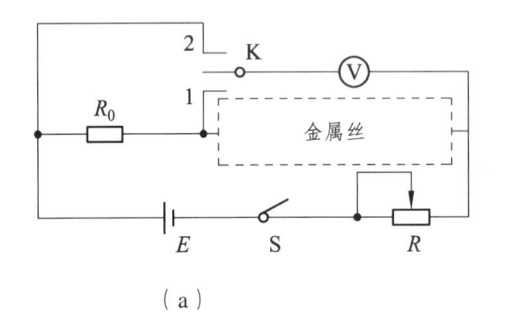

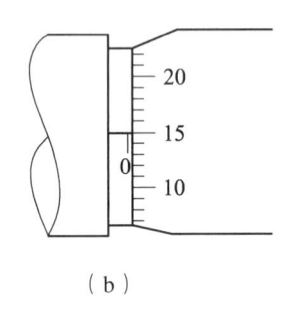

图 2-72

（2）将 K 与 1 端相连，适当减小滑动变阻器 R 接入电路的电阻，此时电压表读数记为 U_1，然后将 K 与 2 端相连，此时电压表读数记为 U_2。由此得到流过待测金属丝的电流 $I=$ _____ ，金属丝的电阻 $r=$ _____ （结果均用 R_0、U_1、U_2 表示）。

（3）继续微调 R，重复（2）的测量过程，得到多组测量数据，如下表所示。

U_1（mV）	0.57	0.71	0.85	1.14	1.43
U_2（mV）	0.97	1.21	1.45	1.94	2.43

（4）利用上述数据，得到金属丝的电阻 $r=14.2$ Ω。

（5）用米尺测得金属丝长度 $L=50.00$ cm。用螺旋测微器测量金属丝不同位置的直径，某次测量的示数如图 2-72（b）所示，该读数为 $d=$ _____ mm。多次测量后，得到直径的平均值恰与 d 相等。

（6）由以上数据可得，待测金属丝所用材料的电阻率 $\rho=$ _____ $\times 10^{-7}$ Ω·m（保留 2 位有效数字）。

【点评】本题是测量金属丝的电阻率实验，与教材中通常采用的同时使用电压表、电流表测量金属丝的电压、电流不同，通过"一表两用"的办法完成对电压和电流的测量，引导学生灵活运用所学知识解决实验遇到的问题。

【例24】（2023年全国高考甲卷）某同学利用如图 2-73（a）所示的实验装置探究物体做直线运动时平均速度与时间的关系。让小车左端和纸带相连。右端用细绳跨过定滑轮和钩码相连。钩码下落，带动小车运动，打点计时器打出纸带。某次实验得到的纸带和相关数据如图 2-73（b）所示。

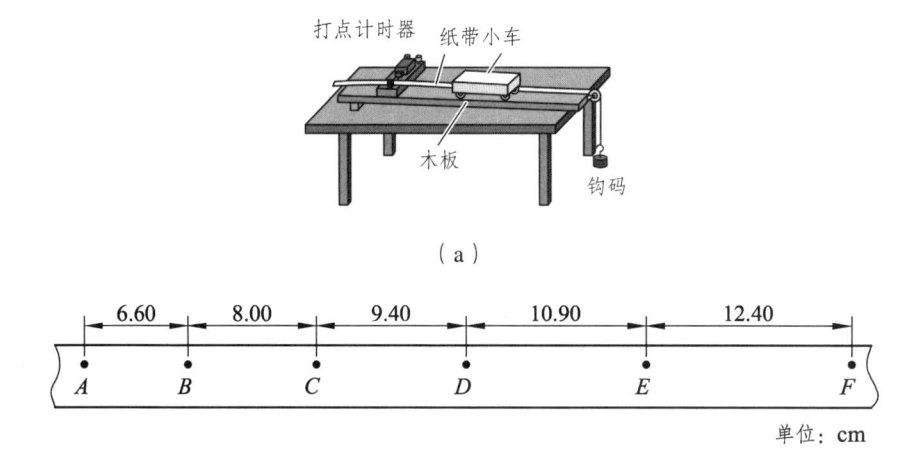

(a)

(b)

(c)

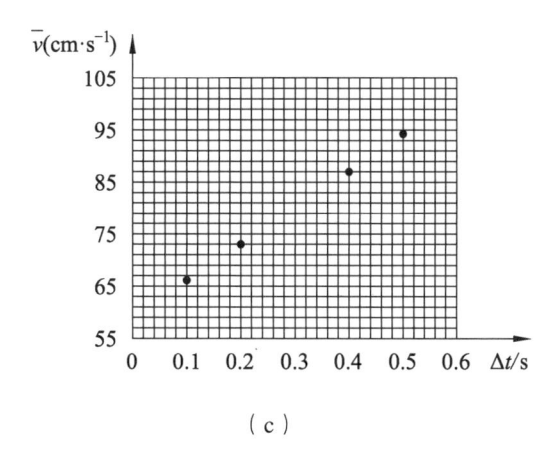

图 2-73

（1）已知打出图 2-73（b）中相邻两个计数点的时间间隔均为 0.1 s。以打出 A 点时小车位置为初始位置，将打出 B、C、D、E、F 各点时小车的位移 Δx 填到下表中，小车发生对应位移和平均速度分别为 Δx 和 $\bar{v}$，表中 Δx_{AD} = _____ cm，$\bar{v}_{AD}$ = _____ cm/s。

位移区间	AB	AC	AD	AE	AF
Δx /cm	6.60	14.60	Δx_{AD}	34.90	47.30
$\bar{v}$ /cm/s	66.0	73.0	$\bar{v}_{AD}$	87.3	94.6

（2）根据表中数据得到小车平均速度 $\bar{v}$ 随时间 Δt 的变化关系，如图 2-73（c）所示。

在答题卡上的图中补全实验点_____。

（3）从实验结果可知，小车运动的 $\bar{v}$-Δt 图线可视为一条直线，此直线用方程 $\bar{v}=k\Delta t+b$ 表示，其中 k=_____cm/s²，b=_____cm/s（结果均保留 3 位有效数字）。

（4）根据（3）中的直线方程可以判定小车做匀加速直线运动，得到打出 A 点时小车速度大小 v_A=_____，小车的加速度大小 a=_____（结果用字母 k、b 表示）。

【点评】本题是探究物体做直线运动时平均速度与时间的关系，类似于伽利略最初研究斜面运动时探究位移和时间关系的实验，要求学生对具体问题作出具体分析，学会从实验中总结规律，培养实验探究的能力。

【例25】（2023年全国高考新课标卷）在"观察电容器的充、放电现象"实验中，所用器材如下：电池、电容器、电阻箱、定值电阻、小灯泡、多用电表、电流表、秒表、单刀双掷开关以及导线若干。

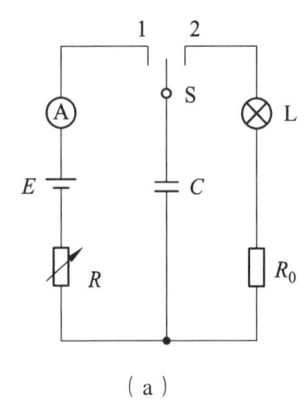

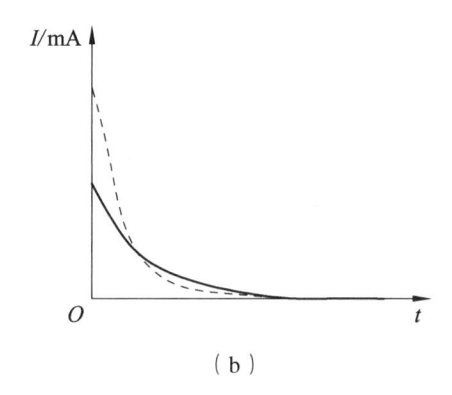

图 2-74

（1）用多用电表的电压挡检测电池的电压。检测时，红表笔应该与电池的_____（填"正极"或"负极"）接触。

（2）某同学设计的实验电路如图 2-74（a）所示。先将电阻箱的阻值调为 R_1，将单刀双掷开关 S 与 "1" 端相接，记录电流随时间的变化。电容器充电完成后，开关 S 再与 "2" 端相接，相接后小灯泡亮度变化情况可能是_____（填正确答案标号）。

A. 迅速变亮，然后亮度趋于稳定
B. 亮度逐渐增大，然后趋于稳定
C. 迅速变亮，然后亮度逐渐减小至熄灭

（3）将电阻箱的阻值调为 R_2（$R_2 > R_1$），再次将开关 S 与 "1" 端相接，再次记录电流随时间的变化情况。两次得到的电流 I 随时间 t 变化如图 2-74（b）中曲线所示，其中实线是电阻箱阻值为_____（填"R_1"或"R_2"）时的结果，曲线与坐标轴所围面积等于该次充电完成后电容器上的_____（填"电压"或"电荷量"）。

【点评】本题观察电容器的充、放电现象，要求学生能够正确使用多用电表，分析电阻大小对电容器充电电流随时间变化曲线的影响及曲线下面积的物理意义。

四、突出模型建构能力的考查

模型建构能力是指针对物理现象抽象出其主要特征，通过类比、想象等方法建构其结构、关系等物理模型，并能用物理语言进行描述，在实际问题中能应用物理模型解决问题的能力。模型建构能力是物理模型中不可或缺的元素，能够表现和描述真实世界某些现象，特征和规律的物理系统，常称之为物理模型。

【例26】（2016年全国高考乙卷）利用三颗位置适当的地球同步卫星，可使地球赤道上任意两点之间保持无线电通信。目前，地球同步卫星的轨道半径约为地球半径的6.6倍。假设地球的自转周期变小，若仍仅用三颗同步卫星来实现上述目的，则地球自转周期的最小值约为（　　）。

A. 1 h　　　　　　B. 4 h
C. 8 h　　　　　　D. 16 h

【点评】本题通过把文字转化为物理情境，构建匀速圆周运动模型。同步卫星与地球自转周期的同期性不是难点，难点在找出变换后的三颗同步卫星全球覆盖的几何空间关系，解等边三角形求简化后的轨道半径。

【例27】（2016年全国高考乙卷）游乐园入口旁有一喷泉，喷出的水柱将一质量为M的卡通玩具稳定地悬停在空中。为计算方便起见，假设水柱从横截面积为S的喷口持续以速度v_0竖直向上喷出；玩具底部为平板（面积略大于S）；水柱冲击到玩具底板后，在竖直方向水的速度变为零，在水平方向朝四周均匀散开。忽略空气阻力，已知水的密度为ρ，重力加速度大小为g。求：

（1）喷泉单位时间内喷出的水的质量；

（2）玩具在空中悬停时，其底面相对于喷口的高度。

【点评】本题打破传统的动量和机械能守恒的套路，考查喷泉模型中的竖直上抛运动和动量定理的综合运用。首先将文字描述转换成图像情境，接着进行模型构建，最后运用物理知识解答。

【例28】（2018年全国高考Ⅰ卷）一质量为m的烟花弹获得动能E后，从地面竖直升空。当烟花弹上升的速度为零时，弹中火药爆炸将烟花弹炸为质量相等的两部分，两部分获得的动能之和也为E，且均沿竖直方向运动。爆炸时间极短，重力加速度大小为g，不计空气阻力和火药的质量。求：

（1）烟花弹从地面开始上升到弹中火药爆炸所经过的时间；

（2）爆炸后烟花弹向上运动的部分距地面的最大高度。

【点评】本题以烟花为背景设置的一道力学计算题，首先要将文字描述转换成图像情境，构建竖直上抛运动及碰撞模型，再利用相关力学知识解答。本题主要考查机械能守恒定律、匀变速直线运动规律、动量守恒定律及其相关的知识，意在考查考生灵活运用相关知识解决实际问题的能力。

【例29】(2022年全国高考甲卷)北京2022年冬奥会首钢滑雪大跳台局部示意图如图2-75所示。运动员从a处由静止自由滑下,到b处起跳,c点为a、b之间的最低点,a、c两处的高度差为h。要求运动员经过c点时对滑雪板的压力不大于自身所受重力的k倍,运动过程中将运动员视为质点并忽略所有阻力,则c点处这一段圆弧雪道的半径不应小于( )。

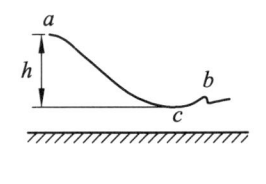

A. $\dfrac{h}{k+1}$ B. $\dfrac{h}{k}$ C. $\dfrac{2h}{k}$ D. $\dfrac{2h}{k-1}$

【点评】本题以北京2022年冬奥会首钢滑雪大跳台为情境,构建圆周运动模型,将学科内容和体育活动紧密结合,引导学生热爱体育运动。通过联系生产生活实际的真实情境,考查学生建立物理模型,灵活运用所学物理知识解决实际问题的能力,促进学生核心素养的培养和发展。

【例30】(2022年全国高考乙卷)如图2-76所示,固定于竖直平面内的光滑大圆环上套有一个小环。小环从大圆环顶端P点由静止开始自由下滑,在下滑过程中,小环的速率正比于( )。

A. 它滑过的弧长
B. 它下降的高度
C. 它到P点的距离
D. 它与P点的连线扫过的面积

【点评】本题以小环沿竖直面内光滑大圆自由下滑,看似经典,实则创新了设问角度,要求学生判断小环从大圆环顶端下滑过程中与其速率成正比的物理量,渗透定性和半定量的分析方法。只有通过画图,利用相关知识列方程得出函数关系才能正确解答。

【例31】(2021年全国高考甲卷)"旋转纽扣"是一种传统游戏。如图2-77所示,先将纽扣绕几圈,使穿过纽扣的两股细绳拧在一起,然后用力反复拉绳的两端,纽扣正转和反转会交替出现。拉动多次后,纽扣绕其中心的转速可达50 r/s,此时纽扣上距离中心1 cm处的点的向心加速度大小约为( )。

A. 10 m/s²   B. 100 m/s²   C. 1 000 m/s²   D. 10 000 m/s²

【点评】本题以传统游戏"旋转纽扣"为背景,情境贴近生活实际,要求构建圆周运动模型,考查学生对圆周运动的理解和应用。

【例32】(2021年全国高考乙卷)一篮球质量为$m = 0.60$ kg,一运动员使其从距地面高度为$h_1 = 1.8$ m处由静止自由落下,反弹高度为$h_2 = 1.2$ m。若使篮球从距地面$h_3 = 1.5$ m的高度由静止下落,并在开始下落的同时向下拍球,球落地后反弹的高度也为1.5 m。假设运动员拍球时对球的作用力为恒力,作用时间为$t = 0.20$ s;该篮球每次与地面碰撞前后的动能比值不变。重力加速度大小取 $g = 10 \text{ m/s}^2$，不计空气阻力。求：

（1）运动员拍球过程中对篮球所做的功；

（2）运动员拍球时对篮球的作用力的大小。

【点评】本题以拍篮球为情景，考查动力学、匀变速直线运动的理解和应用，引导学生在情境中对物理基本原理进行理解、思辨和应用，快速提炼篮球下落、反弹、上抛过程，并建立相应的模型，特别是区分拍球和快速击球的不同之处，建立用力拍球过程的匀变速直线运动模型，灵活应用功能关系和牛顿运动定律，运用对称思维和逆向思维，体会能量观点、守恒观点以及动量观点在实际中的应用，培养物理学科素养，引导考生积极参与体育运动，体现育人功能。

【例33】（2023年全国高考乙卷）如图2-78所示，一竖直固定的长直圆管内有一质量为 M 的静止薄圆盘，圆盘与管的上端口距离为 l，圆管长度为 $20l$。一质量为 $m = \dfrac{1}{3}M$ 的小球从管的上端口由静止下落，并撞在圆盘中心，圆盘向下滑动，所受滑动摩擦力与其所受重力大小相等。小球在管内运动时与管壁不接触，圆盘始终水平，小球与圆盘发生的碰撞均为弹性碰撞且碰撞时间极短。不计空气阻力，重力加速度大小为 g。求

（1）第一次碰撞后瞬间小球和圆盘的速度大小；

（2）在第一次碰撞到第二次碰撞之间，小球与圆盘间的最远距离；

图 2-78

（3）圆盘在管内运动过程中，小球与圆盘碰撞的次数。

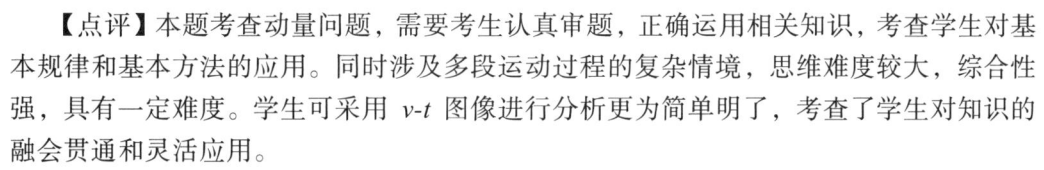

【点评】本题考查动量问题，需要考生认真审题，正确运用相关知识，考查学生对基本规律和基本方法的应用。同时涉及多段运动过程的复杂情境，思维难度较大，综合性强，具有一定难度。学生可采用 $v\text{-}t$ 图像进行分析更为简单明了，考查了学生对知识的融会贯通和灵活应用。

【例34】（2023年全国高考新课标卷）将扁平的石子向水面快速抛出，石子可能会在水面上一跳一跳地飞向远方，俗称"打水漂"。要使石子从水面跳起产生"水漂"效果，石子接触水面时的速度方向与水面的夹角不能大于 θ。为了观察到"水漂"，一同学将一石子从距水面高度为 h 处水平抛出，抛出速度的最小值为多少（不计石子在空中飞行时的空气阻力，重力加速度大小为 g）？

【点评】本题以趣味浓郁的"打水漂"游戏为背景，引导学生运用简单物理模型解释有趣的生活现象，体会通过科学指导生活实践的学习获得感，凸显物理学科从自然生活中来、到自然生活中去的科学魅力。

五、设置合理的问题情境，突出创新能力考查

《2019中国高考评价体系说明》指出素质教育中的智育和以往教育理念中的智育最

大的不同，在于其对创新性的强调。高考关注与创新密切相关的能力和素养，比如独立思考能力、发散思维、逆向思维等，考查学生敏锐发觉旧事物缺陷、捕捉新事物萌芽的能力，考查学生进行新颖的推测和设想并周密论证的能力，考查学生探索新方法、积极主动解决问题的能力，鼓励学生摆脱思维定势的束缚，勇于大胆创新。因此，高考试题应合理呈现情境，设置新颖的试题呈现方式和设问方式，促使学生主动思考，善于发现新问题、找到新规律、得出新结论。

【例35】（2022年全国高考甲卷）光点式检流计是一种可以测量微小电流的仪器，其简化的工作原理示意图如图2-79所示。图中A为轻质绝缘弹簧，C为位于纸面上的线圈，虚线框内有与纸面垂直的匀强磁场；M为置于平台上的轻质小平面反射镜，轻质刚性细杆D的一端与M固连且与镜面垂直、另一端与弹簧下端相连，PQ为圆弧形的、带有均匀刻度的透明读数条，PQ的圆心位于M的中心。使用前需调零：使线圈内没有电流通过时，M竖直且与纸面垂直；入射细光束沿水平方向经PQ上的O点射到M上后沿原路反射。线圈通入电流后弹簧长度改变，使M发生倾斜，入射光束在M上的入射点仍近似处于PQ的圆心，通过读取反射光射到PQ上的位置，可以测得电流的大小。已知弹簧的劲度系数为k，磁场磁感应强度大小为B，线圈C的匝数为N、沿水平方向的长度为l，细杆D的长度为d，圆弧PQ的半径为r，$r \gg d$，d远大于弹簧长度改变量的绝对值。

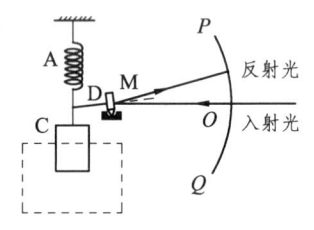

（1）若在线圈中通入的微小电流为I，求平衡后弹簧长度改变量的绝对值Δx及PQ上反射光点与O点间的弧长s；

（2）某同学用此装置测一微小电流，测量前未调零，将电流通入线圈后，PQ上反射光点出现在O点上方，与O点间的弧长为s_1；保持其他条件不变，只将该电流反向接入，则反射光点出现在O点下方，与O点间的弧长为s_2。求待测电流的大小。

【点评】本题以一种可以测量微小电流的光点式检流计为情境，与科学实践紧密结合，引导学生领悟仪器设计中蕴含的物理思想，形成认真严谨的科学态度，突出对学生创新能力的培养。

【例36】（2021年全国高考甲卷）如图2-80所示，一倾角为θ的光滑斜面上有50个减速带（图中未完全画出），相邻减速带间的距离均为d，减速带的宽度远小于d；一质量为m的无动力小车（可视为质点）从距第一个减速带L处由静止释放。已知小车通过减速带损失的机械能与到达减速带时的速度有关。观察发现，小车通过第30个减速带后，在相邻减速带间的平均速度均相同。小车通过第50个减速带后立刻

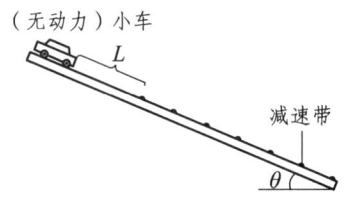

图 2-80

进入与斜面光滑连接的水平地面，继续滑行距离 s 后停下。已知小车与地面间的动摩擦因数为 μ，重力加速度大小为 g。

（1）求小车通过第 30 个减速带后，经过每一个减速带时损失的机械能；

（2）求小车通过前 30 个减速带的过程中在每一个减速带上平均损失的机械能；

（3）若小车在前 30 个减速带上平均每一个损失的机械能大于之后每一个减速带上损失的机械能，则 L 应满足什么条件？

【点评】本题设计无动力小车通过减速带的情境，而减速带是生活中常见的一种道路装置，每位考生都应该见过，但连续 50 个减速带的实景是没有见过的。其实只要了解了一个减速带的作用，题设多少个减速带原理都是一样的。本题考查学生对机械能、功、动能定理等核心物理概念、规律的理解和运用。

【例 37】（2021 年全国高考乙卷）如图 2-81 所示，一倾角为 α 的光滑固定斜面的顶端放有质量 $M = 0.06$ kg 的 U 形导体框，导体框的电阻忽略不计；一电阻 $R = 3$ Ω 的金属棒 CD 的两端置于导体框上，与导体框构成矩形回路 $CDEF$；EF 与斜面底边平行，长度 $L = 0.6$ m。初始时 CD 与 EF 相距 $s_0 = 0.4$ m，金属棒与导体框同时由静止开始下滑，金属棒下滑距离 $s_1 = \dfrac{3}{16}$ m 后进入一方向垂直于斜面的匀强磁场区域，磁场边界（图中虚线）与斜面底边平行；金属棒在磁场中做匀速运动，直至离开磁场区域。当金属棒离开磁场的瞬间，导体框的 EF 边正好进入磁场，并在匀速运动一段距离后开始加速。已知金属棒与导体框之间始终接触良好，磁场的磁感应强度大小 $B = 1$ T，重力加速度大小取 $g = 10$ m/s^2，$\sin \alpha = 0.6$。求：

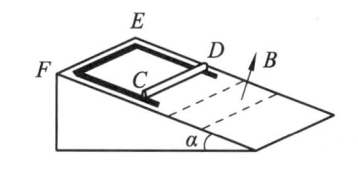

图 2-81

（1）金属棒在磁场中运动时所受安培力的大小；

（2）金属棒的质量以及金属棒与导体框之间的动摩擦因数；

（3）导体框匀速运动的距离。

【点评】本题以单棒模型和相对运动为载体，凸显守恒思维、临界思维、等效思维、数学思维、模型思维和图像思维等高阶思维，利用动力学的基本方法，综合分析框架和导体棒的受力特点和全过程运动的运动规律，结合动能定理以及安培力、感应电动势等概念，确定加速度、速度和安培力的大小，灵活运用平衡观点和运动学方法，并结合图像建立多体多过程物理模型，并进行巧妙组合，对综合运用数学处理物理问题能力要求较高。

【例 38】（2023 年全国高考新课标卷）一边长为 L、质量为 m 的正方形金属细框，每边电阻为 R_0，置于光滑的绝缘水平桌面（纸面）上。宽度为 $2L$ 的区域内存在方向垂直于纸面的匀强磁场，磁感应强度大小为 B，两虚线为磁场边界，如图 2-82（a）所示。

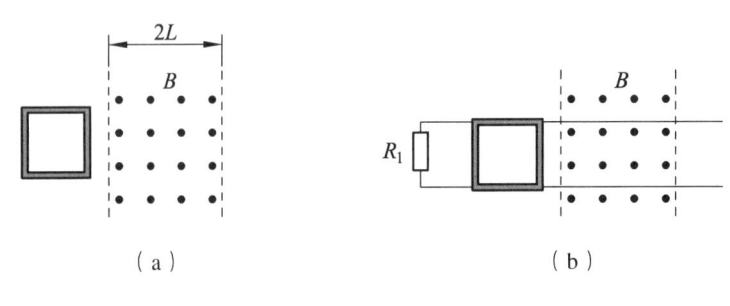

图 2-82

（1）使金属框以一定的初速度向右运动，进入磁场。运动过程中金属框的左、右边框始终与磁场边界平行，金属框完全穿过磁场区域后，速度大小降为它初速度的一半，求金属框的初速度大小。

（2）在桌面上固定两条光滑长直金属导轨，导轨与磁场边界垂直，左端连接电阻 $R_1 = 2R_0$，导轨电阻可忽略，金属框置于导轨上，如图 2-82（b）所示。让金属框以与（1）中相同的初速度向右运动，进入磁场。运动过程中金属框的上、下边框处处与导轨始终接触良好。求在金属框整个运动过程中，电阻 R_1 产生的热量。

【点评】本题考查线框切割磁感线运动，涉及电磁感应中的力与运动，能量问题等，全面考查学生的综合能力以及创新能力。

第五节 关键能力在新高考省份中的体现

一、把情境作为物理学科的考查载体

将情境作为物理学科的考查载体可以有效地培养学生的物理创新能力。通过情境化的学习和考查，可以将物理知识与实际问题相结合，使学生更好地理解和应用物理原理。

在情境化的学习中，学生会面临各种真实或虚拟的情境，例如实际生活中的问题、实验室中的实验、工程设计中的挑战等。学生需要运用所学的物理知识和思维方法，分析和解决情境中的物理问题。

情境化的学习可以激发学生的兴趣和好奇心，培养学生的观察力、思考力和解决问题的能力。通过解决情境中的物理问题，学生可以深入理解物理原理，提高对物理知识的掌握和应用能力。

同时，情境化的学习也可以培养学生的创新思维和创造力。在面对复杂的情境和问题时，学生需要灵活运用物理知识，提出新颖的解决方案和实验设计。通过不断地实践和探索，培养学生的创新意识和创新能力。

为了有效地将情境作为物理学科的考查载体，教师可以设计情境化的学习任务和评

价方式，引导学生进行探究和实践，提供充足的资源和支持，鼓励学生思考和交流。同时，学生也需要积极参与学习，主动思考和解决问题，不断提高自己的物理创新能力。

1. 真实的问题与生产生活相结合

【例1】（2023年全国高考湖北卷）图2-83为某游戏装置原理示意图。水平桌面上固定一半圆形竖直挡板，其半径为2R、内表面光滑，挡板的两端A、B在桌面边缘，B与半径为R的固定光滑圆弧轨道$\overset{\frown}{CDE}$在同一竖直平面内，过C点的轨道半径与竖直方向的夹角为60°。小物块以某一水平初速度由A点切入挡板内侧，从B点飞出桌面后，在C点沿圆弧切线方向进入轨道$\overset{\frown}{CDE}$内侧，并恰好能到达轨道的最高点D。小物块与桌面之间的动摩擦因数为$\frac{1}{2\pi}$，重力加速度大小为g，忽略空气阻力，小物块可视为质点。求：

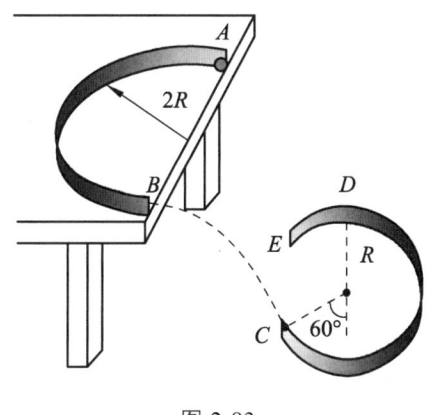

图 2-83

（1）小物块到达D点的速度大小；
（2）B和D两点的高度差；
（3）小物块在A点的初速度大小。

【点评】本题以游戏装置为情境，能够激发学生的好奇心与求知欲。考查学生运用物理知识来解决问题等关键能力，加大了试题对不同学生的区分度，提高了选拔性考试的可信度。

【例2】（2023年全国高考湖南卷）汽车刹车助力装置能有效为驾驶员踩刹车省力。如图2-84所示，刹车助力装置可简化为助力气室和抽气气室等两部分，连杆AB与助力活塞固定为一体，驾驶员踩刹车时，在连杆AB上施加水平力推动液压泵实现刹车。助力气室与抽气气室用细管连接，通过抽气降低助力气室压强，利用大气压与助力气室的压强差实现刹车助力。每次抽气时，K_1打开，K_2闭合，抽气活塞在外力作用下从抽气气室最下端向上运动，助力气室中的气体充满抽气气室，达到两气室压强相等；然后，K_1闭合，K_2打开，抽气活塞向下运动，抽气气室中的全部气体从K_2排出，完成一次抽气过程。已知助力气室容积为V_0，初始压强等于外部大气压强p_0，助力活塞横截面积为S，

抽气气室的容积为 V_1。假设抽气过程中，助力活塞保持不动，气体可视为理想气体，温度保持不变。

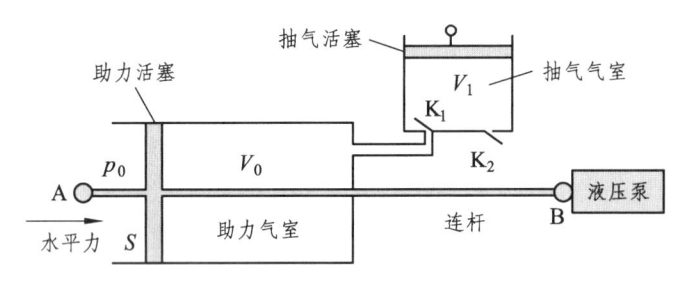

图 2-84

（1）求第 1 次抽气之后助力气室内的压强 p_1；
（2）第 n 次抽气后，求该刹车助力装置为驾驶员省力的大小 ΔF。

【点评】本题属于新情境题，题干较长，让学生提炼物理知识，分析问题，解决问题。汽车刹车装置这一系列科学性产品，能够激发学生的好奇心与求知欲，培养可持续发展的责任感。

【例3】（2023 年全国高考江苏卷）如图 2-85 所示，滑雪道 AB 由坡道和水平道组成，且平滑连接，坡道倾角均为 45°。平台 BC 与缓冲坡 CD 相连。若滑雪者从 P 点由静止开始下滑，恰好到达 B 点。滑雪者从 A 点由静止开始下滑，从 B 点飞出。已知 A、P 间的距离为 d，滑雪者与滑道间的动摩擦因数均为 μ，重力加速度为 g，不计空气阻力。

（1）求滑雪者运动到 P 点的时间 t；
（2）求滑雪者从 B 点飞出的速度大小 v；
（3）若滑雪者能着陆在缓冲坡 CD 上，求平台 BC 的最大长度 L。

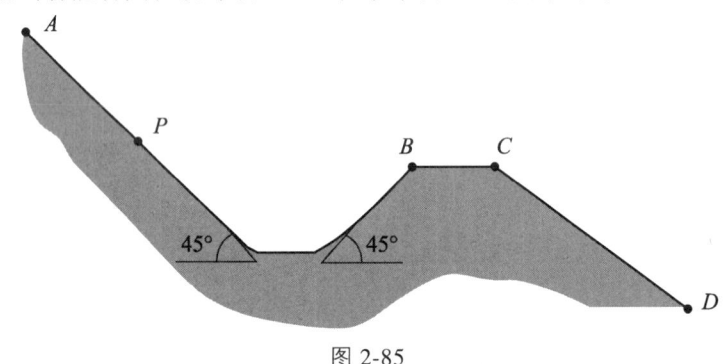

图 2-85

【点评】本题以滑雪运动为载体，考查学生灵活运用动能定理、动量定理、抛体运动等物理规律解决实际问题的能力。

【例4】（2023 年全国高考辽宁卷）"球鼻艏"是位于远洋轮船船头水面下方的装置，当轮船以设计的标准速度航行时，"球鼻艏"推起的波与船首推起的波如图 2-86 所示，两列波的叠加可以大幅度减小水对轮船的阻力。下列现象的物理原理与之相同的是（　　）。

图 2-86

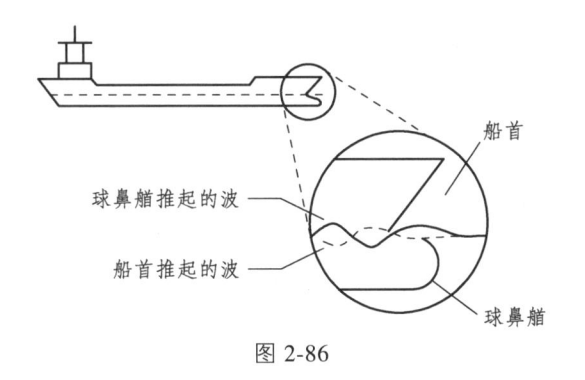

A. 插入水中的筷子、看起来折断了
B. 阳光下的肥皂膜，呈现彩色条纹
C. 驶近站台的火车，汽笛音调变高
D. 振动音叉的周围，声音忽高忽低

【点评】本题以"球鼻艏"是位于远洋轮船船头水面下方的装置为背景，考查波的叠加原理、光的折射、多普勒效应等知识，考查学生综合应用物理知识解决实际问题的能力。

【例5】（2023年全国高考山东卷）如图 2-87（a）所示，电磁炮灭火消防车采用电磁弹射技术投射灭火弹进入高层建筑快速灭火。电容器储存的能量通过电磁感应转化成灭火弹的动能，设置储能电容器的工作电压可获得所需的灭火弹出膛速度。如图 2-87（b）所示，若电磁炮正对高楼，与高楼之间的水平距离 $L = 60 \text{ m}$，灭火弹出膛速度 $v_0 = 50 \text{ m/s}$，方向与水平面夹角 $\theta = 53°$，不计炮口离地面高度及空气阻力，取重力加速度大小 $g = 10 \text{ m/s}^2$，$\sin 53° = 0.8$。

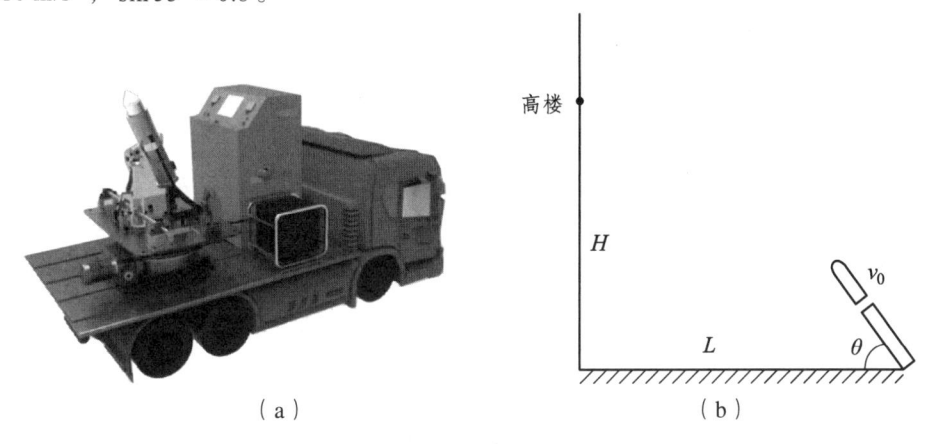

图 2-87

（1）求灭火弹击中高楼位置距地面的高度 H；

（2）已知电容器储存的电能 $E = \dfrac{1}{2}CU^2$，转化为灭火弹动能的效率 $\eta = 15\%$，灭火弹的质量为 3 kg，电容 $C = 2.5 \times 10^4 \text{ μF}$，电容器工作电压 U 应设置为多少？

【点评】本题以电磁炮灭火消防车采用电磁弹射技术投射灭火弹进入高层建筑快速

灭火为情境，能够激发学生的好奇心与求知欲。

【例6】（2022年全国高考福建卷）清代乾隆的《冰嬉赋》用"躩躟"（可理解为低身斜体）二字揭示了滑冰的动作要领。500 m短道速滑世界纪录由我国运动员武大靖创造并保持。在其创造纪录的比赛中：

（1）武大靖从静止出发，先沿直道加速滑行，前8 m用时2 s。该过程可视为匀加速直线运动，求此过程加速度大小；

（2）武大靖途中某次过弯时的运动可视为半径为10 m的匀速圆周运动，速度大小为14 m/s。已知武大靖的质量为73 kg，求此次过弯时所需的向心力大小；

（3）武大靖通过侧身来调整身体与水平冰面的夹角，使场地对其作用力指向身体重心而实现平稳过弯，如图2-88所示。求武大靖在（2）问中过弯时身体与水平面的夹角 θ 的大小（不计空气阻力，重力加速度大小取 12 m/s², $\tan 22°=0.40$、$\tan 27°=0.51$、$\tan 32°=0.62$、$\tan 37°=0.75$）。

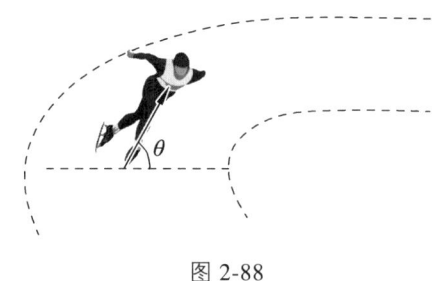

图 2-88

【点评】本题以500 m短道速滑世界纪录由我国运动员武大靖滑冰创造并保持为情境，考查牛顿运动定律、运动学、圆周运动等相关知识，促进学生德智体美劳全面发展以及核心素养的培养。

【例7】（2022年全国高考河北卷）张家口市坝上地区的风力发电场是北京冬奥会绿色电能的主要供应地之一，其发电、输电简易模型如图2-89所示，已知风轮机叶片转速为每秒 z 转，通过转速比为 $1:n$ 的升速齿轮箱带动发电机线圈高速转动，发电机线圈面积为 S，匝数为 N，匀强磁场的磁感应强度为 B，$t=0$ 时刻，线圈所在平面与磁场方向垂直，发电机产生的交变电流经过理想变压器升压后，输出电压为 U。忽略线圈电阻，下列说法正确的是（　　）。

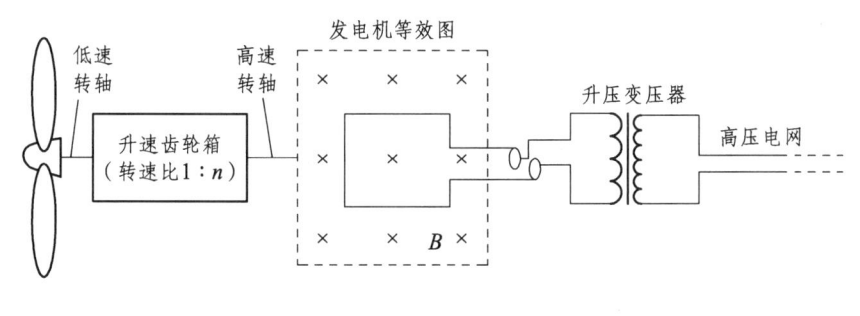

图 2-89

A. 发电机输出的电压为 $\sqrt{2}\pi NBSz$

B. 发电机输出交变电流的频率为 $2\pi nz$

C. 变压器原、副线圈的匝数比为 $\sqrt{2}\pi NBSnz:U$

D. 发电机产生的瞬时电动势 $E=\sqrt{2}\pi NBSnz\cdot\sin(2\pi nzt)$

【点评】本题以风力发电为情境，考查交变电流及其相关知识点，同时注重学生建立物理模型、灵活运用所学物理知识解决实际问题的能力，促进学生核心素养的培养和发展。

【例8】（2022年全国高考湖北卷）2022年5月，我国成功完成了天舟四号货运飞船与空间站的对接，形成的组合体在地球引力作用下绕地球做圆周运动，周期约90 min。下列说法正确的是（　　）。

A. 组合体中的货物处于超重状态

B. 组合体的速度大小略大于第一宇宙速度

C. 组合体的角速度大小比地球同步卫星的大

D. 组合体的加速度大小比地球同步卫星的小

【点评】本题以2022年5月，我国成功完成了天舟四号货运飞船与空间站的对接为情境，考查万有引力定律和卫星的运动等基础知识。将学科内容与实际紧密结合，引导学生关注科技进步。

2. 情境尽可能以真实的立体空间呈现

【例9】（2022年全国高考河北卷）如图2-90所示，用两根等长的细绳将一匀质圆柱体悬挂在竖直木板的 P 点，将木板以底边 MN 为轴向后方缓慢转动直至水平，绳与木板之间的夹角保持不变，忽略圆柱体与木板之间的摩擦，在转动过程中（　　）。

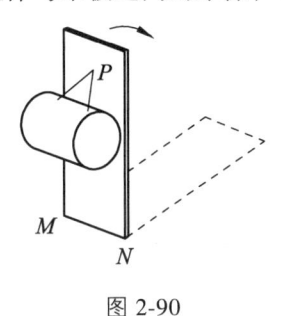

图 2-90

A. 圆柱体对木板的压力逐渐增大

B. 圆柱体对木板的压力先增大后减小

C. 两根细绳上的拉力均先增大后减小

D. 两根细绳对圆柱体拉力的合力保持不变

【点评】本题以立体空间为考查情景，考查学生分析解决实际问题的通用方法和能力。引导学生树立高中物理教学的科学素养教育和价值观，促进学生科学思维能力和正确价值观念的形成与发展，引导考生综合能力和分析解决实际问题能力的提升。

【例10】（2022年全国高考湖北卷）如图2-91所示，两平行导轨在同一水平面内。一导体棒垂直放在导轨上，棒与导轨间的动摩擦因数恒定。整个装置置于匀强磁场中，磁感应强度大小恒定，方向与金属棒垂直、与水平向右方向的夹角 θ 可调。导体棒沿导轨向右运动，现给导体棒通以图示方向的恒定电流，适当调整磁场方向，可以使导体棒沿导轨做匀加速运动或匀减速运动。已知导体棒加速时，加速度的最大值为 $\frac{\sqrt{3}}{3}g$；减速时，加速度的最大值为 $\sqrt{3}g$，其中 g 为重力加速度大小。下列说法正确的是（　　）。

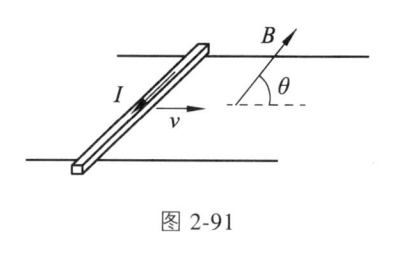

图 2-91

A. 棒与导轨间的动摩擦因数为 $\frac{\sqrt{3}}{6}$

B. 棒与导轨间的动摩擦因数为 $\frac{\sqrt{3}}{3}$

C. 加速阶段加速度大小最大时，磁场方向斜向下，$\theta = 60°$

D. 减速阶段加速度大小最大时，磁场方向斜向上，$\theta = 150°$

【点评】 本题涉及立体空间，立体空间可以使物理问题情境更加真实、增加物理问题情境的复杂程度。能有效地考查物理学科的核心素养。

【例11】（2022年全国高考湖南卷）如图2-92所示，间距 $L = 1\ \text{m}$ 的U形金属导轨，一端接有 $0.1\ \Omega$ 的定值电阻 R，固定在高 $h = 0.8\ \text{m}$ 的绝缘水平桌面上。质量均为 $0.1\ \text{kg}$ 的匀质导体棒a和b静止在导轨上，两导体棒与导轨接触良好且始终与导轨垂直，接入电路的阻值均为 $0.1\ \Omega$，与导轨间的动摩擦因数均为 0.1（设最大静摩擦力等于滑动摩擦力），导体棒a距离导轨最右端 $1.74\ \text{m}$。整个空间存在竖直向下的匀强磁场（图中未画出），磁感应强度大小为 $0.1\ \text{T}$。用 $F = 0.5\ \text{N}$ 沿导轨水平向右的恒力拉导体棒a，当导体棒a运动到导轨最右端时，导体棒b刚要滑动，撤去 F，导体棒a离开导轨后落到水平地面上。重力加速度取 $10\ \text{m/s}^2$，不计空气阻力，不计其他电阻，下列说法正确的是（　　）。

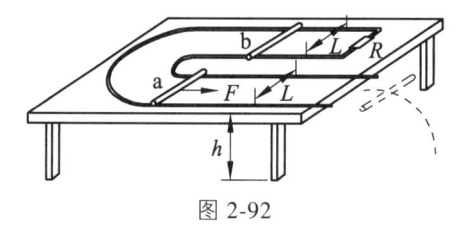

图 2-92

A. 导体棒a离开导轨至落地过程中，水平位移为 $0.6\ \text{m}$

B. 导体棒a离开导轨至落地前，其感应电动势不变

C. 导体棒a在导轨上运动的过程中，导体棒b有向右运动的趋势

D. 导体棒a在导轨上运动的过程中，通过电阻 R 的电荷量为 $0.58\ \text{C}$

【点评】 本题以立体空间情境为背景，考查电磁感应中的电路问题、力与运动问题和

平抛运动，综合性强，能全面考查学生的关键能力。

【例12】（2023年全国高考山东卷）如图2-93所示，正六棱柱上下底面的中心为O和O'，A、D两点分别固定等量异号的点电荷，下列说法正确的是（　　）。

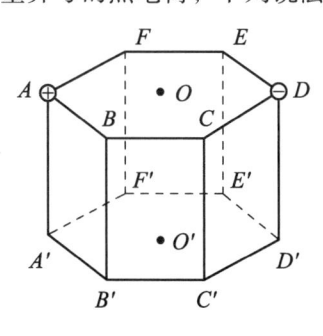

图2-93

A. F'点与C'点的电场强度大小相等
B. B'点与E'点的电场强度方向相同
C. A'点与F'点的电势差小于O'点与D点的电势差
D. 将试探电荷$+q$由F点沿直线移动到O点，其电势能先增大后减小

【点评】此题以立体空间为背景，考查点电荷的电场、电场的叠加、电势差、电势能等知识，全面考查学生的空间想象能力。

【例13】（2023年全国高考辽宁卷）图2-94（a）为金属四极杆带电粒子质量分析器的局部结构示意图，图2-94（b）为四极杆内垂直于x轴的任意截面内的等势面分布图，相邻两等势面间电势差相等，则（　　）。

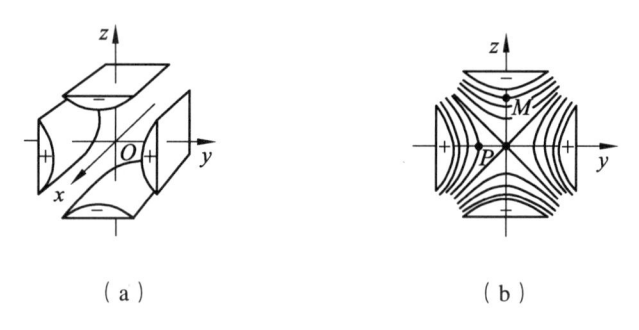

（a）　　　　　　　　（b）

图2-94

A. P点电势比M点的低
B. P点电场强度大小比M点的大
C. M点电场强度方向沿z轴正方向
D. 沿x轴运动的带电粒子，电势能不变

【点评】本题以立体空间为背景，考查了学生挖掘信息、获取信息、综合整理运用信息的能力以及推理和分析能力。

二、加强实验设计能力，培养学生实验探究能力

物理实验探究能力是指学生在进行物理实验时，能够灵活运用所学的物理知识和实验技能，设计并进行实验，观察和记录实验现象，分析实验数据，得出结论，并能够提出问题、解决问题的能力。

【例14】（2023年全国高考辽宁卷）某同学为了验证对心碰撞过程中的动量守恒定律，设计了如下实验：用纸板搭建如图2-95所示的滑道，使硬币可以平滑地从斜面滑到水平面上，其中 OA 为水平段。选择相同材质的一元硬币和一角硬币进行实验。

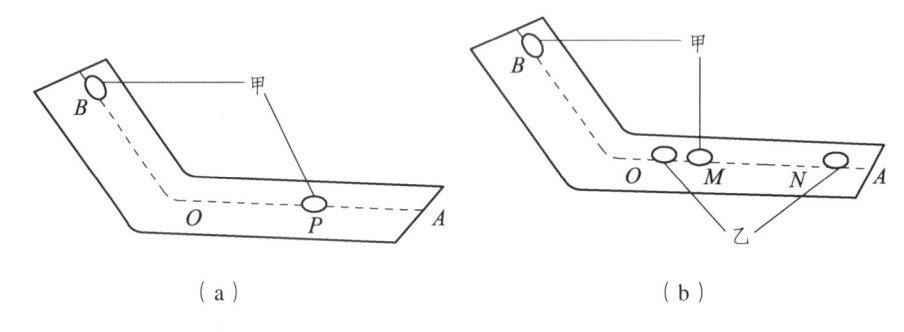

图 2-95

测量硬币的质量，得到一元和一角硬币的质量分别为 m_1 和 m_2（$m_1 > m_2$）。将硬币甲放置在斜面某一位置，标记此位置为 B。由静止释放甲，当甲停在水平面上某处时，测量甲从 O 点到停止处的滑行距离 OP，如图2-95（a）所示。将硬币乙放置在 O 处，左侧与 O 点重合，将甲放置于 B 点由静止释放。当两枚硬币发生碰撞后，分别测量甲乙从 O 点到停止处的滑行距离 OM 和 ON，如图2-95（b）所示。保持释放位置不变，重复实验若干次，得到 OP、OM、ON 的平均值分别为 s_0、s_1、s_2。

（1）在本实验中，甲选用的是____（填"一元"或"一角"）硬币；

（2）碰撞前，甲到 O 点时速度的大小可表示为____（设硬币与纸板间的动摩擦因数为 μ，重力加速度为 g）；

（3）若甲、乙碰撞过程中动量守恒，则 $\dfrac{\sqrt{s_0}-\sqrt{s_1}}{\sqrt{s_2}}=$ ____（用 m_1 和 m_2 表示），然后通过测得的具体数据验证硬币对心碰撞过程中动量是否守恒；

（4）由于存在某种系统或偶然误差，计算得到碰撞前后甲动量变化量大小与乙动量变化量大小的比值不是1，写出一个产生这种误差可能的原因____。

【点评】本实验器材是我们生活中最常见纸板搭建的滑道和硬币。而这看似"简陋"的实验，却符合实验理论条件，很容易实现操作，这会激发学生学习物理，做物理实验的兴趣。

【例15】（2023年全国高考山东卷）利用图2-96（a）所示实验装置可探究等温条件下气体压强与体积的关系。将带有刻度的注射器竖直固定在铁架台上，注射器内封闭一定质

量的空气，下端通过塑料管与压强传感器相连。活塞上端固定一托盘，托盘中放入砝码，待气体状态稳定后，记录气体压强 p 和体积 V（等于注射器示数 V_0 与塑料管容积 ΔV 之和），逐次增加砝码质量，采集多组数据并作出拟合曲线如图 2-96（b）所示。

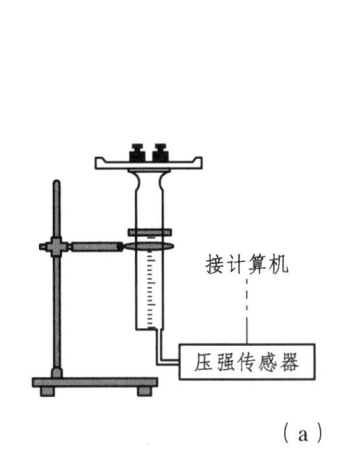

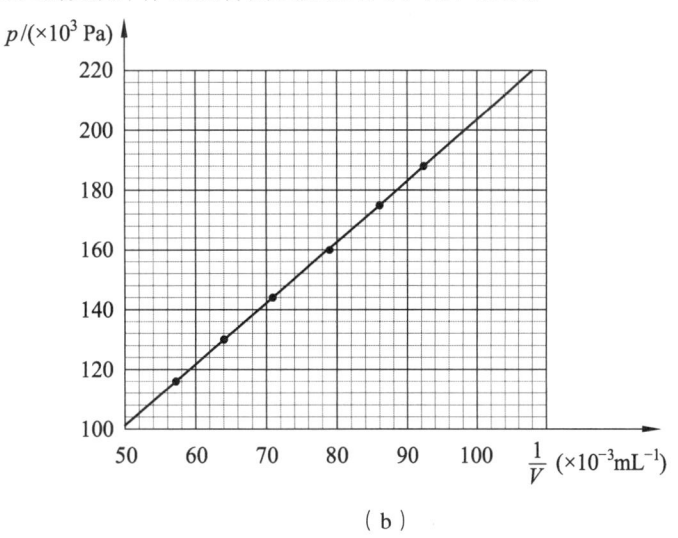

图 2-96

根据题意，回答以下问题：

（1）在实验误差允许范围内，图 2-115（b）中的拟合曲线为一条过原点的直线，说明在等温情况下，一定质量的气体_____。

A. p 与 V 成正比   B. p 与 $\dfrac{1}{V}$ 成正比

（2）若气体被压缩到 $V = 10.0$ mL，由图 2-96（b）可读出封闭气体压强为_____ Pa（保留 3 位有效数字）。

（3）某组同学进行实验时，一同学在记录数据时漏掉了 ΔV，则在计算 pV 乘积时，他的计算结果与同组正确记录数据同学的计算结果之差的绝对值会随 p 的增大而_____（填"增大"或"减小"）。

【点评】本实验利用注射器和压强传感器探究等温条件下气体压强与体积的关系，考查学生实验探究能力、实验数据处理能力和误差分析能力。

【例 16】（2023 年全国高考湖北卷）某同学利用测质量的小型家用电子秤，设计了测量木块和木板间动摩擦因数 μ 的实验。

如图 2-97（a）所示，木板和木块 A 放在水平桌面上，电子秤放在水平地面上，木块 A 和放在电子秤上的重物 B 通过跨过定滑轮的轻绳相连。调节滑轮，使其与木块 A 间的轻绳水平，与重物 B 间的轻绳竖直。在木块 A 上放置 n（$n = 0, 1, 2, 3, 4, 5$）个砝码（电子秤称得每个砝码的质量 m_0 为 20.0 g），向左拉动木板的同时，记录电子秤的对应示数 m。

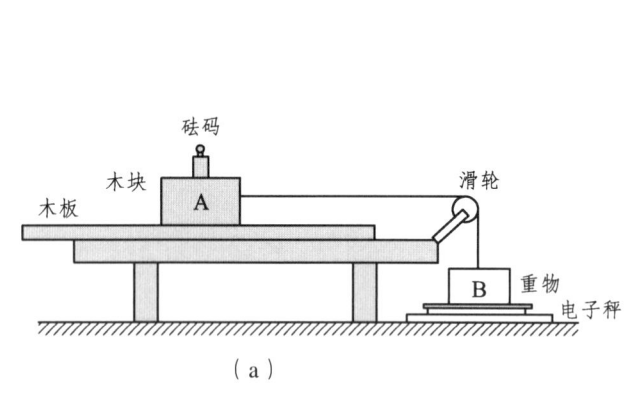

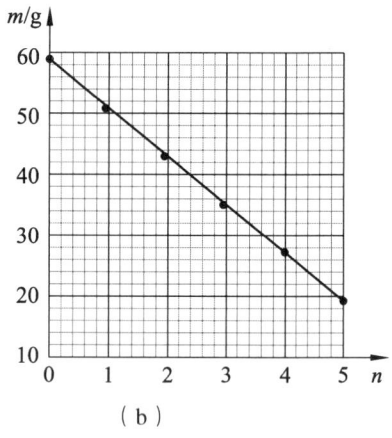

图 2-97

（1）实验中，拉动木板时_____（填"必须"或"不必"）保持匀速。

（2）用 m_A 和 m_B 分别表示木块 A 和重物 B 的质量，则 m 和 m_A、m_B、m_0、μ、n 所满足的关系式为 $m=$_____。

（3）根据测量数据在坐标纸上绘制出 $m\text{-}n$ 图像，如图 2-97（b）所示，可得木块 A 和木板间的动摩擦因数 $\mu=$_____（保留 2 位有效数字）。

【点评】本实验以某同学利用测质量的小型家用电子秤，设计了测量木块和木板间动摩擦因数 μ 的实验，经典创新。

【例 17】（2023 年全国高考湖南卷）某同学探究弹簧振子振动周期与质量的关系，实验装置如图 2-98（a）所示，轻质弹簧上端悬挂在铁架台上，下端挂有钩码，钩码下表面吸附一个小磁铁，其正下方放置智能手机，手机中的磁传感器可以采集磁感应强度实时变化的数据并输出图像，实验步骤如下：

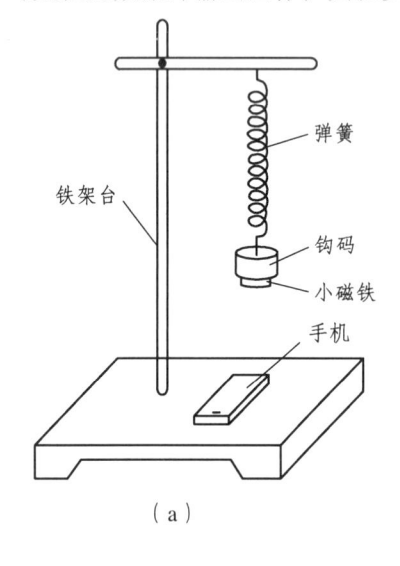

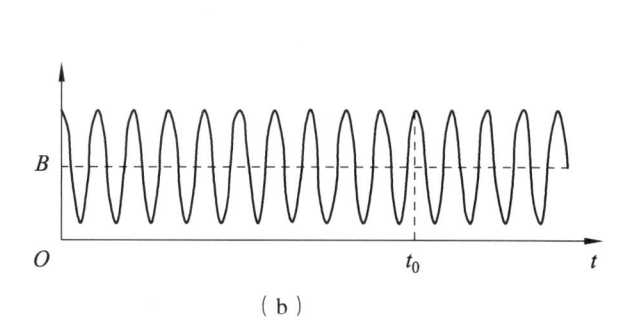

图 2-98

（1）测出钩码和小磁铁的总质量 m；

（2）在弹簧下端挂上该钩码和小磁铁，使弹簧振子在竖直方向做简谐运动，打开手机的磁传感器软件，此时磁传感器记录的磁感应强度变化周期等于弹簧振子振动周期；

（3）某次采集到的磁感应强度 B 的大小随时间 t 变化的图像如图 2-98（b）所示，从图中可以算出弹簧振子振动周期 $T = $ _____（用 "t_0" 表示）；

（4）改变钩码质量，重复上述步骤；

（5）实验测得数据如下表所示，分析数据可知，弹簧振子振动周期的平方与质量的关系是 _____（填 "线性的" 或 "非线性的"）；

m/kg	$10T$/s	T/s	T^2/s^2
0.015	2.43	0.243	0.059
0.025	3.14	0.314	0.099
0.035	3.72	0.372	0.138
0.045	4.22	0.422	0.178
0.055	4.66	0.466	0.217

（6）设弹簧的劲度系数为 k，根据实验结果并结合物理量的单位关系，弹簧振子振动周期的表达式可能是 _____（填正确答案标号）；

A. $2\pi\sqrt{\dfrac{m}{k}}$ B. $2\pi\sqrt{\dfrac{k}{m}}$ C. $2\pi\sqrt{mk}$ D. $2\pi k\sqrt{m}$

（7）除偶然误差外，写出一条本实验中可能产生误差的原因：_____。

【点评】本题利用当下具有代表性的科技产品——智能手机，设计了一个实验，考查学生对实验图像、实验数据处理、单位制及实验误差的掌握程度。

【例18】（2023年全国高考江苏卷）小明通过实验探究电压表内阻对测量结果的影响。所用器材有：干电池（电动势约1.5 V，内阻不计）2节；两量程电压表（量程 0～3 V，内阻约 3 kΩ；量程 0～15 V，内阻约 15 kΩ）1个；滑动变阻器（最大阻值 50 Ω）1个；定值电阻（阻值 50 Ω）21个；开关1个及导线若干。实验电路如图 2-99（a）所示。

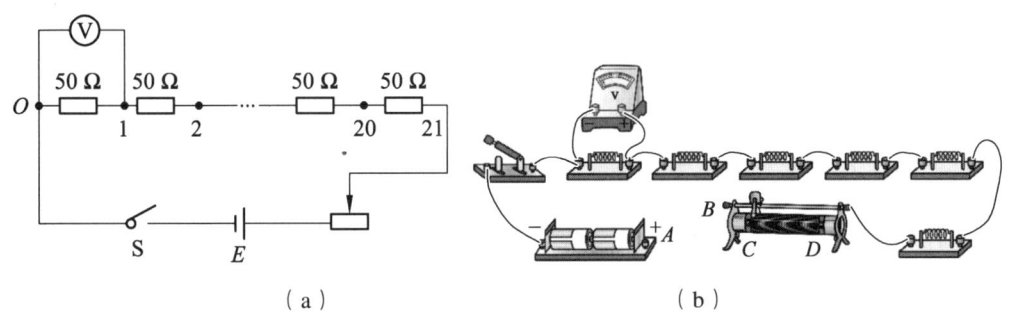

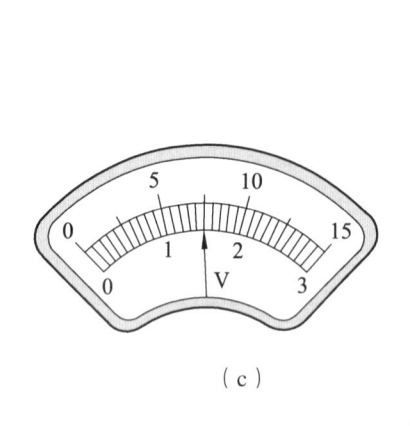

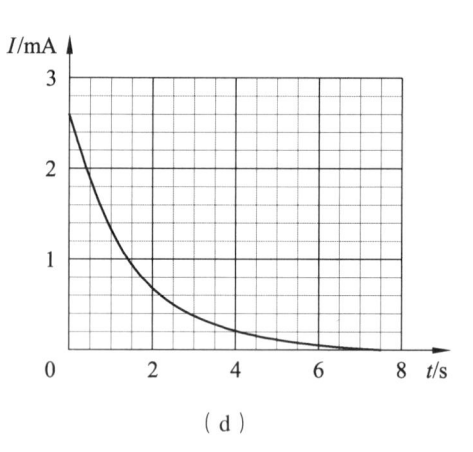

图 2-99

（1）电压表量程应选用_____（选填"3 V"或"15 V"）。

（2）图 2-99（b）所示为该实验的实物电路（右侧未拍全）。先将滑动变阻器的滑片置于如图所示的位置，然后用导线将电池盒上接线柱 A 与滑动变阻器的接线柱_____（选填"B""C""D"）连接，再闭合开关，开始实验。

（3）将滑动变阻器滑片移动到合适位置后保持不变，依次测量电路中 O 与 1，2，…，21 之间的电压。某次测量时，电压表指针位置如图 2-99（c）所示，其示数为_____V。根据测量数据作出电压 U 与被测电阻值 R 的关系图线，如图 2-99（d）中实线所示。

（4）如图 2-99（a）所示的电路中，若电源电动势为 E，电压表视为理想电压表，滑动变阻器接入的阻值为 R_1，定值电阻的总阻值为 R_2，当被测电阻为 R 时，其两端的电压 $U=$_____（用 E、R_1、R_2、R 表示），据此作出 U-R 理论图线如图 2-99（d）中虚线所示。小明发现被测电阻较小或较大时，电压的实测值与理论值相差较小。

（5）由分析可知，当 R 较小时，U 的实测值与理论值相差较小，是因为电压表的分流小，电压表内阻对测量结果影响较小。小明认为，当 R 较大时，U 的实测值与理论值相差较小，也是因为相同的原因。你是否同意他的观点？请简要说明理由_____。

【点评】通过电源电动势来确定电压表的量程应选 3 V，接着实物连线考查滑动变阻器限流接法电阻应该接最大电阻的地方和电压表的读数，利用数据作出实际测量的 U-R 图像，最后将电压表视为理想电压表，闭合电路欧姆定律 $E=I(R_1+R_2)$，被测电阻为 R 时，其两端的电压 $U=IR=\dfrac{ER}{R_1+R_2}$，作出 U-R 理论图线，利用 U-R 图线不同来分析电压表内阻对实验的影响。

【例 19】（2023 年全国高考湖北卷）实验小组为测量干电池的电动势和内阻，设计了如图 2-100（a）所示电路，所用器材如下：

电压表（量程 0～3 V，内阻很大）；电流表（量程 0～0.6 A）；电阻箱（阻值 0～999.9 Ω）；干电池一节、开关一个和导线若干。

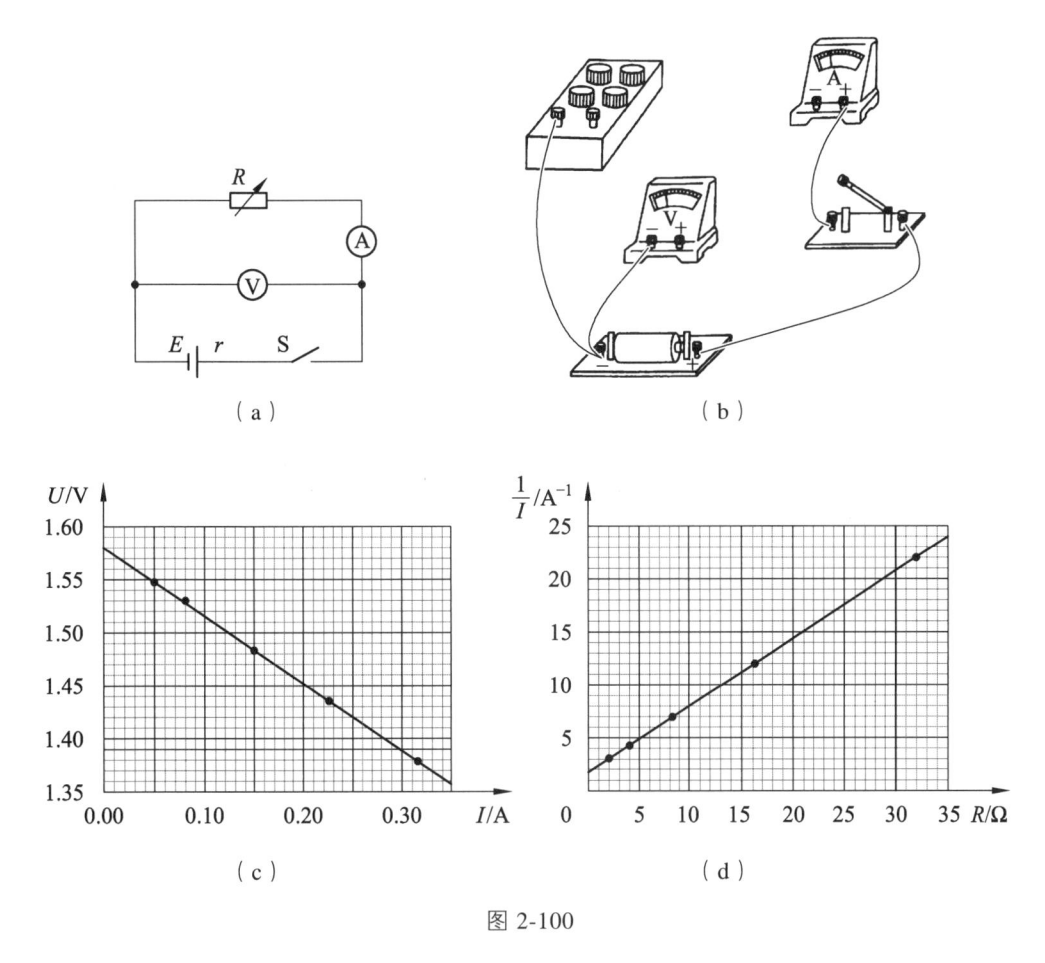

图 2-100

（1）照图 2-100（a）所示，完成图 2-100（b）中的实物图连线。

（2）调节电阻箱到最大阻值，闭合开关。逐次改变电阻箱的电阻，记录其阻值 R、相应的电流表示数 I 和电压表示数 U。根据记录数据作出的 U-I 图像如图 2-100（c）所示，则干电池的电动势为_____V（保留 3 位有效数字）、内阻为_____Ω（保留 2 位有效数字）。

（3）该小组根据记录数据进一步探究，作出 $\frac{1}{I}$-R 图像如图 2-100（d）所示。利用图 2-120（d）中图像的纵轴截距，结合（2）问得到的电动势与内阻，还可以求出电流表内阻为_____Ω（保留 2 位有效数字）。

（4）由于电压表内阻不是无穷大，本实验干电池内阻的测量值_____（填"偏大"或"偏小"）。

【点评】此实验先连接实物图，考查学生实验操作能力，接着通过 U-I 图像求出电源电动势 E 和内电阻 r，再利用 $\frac{1}{I}$-R 图像求出电流表的内阻，从而对实验进行创新。通过闭合电路欧姆定律 $E=U+Ir$，整理得 $U=-rI+E$，利用 U-I 图像的斜率和截距求出电源电动

势 E 和内电阻 r，再由闭合电路欧姆定律 $E = I(R_A + r + R)$ 得到 $\frac{1}{I} = \frac{1}{E} \cdot R + \frac{R_A + r}{E}$，利用 $\frac{1}{I}$-R 图像的截距求出电流表的内阻 R_A，最后分析实验误差。

【例 20】（2023 年全国高考辽宁卷）导电漆是将金属粉末添加于特定树脂原料中制作而成的能导电的喷涂油漆。现有一根用导电漆制成的截面为正方形的细长样品（固态），某同学欲测量其电阻率，设计了如图 2-101 所示的电路图，实验步骤如下：

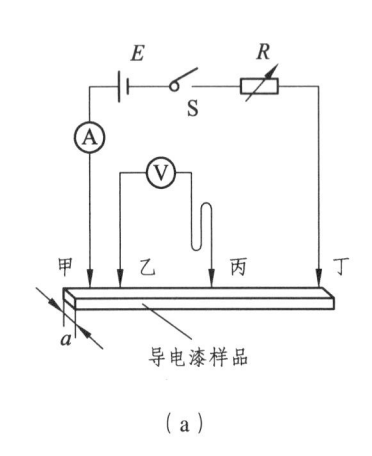

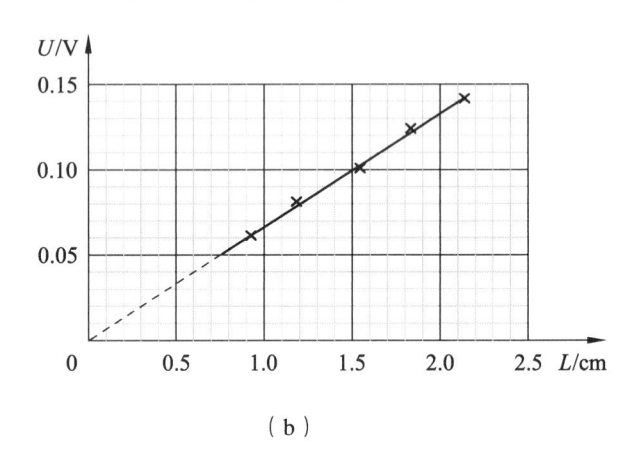

图 2-101

（1）测得样品截面的边长 $a = 0.20$ cm；
（2）将平行排列的四根金属探针甲、乙、丙、丁与样品接触，其中甲、乙、丁位置固定，丙可在乙、丁间左右移动；
（3）将丙调节至某位置，测量丙和某探针之间的距离 L；
（4）闭合开关 S，调节电阻箱 R 的阻值，使电流表示数 $I = 0.40$ A，读出相应的电压表示数 U，断开开关 S；
（5）改变丙的位置，重复步骤（3）、（4），测量多组 L 和 U，作出 U-L 图像如图 2-101（b）所示，得到直线的斜率 k。

根据题意，回答下列问题：
（1）L 是丙到_____（填"甲""乙"或"丁"）的距离；
（2）写出电阻率的表达式 $\rho = $_____（用 k、a、I 表示）；
（3）根据图像计算出该样品的电阻率 $\rho = $_____$\Omega\cdot$m（保留 2 位有效数字）。

【点评】本题不是直接利用伏安法测出接电压表两端的导电漆的电阻，再利用电阻率公式直接求电阻率，而是通过控制电路电流不变，利用改变接电压表两端的导电漆的长度 L，改变导电漆的电阻，从而改变电压表的电压 U，接着利用 $U = \frac{\rho I}{a^2} L$ 关系，再利用 U-L 的斜率 $k = \frac{\rho I}{a^2}$，求出 $\rho = \frac{ka^2}{I}$，最后代入相关数据解出电阻率。

三、突出模型建构能力的考查

物理模型建构能力是指通过理论和实验方法，将现实世界的物理现象抽象成数学方程或模型的能力。这种能力包括以下几个方面：

理论基础：物理模型的建构需要具备深厚且广泛的物理知识，包括牛顿力学、电磁学、量子力学等各个领域的基本原理和定律。理论基础的牢固性对于构建准确有效的物理模型至关重要。

数学建模：物理模型通常使用数学方程或数学模型来描述物理现象。因此，具备良好的数学建模能力是构建物理模型的前提。这包括熟练掌握微分方程、偏微分方程、概率论、统计学等数学工具，能够根据具体的物理问题选择和运用适当的数学方法。

实验设计与数据分析：建构物理模型通常需要实验数据的支持和验证。具有良好的实验设计能力，能够设计合理的实验方案来获取准确和可靠的数据，并能进行数据处理和分析，提取有用的信息来验证和调整模型。

抽象和简化：物理现象通常非常复杂，而且随着问题的不同，所需的物理模型的复杂性也会有所不同。建构物理模型的能力包括从复杂的真实情况中提炼出关键因素和规律，并能够进行合理的抽象和简化，以建立起具有可解析性和预测性的物理模型。

创新思维：物理模型建构过程常常需要跳出传统思维定势，运用创新的思维方式来解决问题。具有创新思维能力的人能够提出新颖的假设和模型，发现新的物理规律，并在实践中不断改进和优化模型。

【例21】（2023年全国高考辽宁卷）某大型水陆两栖飞机具有水面滑行汲水和空中投水等功能。某次演练中，该飞机在水面上由静止开始匀加速直线滑行并汲水，速度达到 v_1=80 m/s 时离开水面，该过程滑行距离 L=1 600 m、汲水质量 m=1.0×10^4 kg。离开水面后，飞机攀升高度 h=100 m 时速度达到 v_2=100 m/s，之后保持水平匀速飞行，待接近目标时开始空中投水。取重力加速度 g=10 m/s²。求：

（1）飞机在水面滑行阶段的加速度 a 的大小及滑行时间 t；

（2）整个攀升阶段，飞机汲取的水的机械能增加量 ΔE。

【点评】本题以某大型水陆两栖飞机为背景，考查力与运动、运动学、功能关系等知识，突出模型建构能力的考查，体现了试题的基础性、综合性、应用性和创新性。

【例22】（2023年全国高考湖北卷）一带正电微粒从静止开始经电压 U_1 加速后，射入水平放置的平行板电容器，极板间电压为 U_2。微粒射入时紧靠下极板边缘，速度方向与极板夹角为 45°，微粒运动轨迹的最高点到极板左右两端的水平距离分别为 2L 和 L，到两极板距离均为 d，如图 2-102 所示。忽略边缘效应，不计重力。下列说法正确的是（　　）。

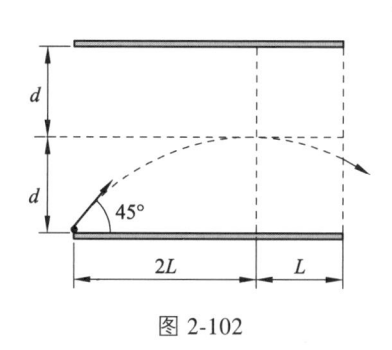

图 2-102

A. $L∶d=2∶1$
B. $U_1∶U_2=1∶1$
C. 微粒穿过电容器区域的偏转角度的正切值为 2
D. 仅改变微粒的质量或者电荷数量，微粒在电容器中的运动轨迹不变

【点评】本题考查带电粒子在电场中的直线运动和类斜抛运动，利用运动的合成与分解求解，突出模型建构能力的考查。

【例 23】（2023 年全国高考湖南卷）如图 2-103（a）所示，我国某些农村地区人们用手抛撒谷粒进行水稻播种。某次抛出的谷粒中有两颗的运动轨迹如图 2-103（b）所示，其轨迹在同一竖直平面内，抛出点均为 O，且轨迹交于 P 点，抛出时谷粒 1 和谷粒 2 的初速度分别为 v_1 和 v_2，其中 v_1 方向水平，v_2 方向斜向上。忽略空气阻力，关于两谷粒在空中的运动，下列说法正确的是（　　）。

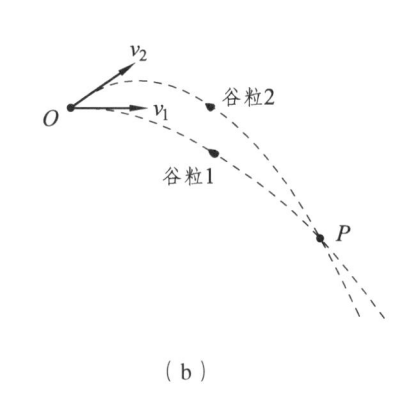

（a）　　　　　　　　（b）

图 2-103

A. 谷粒 1 的加速度小于谷粒 2 的加速度
B. 谷粒 2 在最高点的速度小于 v_1
C. 两谷粒从 O 到 P 的运动时间相等
D. 两谷粒从 O 到 P 的平均速度相等

【点评】本题考查平抛运动规律，研究对象从课堂中的小球、小物块，变成了生产生活中的稻谷种子，突出模型建构能力的考查。

【例 24】（2023 年全国高考山东卷）餐厅暖盘车的储盘装置示意图如图 2-104 所示，三根完全相同的弹簧等间距竖直悬挂在水平固定圆环上，下端连接托盘。托盘上叠放若干相同的盘子，取走一个盘子，稳定后余下的正好升高补平。已知单个盘子的质量为 300 g，相邻两盘间距 1.0 cm，重力加速度大小取 10 m/s²。弹簧始终在弹性限度内，每根弹簧的劲度系数为（　　）。

A. 10 N/m　　　　　B. 100 N/m
C. 200 N/m　　　　D. 300 N/m

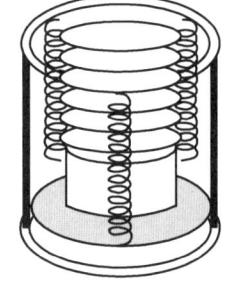

图 2-104

【点评】理论联系实际的情景化问题是考查学生物理学科素养的重要载体。本题以餐

厅暖盘车的储盘装置为情境，考查胡克定律和平衡条件。

【例25】（2023年全国高考江苏卷）设想将来发射一颗人造卫星，能在月球绕地球运动的轨道上稳定运行，该轨道可视为圆轨道。该卫星与月球相比，一定相等的是(　　)。

A. 质量
B. 向心力大小
C. 向心加速度大小
D. 受到地球的万有引力大小

【点评】本题以发射月球同轨卫星为情境，考查学生对万有引力定律、圆周运动向心力及向心加速度公式、牛顿第二定律等内容的系统理解。

【例26】（2022年全国高考河北卷）如图 2-105 所示，广场水平地面上同种盆栽紧密排列在以 O 为圆心、R_1 和 R_2 为半径的同心圆上，圆心处装有竖直细水管，其上端水平喷水嘴的高度、出水速度及转动的角速度均可调节，以保障喷出的水全部落入相应的花盆中。依次给内圈和外圈上的盆栽浇水时，喷水嘴的高度、出水速度及转动的角速度分别用 h_1、v_1、ω_1 和 h_2、v_2、ω_2 表示。花盆大小相同，半径远小于同心圆半径，出水口截面积保持不变，忽略喷水嘴水平长度和空气阻力。下列说法正确的是（　　）。

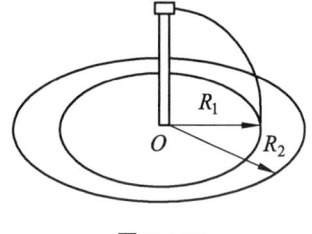

图 2-105

A. 若 $h_1 = h_2$，则 $v_1 : v_2 = R_2 : R_1$
B. 若 $v_1 = v_2$，则 $h_1 : h_2 = R_1^2 : R_2^2$
C. 若 $\omega_1 = \omega_2$，$v_1 = v_2$，喷水嘴各转动一周，则落入每个花盆的水量相同
D. 若 $h_1 = h_2$，喷水嘴各转动一周且落入每个花盆的水量相同，则 $\omega_1 = \omega_2$

【点评】本题以水平喷水嘴依次给内圈和外圈上的盆栽浇水为情境，经典创新，具有一定难度。考查学生建立物理模型，灵活运用所学物理知识解决实际问题的能力，促进学生核心素养的培养和发展。

四、设置合理的问题情境，突出创新能力考查

物理创新能力是指在物理学领域中，能够提出新颖、独特的思路和方法，解决现有问题或发现新的物理规律的能力。具备物理创新能力的人能够跳出传统的思维模式，发现问题中的隐含规律和潜在机会，并提出创新的理论、模型或实验方案来解决问题。

【例27】（2022年全国高考福建卷）如图 2-106 所示，L 形滑板 A 静置在粗糙水平面上，滑板右端固定一劲度系数为 k 的轻质弹簧，弹簧左端与一小物块 B 相连，弹簧处于原长状态。一小物块 C 以初速度 v_0 从滑板最左端滑入，滑行 s_0 后与 B 发生完全非弹性碰撞（碰撞时间极短），然后一起向右运动；一段时间后，滑板 A 也开始运动。已知 A、B、C 的质量均为 m，滑板与小物块、滑板与地面之间的动摩擦因数均为 m，重力加速度大小为 g；最大静摩擦力近似等于滑动摩擦力，弹簧始终处于弹性限度内。求：

（1）C 在碰撞前瞬间的速度大小；
（2）C 与 B 碰撞过程中损失的机械能；
（3）从 C 与 B 相碰后到 A 开始运动的过程中，C 和 B 克服摩擦力所做的功。

图 2-106

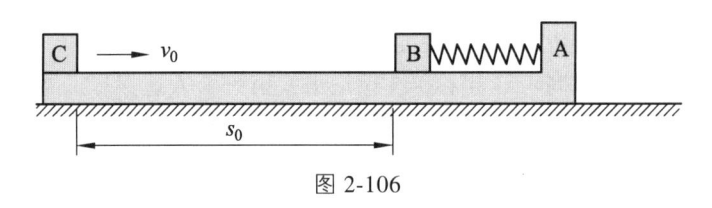

【点评】本题将滑块滑板模型、完全非弹性碰撞、弹簧模型融为一题，考查动能定理、动量守恒定律、碰撞、摩擦力做功及其相关知识点，综合性强，具有一定难度，可有效提升试题的区分度，增加高考选拔的效度和信度。

【例28】（2023年全国高考山东卷）如图 2-107 所示，物块 A 和木板 B 置于水平地面上，固定光滑弧形轨道末端与 B 的上表面所在平面相切，竖直挡板 P 固定在地面上。作用在 A 上的水平外力，使 A 与 B 以相同速度 v_0 向右做匀速直线运动。当 B 的左端经过轨道末端时，从弧形轨道某处无初速度下滑的滑块 C 恰好到达最低点，并以水平速度 v 滑上 B 的上表面，同时撤掉外力，此时 B 右端与 P 板的距离为 s。已知 $v_0=1$ m/s，$v=4$ m/s，$m_A=m_C=1$ kg，$m_B=2$ kg，A 与地面间无摩擦，B 与地面间动摩擦因数 $\mu_1=0.1$，C 与 B 间动摩擦因数 $\mu_2=0.5$，B 足够长，使得 C 不会从 B 上滑下。B 与 P、A 的碰撞均为弹性碰撞，不计碰撞时间，取重力加速度大小 $g=10$ m/s²。

（1）求 C 下滑的高度 H；
（2）与 P 碰撞前，若 B 与 C 能达到共速，且 A、B 未发生碰撞，求 s 的范围；
（3）若 $s=0.48$ m，求 B 与 P 碰撞前，摩擦力对 C 做的功 W；
（4）若 $s=0.48$ m，自 C 滑上 B 开始至 A、B、C 三个物体都达到平衡状态，求这三个物体总动量的变化量 Δp 的大小。

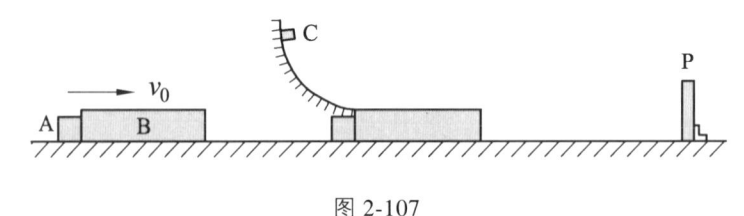

图 2-107

【点评】此题将滑块木板模型和碰撞模型有机组合，考查动量守恒定律、隔离法和整体法受力分析、牛顿运动定律、匀变速直线运动规律，综合性强，科学思维能力要求高，加大了试题对不同学生的区分度，提高了考试选拔的信度。

【例 29】（2023 年全国高考湖北卷）如图 2-108 所示，空间存在磁感应强度大小为 B、垂直于 xOy 平面向里的匀强磁场。$t = 0$ 时刻，一带正电粒子甲从点 P（$2a$，0）沿 y 轴正方向射入，第一次到达点 O 时与运动到该点的带正电粒子乙发生正碰。碰撞后，粒子甲的速度方向反

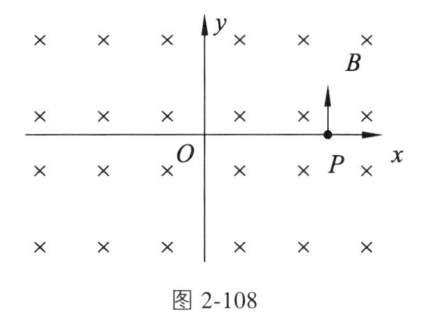

图 2-108

向、大小变为碰前的 3 倍，粒子甲运动一个圆周时，粒子乙刚好运动了两个圆周。已知粒子甲的质量为 m，两粒子所带电荷量均为 q。假设所有碰撞均为弹性正碰，碰撞时间忽略不计，碰撞过程中不发生电荷转移，不考虑重力和两粒子间库仑力的影响。求：

（1）第一次碰撞前粒子甲的速度大小；

（2）粒子乙的质量和第一次碰撞后粒子乙的速度大小；

（3）$t = \dfrac{18\pi m}{qB}$ 时刻，粒子甲、乙的位置坐标，及从第一次碰撞到 $t = \dfrac{18\pi m}{qB}$ 的过程中粒子乙运动的路程（本小问不要求写出计算过程，只写出答案即可）。

【点评】本题以带电粒子在匀强磁场中运动和碰撞为情境，加大了试题难度，考查学生运用物理知识来解决问题等关键能力，加大了试题对不同学生的区分度，提高了考试选拔的信度。

【例 30】（2023 年全国高考湖南卷）如图 2-109 所示，质量为 M 的匀质凹槽放在光滑水平地面上，凹槽内有一个半椭圆形的光滑轨道，椭圆的半长轴和半短轴分别为 a 和 b，长轴水平，短轴竖直。质量为 m 的小球，初始时刻从椭圆轨道长轴的右端点由静止开始下滑。以初始时刻椭圆中心的位置为坐标原点，在竖直平面内建立固定地面的直角坐标系 xOy，椭圆长轴位于 x 轴上。整个过程凹槽不翻转，重力加速度为 g。

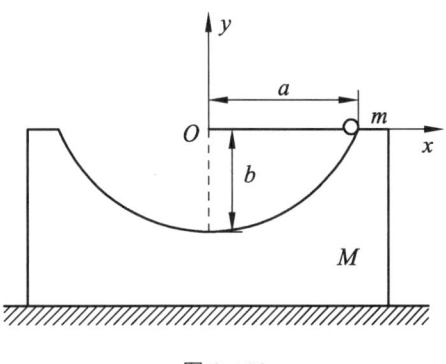

图 2-109

（1）小球第一次运动到轨道最低点时，求凹槽的速度大小以及凹槽相对于初始时刻运动的距离；

（2）在平面直角坐标系 xOy 中，求出小球运动的轨迹方程；

（3）若 $\dfrac{M}{m} = \dfrac{b}{a-b}$，求小球下降 $h = \dfrac{b}{2}$ 高度时，小球相对于地面的速度大小（结果用 a、b 及 g 表示）。

【点评】此题作为压轴题，加大了试题难度，考查学生运用物理知识来解决问题等关键能力，加大了试题对不同学生的区分度，提高了考试选拔的信度。

【例 31】（2023 年全国高考江苏卷）霍尔推进器某局部区域可抽象成如图 2-110 所示的模型。xOy 平面内存在竖直向下的匀强电场和垂直坐标平面向

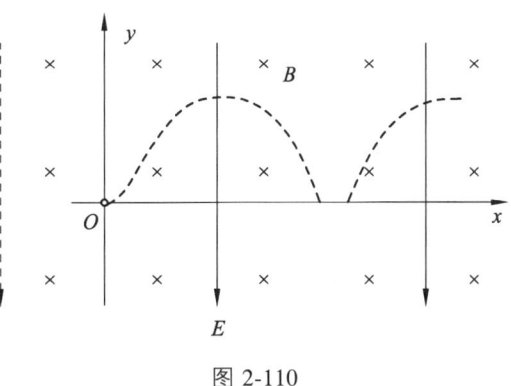

图 2-110

里的匀强磁场，磁感应强度为 B。质量为 m、电荷量为 e 的电子从 O 点沿 x 轴正方向水平入射。入射速度为 v_0 时，电子沿 x 轴做直线运动；入射速度小于 v_0 时，电子的运动轨迹如图 2-132 中的虚线所示，且在最高点与在最低点所受的合力大小相等。不计重力及电子间相互作用。

（1）求电场强度的大小 E；

（2）若电子入射速度为 $\dfrac{v_0}{4}$，求运动到速度为 $\dfrac{v_0}{2}$ 时位置的纵坐标 y_1；

（3）若电子入射速度在 $0 < v < v_0$ 范围内均匀分布，求能到达纵坐标 $y_2 = \dfrac{mv_0}{5eB}$ 位置的电子数 N 占总电子数 N_0 的百分比。

【点评】此题以霍尔推进器某局部区域模型为背景设计的一道压轴题，考查带电粒子在复合场中的运动，突出创新性，全面考查学生的推理论证能力、模型建构能力、综合分析问题的能力等关键能力。

第三章 核心素养下高中物理关键能力的培养策略

第一节 在深度学习教学中培养学生的关键能力

深度学习是指在教师引领下，学生围绕着具有挑战性的学习主题，全身心积极参与、体验成功、获得发展的有意义的学习过程。在这个过程中，学生掌握学科的核心知识，理解学习的过程，把握学科的本质及思想方法，形成积极的内在学习动机、高级的社会性情感、态度、正确的价值观，成为既具独立性、批判性、创造性又有合作精神、基础扎实的优秀的学习者。深度学习是教学中的学生学习而不是一般的学习者的自学，因此必有教师的引导和帮助，深度学习的内容是有挑战性的人类已有认识成果，深度学习是学生感知觉、思维、情感、意志、价值观全面参与的、全身心投入的活动，深度学习的目的指向具体的、社会的人的全面发展，是形成学生核心素养的基本途径。深度学习是发展素养的学习，是培养核心素养的重要途径，深度学习是理解性学习、是触及学生心灵的教学，深度学习是符合学习科学基本原理的学习，深度学习是建立在学生先前知识基础上的概念转变，深度学习注重元认知的教学方法，是教师充分发挥主导作用的活动。

深度学习的特征主要有：

（1）联想与结构。能够根据当前的学习活动去调动、激活以往的知识经验；以融会贯通的方式对学习内容进行组织，建构出自己的知识结构。

（2）活动与体验。全身心（思维、情感、态度、感知觉）投入到挑战性的学习活动中，体验挑战成功的成就感。"探索""发现""经历"知识的形成过程，体会学科的思想方法。与他人（教师、同学）展开积极的合作与沟通，体会合作在学习中的价值与意义。体会学科的价值、学习活动的意义以及个人在学习活动中的成长。

（3）本质与变式。能够抓住教学内容的关键特征，全面把握学科知识的本质联系。学生能够举一反三，列出正反例（如标准正例、非标准正例、反例）来说明学科知识的本质。

（4）迁移与应用。能够将所学内容迁移到新情境中，能够综合运用所学知识去解决生活中的现实问题。

（5）价值与评价。以人的成长为宗旨，帮助学生形成正确的价值观、形成有助于学生自觉发展的核心素养。

一、单元教学设计

落实核心素养教学的深度学习有效途径——单元教学设计。教学设计是根据课程标准的要求和学生的特点，将教学诸要素有序安排，确定合适的教学方案的设想和计划。一般包括教学目标、教学内容、教学方法、教学活动、教学环节、教学评价等部分。因此，教学设计应根据现代教育理论和课程标准的要求，依据学科核心素养目标，对教学过程的主要要素进行系统分析，确定合适的教学内容，创设真实情境，通过教学活动，形成有序的流程。单元教学设计就是从一章或者一单元的角度出发，根据章节或单元中不同知识点的需要，综合利用各种教学形式和教学策略，通过一个阶段的学习让学习者完成对一个相对完整的知识单元的学习。

（一）单元教学设计的特点

单元教学设计的特点有：

（1）单元主题（教学任务）。新课程理念下，课堂教学不再仅仅是传授知识，教学的一切活动都是着眼于学生的发展。在教学过程中如何促进学生核心素养的发展。以往教师关注的主要是"如何教"的问题，现今教师应关注的首先是"教什么""为谁教"的问题。也就是需要通过对课标、教材、内容、学情的分析，明确单元主题（教学任务），进而提出教学目标，选择教学内容、教学活动，制定教学策略。

（2）教学目标。新课程标准从关注学生的学习出发，强调学生是学习的主体，教学目标是教学活动中师生共同追求的，而不是由教师所操纵的。因此，目标的主体首先是学生，其次是教师。教学目标应突出发展学生的核心素养，关注物理观念、科学思维、科学探究，特别要注意挖掘科学态度与责任要素，体现学科育人。

（3）教学策略，就是为了实现教学目标，完成教学任务所采用的方法、步骤、媒体和组织形式等教学措施构成的综合性方案。它是实施教学活动的基本依据，是教学设计的中心环节。其主要作用就是根据特定的教学条件和需要，制定出向学生提供教学信息、引导其活动的最佳方式、方法和步骤。

（4）教学活动，是指施教者（教师）按照一定的教学原则，通过恰当的教学方法和教学内容，达到对受教者进行传授客观性知识、锻炼技能、启迪智慧、引导正确的价值实现和激发积极情感体验的教育活动，其形式多样。

（5）教学过程。现代教学系统由教师、学生、教学内容和教学媒体等四个要素组成，教学系统的运动变化表现为教学活动进程（简称教学过程）。教学过程是课堂教学设计的核心，教学目标、教学任务、教学对象的分析，教学媒体的选择，课堂教学结构类型的选择与组合等，都将在教学过程中得到体现。

（6）教学评价是依据教学目标对教学过程及结果进行价值判断并为教学决策服务的活动，是对教学活动现实的或潜在的价值做出判断的过程。教学评价是研究教师的教和学生的学的价值的过程。教学评价一般包括对教学过程中教师、学生、教学内容、教学方法手段、教学环境、教学管理诸因素的评价，但主要是对学生学习效果和发展的评价，也关注教师教学工作过程的评价，体现教师和学生双发展的教育目的。基于单元教学设计的教学评价，强调过程性评价和形成性评价，实现持续性评价，评价的方法主要有量化评价和质性评价。

（二）单元教学设计的基本特征

单元教学设计的基本特征如下：

（1）整体性，主要体现在教学内容的整合，突出大概念整体性和核心概念，关注教学内容和教学目标的整合。

（2）相关性，主要体现在课型的选择与教学目标和内容相关；教学方法与教学目标和内容相关；教学活动与教学活动之间和教学目标相关。

（3）阶梯性，主要体现在教学活动的设计与教学内容相结合，要从简单到复杂，从单一到综合，从基础到提高，教学活动的要求体现循序渐进的教学原则。

（4）综合性，主要体现整个单元教学能否实现培养学生核心素养，包括小概念与大概念综合，具体方法与科学思维综合，单一技能与多项技能综合，课时目标与单元目标综合。

（三）单元教学设计的整体建构

指向核心素养的单元教学设计应关注整体建构，整体建构分为整体认知建构、整体思维建构、整体探究建构、整体迁移建构、整体评价建构等。

（1）整体认知建构：重点突出物理观念的建构，围绕"核心观念"设计学习任务和活动，达到形成"整体认知"的深度学习。

（2）整体思维建构：重在科学思维，强调模型、推理、论证、质疑与创新等科学思维，围绕"整体认知"过程中的核心内容、学生的疑点和难点，整体设计挑战性任务和学习活动，突出思维教学，使学生的学习过程变成知识的生成过程。

（3）整体探究建构：重在科学探究维度，通过挑战性任务和学习活动，落实问题、证据、解释、交流等科学探究活动，发展学生的科学探究等关键能力。

（4）整体迁移建构：重在迁移应用。从学科核心素养出发，围绕"核心观念"联系社会热点、生产和生活实际，创设真实的情境活动，使学生能够通过解决熟悉的情境问题迁移到解决陌生情境中的问题，提升学生的问题解决能力。

（5）整体评价建构：重在评价，突出学生的收获。通过作业或单元检测等，进一步完善本单元的知识、能力结构体系。

"巧妇难为无米之炊"。核心素养不可能凭空形成，（核心）知识是核心素养形成的载体。大概念（大观念、大主题）-上位知识（纲举目张，含金量高。可以把现行的极其丰富的学科内容精简为一组简单的命题，成为更经济、更富活力的东西），是物理核心知识、核心概念，实现知识的结构化和功能化，促进学生物理观念的形成。策略性、方法性的知识——工具知识。承载并落实了物理学科的思想方法，有助于科学思维的培养。情境化的知识——活性知识。深入挖掘了物理知识中蕴含的育人价值。实现知识的结构化和功能化，促进学生物理观念的形成。所谓结构化，是指将逐渐积累起来的知识加以归纳和整理，使之条理化、纲领化；做到纲举目张。知识是逐渐积累的，但在头脑中不应该是堆积的。心理学研究已发现，优生和差生的知识组织存在明显差异。优生头脑中的知识是有组织、有系统的，知识点按层次排列，而且知识点之间有内在联系，具有结构层次性。结构化对知识学习具有重要作用，因为当知识以一种层次网络结构的方式进行储存时，可以大大提高知识应用时的检索效率。当代心理学研究非常强调知识的重要性。个体解决问题能力的高低取决于个人所获得的有关知识的多少及其性质和组织结构。学生对知识的学习只有实现概念化、条件化、结构化、自动化和策略化之后才能真正促进问题的解决。

二、单元学习主题

（一）单元学习主题的界定和功用

（1）界定：单元学习主题是对单元学习核心内容的价值提炼，既反映学科本质和单元大观念，又要与真实世界和学生的基础与兴趣相联系，体现核心素养落实的具体化与整体化。

（2）功用：主题有助于学生聚焦单元中最为核心、最具有育人价值的内容，打通学科知识到学科素养的通道；主题能够引发师生的学习兴趣，使得师生积极加入到学习当中来；建立联系：生成性主题与学生先前的知识经验、学科的其他重要思想和概念之间，有着丰富的联系。

（二）单元学习主题的策略

确定单元学习主题的主要策略有：

（1）根据课标主题和教材内容。研究课程标准要求和教材内容，找出单元内容蕴含的关键性的物理学知识、物理思想方法、核心价值观念等，参照结构化的物理学知识体系，明确体现物理学本质的核心内容。

（2）根据学生实际情况。了解、分析学生需求、尽量联系学生的生活与社会实际，并结合其他相关信息，依据单元核心内容生成若干学习主题，辨析、比较主题的价值，筛选出引领性学习主题。

（3）根据物理学思想与方法。物理学的研究方法丰富多彩，理想模型法、理想实验法、控制变量法、等效替代法、转换法、积累法、放大法、模拟法、观察法、类比法、对比法、归纳法、图像法、比值定义法等。

（三）单元学习主题的设计形式

单元学习主题的形式有：
（1）由教材的章、节确定单元学习主题。
（2）由跨教材章、节的相关内容整合而生成的单元学习主题。
（3）由跨学科相关的内容整合而生成的单元学习主题。

（四）单元学习目标的路径

确定单元学习目标的两个主要路径：

路径一：在分析课标、教材、内容、学生的基础上，构建应然单元教学目标，再进一步分解为课时目标。即：**正向设计，正向实施**。

（1）分析课标、教材、教学内容和学生；
（2）明确教学内容的主要重、难点；
（3）在分析重、难点的基础上，找出突破重、难点的相应挑战性学习活动、教学策略、教学手段、教学流程等；
（4）概括梳理出基于核心素养发展的应然单元教学目标；
（5）在单元教学目标的基础上进行分解，设计课时教学目标，结合重、难点和主要活动，明确该课时需要学生了解什么、理解什么、操作什么、经历什么过程等，课时教学目标尽量用这些外显行为动词，使课时学习目标可操作、可外显、可测量、可评价。

路径二：在分析课标、教材、内容、学生的基础上，先梳理课时目标，再构建实然单元教学目标。即：**反向设计，正向实施**。

（1）分析课标、教材、教学内容和学生；
（2）明确单元学习的具体课时，每个课时的主要重、难点；
（3）在分析重、难点的基础上，找出突破重、难点的相应挑战性学习活动、教学策略、教学手段、教学流程等；
（4）设计课时教学目标，结合重、难点和主要活动，明确该课时需要学生了解什么、理解什么、操作什么、经历什么过程等，课时教学目标尽量用这些外显行为动词，使课时教学目标可操作、可外显、可测量、可评价；
（5）在课时教学目标的基础上，概括梳理出基于核心素养发展的单元教学目标。

三、挑战性学习活动

单元学习活动——挑战性学习活动。每个单元的学习都是由一组彼此关联的、结构化的、有逻辑的系列学习活动（任务）所构成。"挑战性"是指任务或活动相对于学生现有水平，具有一定的难度要求，学生依靠现有的知识经验或思想方法难以完成，必须吸收新的知识、建立新的联系，或者转变思路、调整方法等。强调高度参与、深度思维、情感内化。挑战性学习任务通常表现为要求学生解决真实情境的复杂问题。"任务"凸显实践活动的整体性、关联性和结果导向，强调学生完成实践活动的责任。设计挑战性学习任务需要围绕单元、课时目标,结合具体学习内容,分析学生的经验和能力基础,找准学生素养发展的障碍点和进步空间,有针对性地设计教学指导措施。单元学习任务的进阶顺序,或顺应真实问题解决路径,或顺应学生的学科思维发展路径,从知识关联到知识表征再到知识应用。

(一)挑战性学习活动的依据和要求

设计单元学习挑战性学习活动的主要依据:单元教学主题、单元教学目标、单元教学内容、学生已有知识和经验。要求:解决关键问题的体验性学习活动,引导并帮助学生体验、经历、发现知识的生成过程,促使学生在活动中展示出他们对事物的新认识,呈现他们的思维特点。学习活动是以师生之间的互动共生式的教学行为实现的。

(二)挑战性学习活动特点

单元学习挑战性学习活动特点如下:
(1)具有情境化的挑战性任务;
(2)学生高度参与、深度思维、情感内化;
(3)通过情境设置,学生能够调动、激活以往的知识经验,提出有探究价值的物理问题,学生以问题为导向进行了科学探究活动;
(4)学生经历"问题""探究""发现""应用""迁移""创新"的知识形成过程和应用创新过程;
(5)学生以融会贯通的方式对学习内容进行组织,建构出自己的知识结构;
(6)学生积极开展合作、沟通、交流;
(7)挑战性学习活动的设计和实施过程也是学科育人过程。

大单元教学设计案例:《匀变速直线运动与汽车行驶安全》

【教学案例】

匀变速直线运动与汽车行驶安全。

【教学时间】

40分钟。

【教学对象】

高一(上)。

【教材】

粤教版高中物理必修1第二章第五节。

【教学内容分析】

1. 教材的地位和作用

本节是粤教版高中物理特有的一节内容,主要是将匀变速直线运动的规律与汽车行驶安全结合到一起,用理论分析生活中的实际问题。此前学生已经学习了匀变速直线运动的规律和自由落体运动,对规律有了一定的认识。本节是对规律的进一步拓展应用,培养学生根据生活情境建立物理模型的能力,提高学生应用物理规律解决实际问题的能力,增强学生的社会责任感,同时为第四章运动与相互作用关系的学习作铺垫。

2. 课程标准对本节的要求

（1）内容要求：理解匀变速直线运动的规律，能运用其解决实际问题，体会科学思维中的抽象方法；

（2）教学提示：教学中应根据本模块所学物理模型的特点，联系生产生活实际，从多个角度创设情境，提出与物理学有关的问题，引导学生讨论，让学生体会建构物理模型的必要性及方法等；

（3）学业要求：能用匀变速直线运动的规律解释或解决生活中的具体问题；知道证据是物理研究的基础，能使用简单直接的证据表达自己的观点；认识物理学是对自然现象的描述与解释，具有学习物理学的兴趣。

3. 教材内容安排

教材从我国交通管理规定展开讨论，介绍汽车行驶中的反应距离、刹车距离、反应时间等实际问题，围绕汽车行驶这一具体的情境编写了三道例题，从紧急刹车增加到考虑驾驶员反应时间，转变为驾驶员酒后驾车中的行驶距离，判断驾驶员减速过程中加速度的大小和酒后的反应时间，得出饮酒后反应时间延长、严禁酒后开车的结论。

4. 教材的特点

教材内容简洁，脉络清晰，从交通管理规定这一情境展开讨论，引出例题，引导学生复习、应用匀变速直线运动的规律，认识汽车行驶中的反应距离、刹车距离和反应时间等概念，利用物理规律解决生活中的实际问题。三道例题情境相同，从具体情境分析到应用公式解决问题，从单过程的刹车减速到匀速+减速的双过程分析，再到利用刹车距离、反应距离反推加速度和反应时间，最后判断是否发生交通事故，逐层递进，保持学生思维的连贯性和整体性，提高课堂效率。

5. 对教材的处理

坚持教师主导、学生为主体的原则，根据学生的认知情况，教师创设不同的问题和生活情境，设计难度逐步增加的问题，让学生亲历物理知识的构建过程：

（1）本节课在教材的基础上，先利用一段视频，让学生观察汽车刹车过程，提炼出匀减速直线运动的物理模型；

（2）利用例题1分析汽车刹车过程的刹车距离，引导学生复习位移公式；

（3）利用苏炳添奥运会比赛引出反应时间，讨论例题1中驾驶员在反应时间内的运动情况为匀速直线运动，计算驾驶员的反应距离，认识反应距离、刹车距离和停车距离；

（4）利用研究人员测出的反应时间与连续驾驶时长的关系图，引导学生思考为何交通法规规定每连续驾驶时间不得超过4 h；

（5）展示微信群里有关雨天的讨论、国家每年交通事故中因酒驾引发的死亡比例报告，认识酒后驾车的严重危害；

（6）回顾微信群中的讨论，思考雨天路滑和北方下雪天给车胎绑上铁链的目的，引出增加刹车时的加速度，拓展学生对加速度的认识；

（7）小组讨论、分析教材中汽车行驶的安全距离示意图，认识不超速、保持安全距离的重要性；

（8）展示生活中路面上的各种标志，知道在生活中如何判定车距；

（9）应用规律：通过反应时间、车速、刹车时的加速度等信息判断为何在高速公路上车距定为 200 m，以及如何判定车距；

（10）进行整节课的归纳总结，并通过本地区交警的一段视频讲述遵守交通法规的严肃性，学习物理知识，解释和解决交通问题，遵守法规，珍爱生命。

【学生情况分析】

1. 学生的兴趣

学生日常生活中经常接触到汽车，见到道路两旁树立的各种交通标志，听或见到交通事故，知道部分交通法规，却还没有上升到理论层次进行分析，因此学生对本节内容的学习充满期待。当见到熟悉的交警现身讲述交通安全时更加兴奋，并对能够利用物理知识解释生活现象感到非常自豪。

2. 学生的基础知识

学生已全面掌握了描述运动的物理量以及匀变速直线运动的规律，并在前面的快艇运动和自由落体运动实例中学习了应用物理公式求解实际问题的方法。对于加速度，学生还停留在理论认知阶段，没有与实际情境联系起来。由于还未学习牛顿第二定律，对影响加速度的因素尚不了解。

3. 学生的认识特点

学生更容易理解亲身经历的情境，认知由易向难过渡，由简向繁发展，思维由感性向理性转变，再由理性解释感性问题。

4. 学生的迷思概念

学生大多时候忽略运动过程中正方向的选取，导致速度和加速度的方向出现错误。对运动过程中的初末状态含糊不清，对反应时间、刹车时间、刹车距离和停车距离等概念容易混淆。

【教学目标】

1. 物理观念

（1）知道反应时间，认识反应距离、刹车距离和停车距离等概念；

（2）能理解反应过程和刹车过程的运动特点，利用运动学公式求解反应距离和刹车距离，逐渐形成运动的观念。

2. 科学思维

（1）能抽象、建立反应距离和刹车距离的物理模型；

（2）能利用物理规律解释汽车运动过程；

（3）能推理论证交通事故产生的原因，认识如何安全行驶；

（4）对生活中有关交通现象的讨论具有理性分析和质疑的能力。

3. 科学态度与责任

通过对汽车行驶过程的分析，学生体验应用物理规律解决生活问题，学会追求事实本质，认识到疲劳驾驶和酒后驾驶对自身和社会的危害，体会交通法规制定的科学性，学会安全行驶，学会应用物理学工具防止危害事故的发生，具有应用科学保障社会安全的责任。

【教学重点】

（1）知道反应时间，认识反应距离、刹车距离和停车距离等概念；

（2）利用运动学公式求解反应距离和刹车距离；

（3）认识如何安全行驶。

【教学难点】

对汽车运动过程分析，构建物理模型。

【教学策略设计】

1. 教学组织形式

班级授课制。

2. 教学方法

（1）讲授法：教师引导学生认识反应时间、反应距离、刹车距离和停车距离，介绍酒驾引起的交通事故比例之重，分析天气对行车的影响，了解车距的判定方法，交警现身说法讲述交通安全法规；

（2）直观演示法：教师通过视频播放的形式演示汽车刹车过程，引导学生分析并提炼出匀变速直线运动的物理模型；

（3）课堂讨论法：学生讨论并提取刹车过程的物理模型，讨论连续驾驶时长对反应时间的影响，讨论并提炼出微信群中的物理信息，同桌配对分析教材上汽车行驶的安全距离示意图，计算并比较高速公路上设定 200 m 车距的原因；

（4）练习法：教师通过对例题不断增设条件，引导学生运用规律进行反应距离、刹车距离和停车距离的计算，并用物理知识求解在高速公路上酒后驾驶的停车距离，让学生在计算过程中巩固物理规律，认识行车安全的必要性。

3. 学法指导

学生自主观察和思考、分析、推理、概括出教师所给材料的物理信息，在获取知识的过程中，领会物理学的研究方法，提高科学思维能力，增强社会责任感。本节课通过视频引入引发学生对刹车过程中物理模型的认知和提取；通过对运动员苏炳添比赛时的反应时间分析，引发对驾驶员反应时间的认识；引导学生分析连续驾驶时长对反应时间的影响，认识疲劳驾驶对行车安全的危害；通过微信中的材料分析认识酒驾和天气对行车的影响；合作讨论教材中安全距离的图片，认识不超速和保持车距的重要性；通过理论与实际进行比较，认识高速公路的 200 m 车距确认的原因。教师创设具体的问题和生活情境，通过一步步的引导和质疑，为学生铺设层层递进的台阶，引发学生的分析和推理，让学生在规律的应用和对日常生活的分析中认识到如何安全行驶,并学会利用科学知识服务社会,形成科学的态度和责任。

4. 教学媒体设计

充分利用视频、图片、科学研究等材料,为学生提供丰富的感性和理性材料,让学生从生活现象出发,建立对规律和安全行驶的认知。利用手机投屏技术将学生的分析结果展示给全班学生,既保证教学效果,又提高了教学效率。

【教学用具】

多媒体教学软件、手机投屏。

【教学流程】

本节课主要设计以下教学环节展开教学活动:

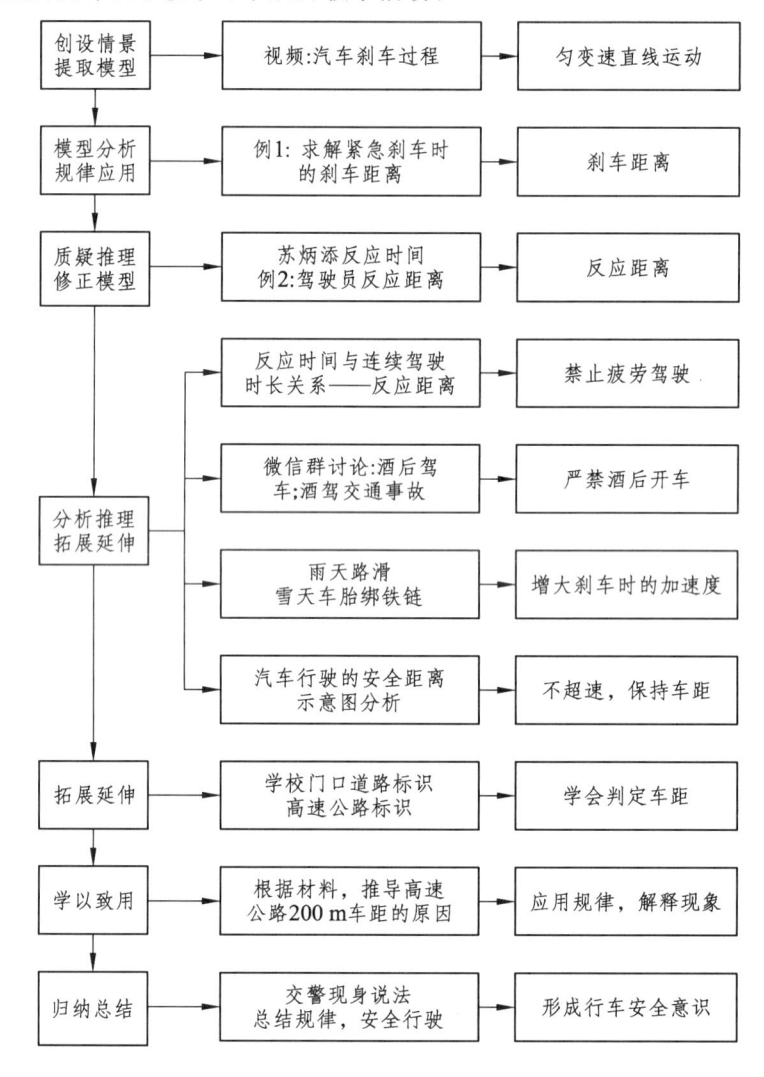

环节	内容	知识点
创设情景 提取模型	视频:汽车刹车过程	匀变速直线运动
模型分析 规律应用	例1:求解紧急刹车时的刹车距离	刹车距离
质疑推理 修正模型	苏炳添反应时间 例2:驾驶员反应距离	反应距离
分析推理 拓展延伸	反应时间与连续驾驶时长关系——反应距离	禁止疲劳驾驶
	微信群讨论:酒后驾车;酒驾交通事故	严禁酒后开车
	雨天路滑 雪天车胎绑铁链	增大刹车时的加速度
	汽车行驶的安全距离示意图分析	不超速,保持车距
拓展延伸	学校门口道路标识 高速公路标识	学会判定车距
学以致用	根据材料,推导高速公路200 m车距的原因	应用规律,解释现象
归纳总结	交警现身说法 总结规律,安全行驶	形成行车安全意识

【教学过程设计】

教学环节和教学内容	教师活动	学生活动	设计意图
【创设情境，提取模型】 视频导入：汽车刹车过程	提出问题： 汽车的运动过程可以抽象为我们学过的哪种运动模型？ 此过程涉及哪些物理量呢	观察思考： 匀减速直线运动；涉及初速度、末速度、运动时间、位移、加速度	利用视频创设物理情境，形成视觉体验，激发学生学习的兴趣，通过提问引发思考，将思维能力培养贯穿于物理学习中
【模型分析，规律应用】 例1：若汽车行驶的速度为108 km/h，发现前方静止的车辆时，马上紧急刹车，并以7.5 m/s² 的恒定加速度减速行驶。那么： （1）汽车经过多久停下来？ （2）若汽车距离前方车辆80 m，则汽车是否会与前车相撞	教师将问题一个个单独展示出来，让学生应用匀变速直线运动的规律进行求解，并观察学生的计算过程，将具有代表性的解答过程用手机拍照，投屏展示	学生分别从不同角度进行刹车距离的求解。分析教师展示的结果，进行点评	学生已经学习过匀变速直线运动规律，但容易出现忽略正方向等问题。在展示环节可以通过点评发现并纠正问题，认识不同的求解方法的作用，培养学生规范解答的基本要求
【质疑推理，修正模型】 （1）百米飞人苏炳添在奥运会比赛时的反应时间是0.167 s。 （2）若汽车行驶的速度为108 km/h，发现前方静止的车辆时，驾驶员反应时间为0.5 s，并以7.5 m/s² 的恒定加速度减速行驶。汽车是否与前车辆相撞	驾驶员发现情况能立刻采取刹车的动作吗？ 驾驶员的反应时间一般比运动员更长。如果驾驶员反应时间为0.5 s，这段时间内汽车如何运动？是否与前车相撞呢	驾驶员需要反应时间。此时汽车做匀速直线运动。 在进行求解时，认识汽车运动过程应该分解为两个过程	认识反应时间，知道停车时有匀速直线运动和匀减速直线运动两个过程，时间和位移分为两部分，认识刹车距离、反应距离和停车距离的关系，加深学生对物理模型的认识
【分析推理，拓展延伸】 （1）分析：反应时间与连续驾驶时长之间的关系。 （2）思考：为何连续驾驶时间超过4 h就要停车休息？ （3）分析：微信群中关于堵车的一段讨论。	提出问题： （1）反应时间随连续驾驶时长增加如何变化？ （2）什么时候反应时间会发生比较大的变化？ （3）连续驾驶4 h后驾驶员需要停车休息，是为了减少反应时间，否则有些驾驶员可能直接睡着了。 （4）教师介绍自己有两位亲戚是货车司机，在家聊天会计	学生跟随老师的引导，对图片进行分析和推理。 （1）连续驾驶时间超过4 h后反应时间急剧增加，会导致反应距离增大，容易发生交通事故。 （2）驾驶员喝酒后，酒精容易麻痹人的神经，导致反	通过对反应时间与连续驾驶时长之间关系的分析，提升学生的分析推理能力，让学生意识到疲劳驾驶的危害；叮嘱自己的亲戚安全行驶，是亲情和社会责任感的体现；通过对微信群中信息的提取，推理酒驾可能带来的影响；读取我国每年由于酒驾而引发的交通事故，正确认识酒驾的可怕后

107

据统计,我国每年发生的交通事故中,因疲劳驾驶而造成的交通事故占总起数的20%左右,占特大交通事故的40%以上。因酒驾导致的交通事故占总起数的30%左右,驾驶员死亡档案中因酒驾导致的占比59%。 (4)思考:下雨天道路对行车有何影响?北方下雪天为何给车胎绑上铁链? (5)分析:教材中汽车的行驶安全距离示意图。 请同桌两人观察示意图,提取物理信息,并交流讨论	论行驶安全问题,并叮嘱他们要注意休息,安全为主。 (5)如果喝了酒,驾驶员可能有什么变化? (6)《中华人民共和国道路交通管理条例》明确规定:严禁酒后开车! (7)下雨天或下雪天道路湿滑,车辆在刹车时会出现什么问题? (8)减速变慢,即加速度变小,导致时间变长,刹车距离变大,容易出现交通事故。 (9)请同桌配对讨论行驶安全距离示意图,能发现什么现象呢? (10)安全行车应该不超速,并且保持安全距离	应时间增加,也容易发生交通事故。 (3)下雨天道路湿滑,车辆不容易减速。 (4)汽车速度越大,反应距离和刹车距离都会增加。 (5)速度越大,刹车距离会明显增大	果,谨记严禁酒后开车的法律规定。 天气引起的行车变化,知道道路湿滑引起的是汽车刹车时加速度的变化,让学生在心中形成摩擦力与加速度关系的浅层认知,并为今后学习运动与相互作用的关系进行铺垫。 通过对教材中汽车的行驶安全距离示意图的分析,学会合作交流,共享信息,让学生意识到行车时应不超速的基本行车要求,具有保持车距的基本常识,并学会从物理角度分析交通现象,推理交通距离设定的科学方法,形成基本的安全行车意识。

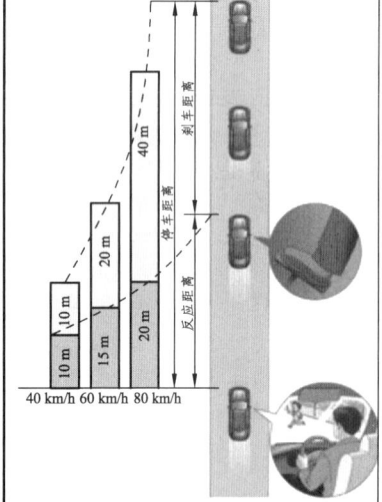

【拓展延伸】 如何判定车距呢？ （1）学校门口路面上的标识线。   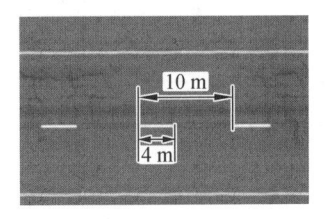 （2）高速公路上的四种车距  	提出问题： 生活中我们如何判定与前车的距离呢？ 教师呈现出自己亲自测量的马路上的白色标线，发现长度为4 m，每两个白色标线的距离为10 m，而学校门口的限速标志位40 km/h。回顾汽车的行驶安全距离示意图发现，当行车速度为40 km/h时，停车距离为20 m，即应与前车保持间隔两个白线的距离（教师测量的马路是一段尚未完工的路面，并不能通行，不可在正常马路上测量）。 提出问题： 在高速公路上车速很高，如何判定车距呢？ 教师介绍4种判断方法：距离标牌；车距确认辅助线；白色标线；路旁反光标记，夜间也能判断	学生观察教师给出的图片信息，一一对应，分析推理，认识路面标记的作用，学会判定车距	教师采用的图片都是来自学生身边熟悉却被忽视的内容，引发学生探究的兴趣，并进行分析和推理，学会在不同情境中判定车距，建立物理与交通法规的联系。为了大家行车安全，交通部门做出了巨大努力，养成安全行车的基本素养
【学以致用】 假设高速公路上汽车行驶速度为120 km/h，驾驶员的反应时间为1 s，刹车时以7.5 m/s² 的恒定加速度减速行驶，求驾驶员的停车距离；若驾驶员反应过缓时反应时间为3 s，求驾驶员的停车距离	提出问题： 为何高速公路上的车距确认定为200 m呢？ 请根据条件求解出驾驶员的停车距离，并与200 m进行比较	学生计算分析，对比其他同学计算的结论，发现200 m车距确定的原因	运用物理知识解释交通现象，增加学习物理知识的兴趣、解决问题的信心，同时认识遵守交通规则保障生命安全的重要性，学会安全行驶

【归纳总结】 （1）总结。 道路千万条，安全第一条。 不超速 ↓ $S=S_0+S_1=v_0t_0+(v_0t_1+\frac{1}{2}at_1^2)$ ∧ 保持车距　不酒驾　注意防滑 　　　　不疲劳驾驶 （2）交警寄语。 （3）结束语	教师运用红黄绿三种交通灯颜色引导学生进行归纳总结，将物理规律和安全行车的基本条件联系起来。 教师播放交通警察对学生的期望，希望学生在学好物理的同时学会运用知识保障生命安全，运用物理知识服务社会。 利用可爱的交警图片进行本节课的结束语：风里雨里，各大路口等你，希望学生在人生的每个路口都能安心地对辛勤付出的交警说声——您辛苦了	学生在教师引导下进行归纳和总结。 学生观看视频，并进行反思	三种交通灯颜色提醒学生遵守基本的交通规则，学会运用物理知识分析交通现象，认识安全行车的基本常识，将物理知识与生活实际紧密联系，形成基本的科学素养和社会责任 交警的视频让学生认识到生命的重要。无论在哪个路口，交警都在认真地执勤，他们是为了千千万万的家庭能够幸福团圆，让学生认识到安全行驶的重要性

【板书设计】

匀变速直线运动与汽车行驶安全

反应　　刹车
⎵　　　⎵
匀速运动　匀减速运动

$$S = v_0t_1 + v_0t_2 + \frac{1}{2}at_2^2$$

反应距离　刹车距离
停车距离

【教学反思】

本节教学思路清晰，从物理规律和汽车行驶安全两条主线出发，利用问题串的形式引导学生构建物理模型、熟悉物理规律、分析不同情境、提取物理信息、认识和应用规律、形成安全行驶的科学态度和社会责任。学生在不断地认识、分析和推理过程中学会将物理知识与生活实际结合在一起，促进学生物理核心素养的形成。

教师能够灵活运用周围情境和生活常识进行讲解，如测量道路标识线时，问学生能否在自己学校门口进行测量呢？学生瞬间就兴奋起来了——这是市区主干道，车流量大，太危险了。当看到北方雪天给车胎绑上铁链时，学生都知道雪天路滑、刹车慢、停车距离长，但无法与物理量联系起来，教师引导学生思考绑铁链后摩擦力增大，刹车快是速度变化快，即加速度大，学生才恍然大悟，初步认识力与加速度的关系，为下一章的学习做铺垫。

在授课过程中存在一些临时出现的问题，在今后教学中可以适当改进，如：

（1）教师安排学生将作答过程呈现在黑板上，结果学生上台前先与同桌进行答案核对，失去了显化错误思维的机会。究其原因，学生担心当众出错，更希望将完美的一面呈现给大家。因此在授课时教师可以借助手机投屏，无记名地呈现解答过程，避免学生尴尬，实现信息技术与课堂深度融合。平时教学过程中应多鼓励学生呈现作答过程，及时纠正迷思概念，获得成就感，建立自信心。

（2）在利用数据计算高速公路上的停车距离时，学生作答时间有限，所得结果各不相同，教师只是给出了答案，并没有将具体解答过程展示出来，这不利于学生发现问题。

（3）本节课更多的环节是学生在教师的引导下对各种现象进行分析、推理和总结。如果条件允许，教师可以提前给学生布置任务，搜集身边有关交通安全的材料，提取信息，寻找物理现象与规律的联系，这样更能促进学生的深度学习。

（4）对于不同层次的学生，可适当调整物理情境，如将前方静止的汽车改为匀速直线运动的汽车，或是同样在匀减速直线运动的汽车，拓展学生对运动模型的认识。教师还可以让学生截取交通事故的片段，进行模型的提取、分析和推理，给学生更多的时间进行思考和讨论，鼓励学生从不同角度提出问题并解决问题。

【案例点评】

本教学设计有效地将物理规律和汽车行驶安全这两条主线贯穿于整节课堂，重在创设真实情境，引导学生建构停车过程的物理模型，应用匀变速直线运动的规律分析安全行驶的 5 个要素，让学生在不知不觉中形成基本的科学思维、科学态度与责任。本教学设计有以下几个优点：

1. 创设真实情境，选材丰富多样

所选材料贴近学生生活实际，如运动员苏炳添比赛，反应时间与连续驾驶时长的关系图，微信群中的聊天，北方雪天车轮绑铁链，我国交通事故的分析报告，教材中行驶安全距离示意图，学校路面标识图，教师测量标识线的长度，高速公路车距确认图，交警视频等等，这些材料为学生提供了丰富多彩的情境，引导学生从不同角度提取物理信息，认识汽车行驶安全的相关因素，培养学生回归生活和社会的兴趣。

2. 建构物理模型，培养科学思维

教师引导学生将汽车的刹车过程抽象为匀减速直线运动，进一步质疑、讨论和交流，建构出汽车停车的两个过程，即反应时间内匀速直线运动和刹车时匀减速直线运动。从物理学角度分析酒后驾车的后果和高速公路上的车距定为 200 m 的原因。学生意识到抓住主要因素、忽略次要因素的重要性，形成科学分析、解决问题的方法和态度，养成理论联系实际的习惯，提升科学思维能力。

3. 学生为主体，教师为主导

教师铺设层层递进的台阶，让学生经历自主分析、建模、推理等过程，寻求事实背

后的本质。在教学中，学生发现下雨天路面湿滑，汽车刹车距离变大，减速时间变长，却没有与加速度联系起来，教师不急于给出答案，而是对学生的回答不断地肯定并提出问题，最后发现里面隐藏了加速度，学生体会到生活与物理的紧密联系。

4. 教学总结创新，让学生耳目一新

将安全行驶、物理规律和行车要求用红、黄、绿三种颜色表示出来，这正是交通信号灯的颜色，提醒学生遵守交通法规，珍爱生命。

5. 多角度促进科学态度与责任的形成

教师创设了大量的生活实践情境，同桌、班级交流、分享结论和观点，合作学习悄然形成。教学中的每个环节都在利用物理知识学习汽车行驶安全，交警的现身说法也更加加深了学生对安全的重视程度，并意识到物理在生活中的巨大作用，学习使用物理知识保障自身安全，维护社会安全，提升了学生的社会责任感。

第二节 在大概念教学中培养学生的关键能力

美国教育学家威金斯、麦克泰格在《理解为先模式》对大概念的阐释：大概念（Big Idea）是各种条理清晰关系的核心，又是使事实更容易理解和有用的一个概念锚点，具有迁移作用。哈伦等在《科学教育的原则和大概念》认为，能够用于解释和预测较大范围自然现象的概念定义为大概念，有科学知识的大概念和有关科学本身的大概念。大概念以"大"的内涵为核心，具有很强的迁移价值，不仅反映学科本质及构成学科框架，打通学科间的学习，还能建立学校教育和现实世界的联结。大概念具有层级结构，纵向向上为抽象概括，纵向向下为迁移应用。采用适当水平的大概念，符合科学教育的目的，并同时能保持关注到不同方面的目标和如何最好地去实现这些目标。由于年轻人能够获得对关键概念的理解，从而使他们在学生期间和以后的生活中做出明智的决策。概念是指某一学科或领域中的基本概念或核心概念，它们构成了该学科或领域的基础框架。格兰特·威金斯和杰伊·麦克泰格在《追求理解的教学设计》（UbD）中系统阐述了大概念。他们提到大概念是一种概念性的工具，相当于一个车辖，既是各种条理清晰的关系的核心，又是使事实更容易理解和有用的一个概念锚点，发挥着"概念魔术贴"的作用，连接不同的知识片段，帮助将知识和技能进行整合，使学生具备应用和迁移能力。在教学实践中，大概念处于课程学习的中心位置，通常表现为一个有用的概念、主题、有争议的结论或观点、反论、理论、基本假设、反复出现的问题、理解或原则，能够将多种知识有意义地连接起来，是不同环境中应用这些知识的关键。在高中物理中，一些重要的大概念包括：

（1）运动与力：涉及物体的运动状态、位置、速度、加速度等，以及力的概念、力的合成与分解、力的作用效果、牛顿三定律等；

（2）动量与能量：涉及物体的动量和能量的概念，包括动量守恒定律、功与能、机械能守恒等；

（3）热与热学：涉及物体的热性质，包括温度、热量、热传导、热膨胀、理想气体等；

（4）光与光学：涉及光的性质和光的传播规律，包括光的反射、折射、光的波动性和粒子性、光的干涉和衍射等；

（5）电与电学：涉及电的基本概念和电路的基本原理，包括电荷、电场、电势、电流、电阻、电路等；

（6）声与声学：涉及声音的产生、传播和接收，包括声音的特性、声音的传播、声音的强度等。

《普通高中物理课程标准》提出"重视以学科大概念为核心，使课程内容结构化，以主题为引领，使课程内容情境化，促进学科核心素养的落实"。物理学科核心素养是学科育人价值的集中体现，是学生通过学科学习而逐步形成的正确价值观、必备品格和关键能力。核心素养的培养指向过程具有整合性，关注学生个体适应未来社会、促进终身学习的全人教育。建构大概念的教学过程是落实核心素养的重要抓手，能打通学生概念的交融和思维的关联，打通学校学习和真实情境的关联，有效促进提升学生的核心素养。

学习是一种图式同化的建构过程，学习者是积极的意义建构者。教师需要遵循学生的认知规律和认知水平，依托学科大概念，帮助学生建立学科的逻辑框架，最终完成学科知识的建构。大概念的提炼常有两种模式：一是自下而上的凝练模式，由基本事实、知识技能抽象到一般概念，再从多个一般概念升华为学科大概念，学科大概念再拓展至跨学科概念，进而上升为哲学观念。二是自上而下的凝练模式，从学科本质、课程标准出发，从整体着眼，提炼核心观念和概念，凝练生成大概念，再统摄一般概念、知识技能和基本事实。模式一较适合新课教学阶段；模式二较适合综合复习阶段。

下面以高三《功能关系》综合复习为例谈谈大概念教学。能量是跨学科大概念，在物理、化学、生物等领域广泛应用。在物理学科中，主要关注能量转化和守恒。功是能量变化的量度，能量变化的过程对应着做功的过程。通过理论推导和实践验证发现，做功和能量变化存在对应关系，简称为功能关系。功能关系是能量的普遍、多样、转化、度量、守恒和节能等各种条理清晰关系的核心，既能分析宏观世界也能分析微观世界，既能分析物体固态和液态也能分析气态的变化，是使众多事实和概念更容易理解的概念锚点。高三复习阶段，提炼"功能关系"为大概念展开综合复习，能打通学生概念的交融和思维的关联，促进能量观念的形成。

（一）功能关系

从物理学科本质和高中物理课程标准出发，功能关系主要聚焦在四方面：机械运动中的功能关系、电磁场中的功能关系、微观世界中的功能关系和气体中的功能关系。高三综合复习打破模块相对割裂状态，以功能关系大概念统摄以上内容，强调学科知识的连续性和关联性，引导学生深入挖掘知识规律的本质原理，促进学生掌握学科的基本思想与基本方法，把握学科本质。

1. 机械运动中的功能关系

（1）重力做功对应重力势能变化。重力做正功，重力势能减少；重力做负功，重力势能增大。

（2）弹簧弹力做功对应弹簧弹性势能变化。弹力做正功，弹性势能减少；弹力做负功，弹性势能增大。

（3）合外力做功对应动能的变化。合外力做正功，动能增大；合外力做负功，动能减少。

（4）非重力、弹簧弹力做功对应机械能变化。如果非重力、弹簧弹力不做功，只有势能与动能发生转化或转移，系统机械能不变；如果非重力、弹簧弹力做正功，其他形式能转化为机械能，系统机械能增大；如果非重力、弹簧弹力做负功，机械能转化为其他形式能，系统机械能减少。

（5）摩擦力做功对应系统机械能的变化。当两物体间存在静摩擦力时，这一对静摩擦力做功的代数和为零，两物体的机械能发生了转移，但两物体组成的系统机械能不变；如果存在的是滑动摩擦力，那这一对滑动摩擦力做功的代数和一定为负值，两物体的总机械能减少，减少的机械能转化为摩擦生热的内能。

2. 电磁场中的功能关系

（1）电场力做功对应电势能的变化。电场力做正功，电势能减少；电场力做负功，电势能增加。只有电场力做功时，动能和电势能相互转化，两者之和不变。

（2）只有电场力和重力两力做功时，重力势能、电势能和动能三者相互转化，三者之和不变；电场力和重力两力做功代数和对应动能的变化；电场力做功对应机械能的变化。

（3）在外电路中，电荷在电场力作用下定向移动形成电流。电场力做正功电势能减少，即消耗电能转化为焦耳热和其他形式的能量；而在电源内部，由于非静电力做正功，把其他形式能转化为电能。

（4）在磁场中，洛伦兹力永不做功；安培力做功对应整个回路电能的增加或减少。当安培力做正功，整个回路电能减少，减少的电能转化为其他形式的能；当安培力做负功，整个回路电能增加，其他形式的能转化为电能，增加的电能又转化为焦耳热和其他形式的能。

3. 微观世界中的功能关系

（1）原子能级跃迁中电场力做功对应原子能级能量的变化。原子能级能量包含电势能和动能。电子从低能级向高能级跃迁，电场力做负功，电势能增加，动能减少，经推导可知原子能级能量变大，需吸收光子等方式获取能量才能实现；反之，电子从高能级向低能级跃迁，电场力做正功，电势能减少，动能增加，原子能级能量变小，会辐射光子。故原子能级跃迁时，会吸收或辐射特定频率的光子，光子的能量等于原子能级能量之差。

（2）在光电效应中，爱因斯坦的光电效应方程也可理解为功能关系方程。金属中的电子吸收光子的能量后，克服原子核对其吸引的电场力做功，挣脱原子核的束缚成为具有初动能的自由电子。

（3）核反应中核力做功对应核能的变化。不同质量的原子核对应不同的结合能，核反应中吸收还是释放能量取决于核反应前后原子核结合能的变化，爱因斯坦的质能方程揭示了质量和能量的对应关系，可以定量计算核反应过程核能的变化。

4. 气体状态中的功能关系

（1）做功和热传递是改变物体内能的两种方式，需综合考虑两种方式的累加效果才能判断物体内能的变化情况，这就是热力学第一定律，是能量转化与守恒定律的特殊情况。物体的内能指物体所有分子动能和分子势能的总和。

（2）分子力做正功，分子势能减少；分子力做负功，分子势能增大。理想气体由于分子间距离超过十倍的平衡距离，分子力近似为零，分子力做功为零，故理想气体的状态变化过程分子势能不变，内能仅由分子动能决定，而分子平均动能只跟温度有关。故一定质量的理想气体的内能仅由温度决定，温度的变化由做功和热传递两种方式的累加效果决定。

教学是教育者为促进学生学习而对学习环境加以操控的过程。教育者的作用是创设能引发学习者经验的学习环境，促进学习者的知识产生变化。学习者的任务是与环境互动来创造经验，以引起自身知识的变化。由知识至素养的过程，必须经历学生的主动活动。学生能否发生主动活动，与课程内容的组织方式、教学活动目标及安排等指向密切相关。

（二）功能关系大概念的单元目标建构

结合《普通高中物理课程标准》和《中国高考评价体系》的内容要求、教学提示、学业要求说明以及"学业质量水平"和"核心素养水平"的内涵和要求，对功能关系构建单元教学目标如下：

（1）目标 1：学生通过回顾实践和理论的推导过程，理清不同力做功对应能量变化的关系。

（2）目标 2：学生以功能关系大概念统摄机械运动、电磁场、微观世界和气体中各力做功对应能量变化关系，打通模块知识关联，深度理解动能定理、机械能守恒和能量转化与守恒定律，建构出框架图或思维导图。

（3）目标 3：学生能在较复杂的实际情境中，把实际问题转化为物理问题，构建物理模型，运用功能关系等相关规律进行推理论证、质疑创新，思路灵活地解决问题。

（三）功能关系大概念的基本问题设计

基本问题也叫本质问题，常与现实世界相关联，答案是开放的且能引发新的思考，需要通过不断探讨增进理解。基本问题能引发学生的好奇心，吸引学生主动建构概念体系和结构化认识路径，它指向学科本质，具有整合性和抽象性，能帮助学习者统合零碎的知识。学生对基本问题不断质疑、反馈和反思，才能深层次理解和持续发展物理观念。

功能关系大概念的基本问题设计：问题1：什么是能量？怎样判断物体具有能量？问题2：你所知道的能量类型有哪些？问题3：怎样度量某种能量变化了多少？问题4：不同类型的能量可相互转化吗？问题5：某系统能量一定守恒吗？如守恒需满足什么条件？教师在课堂上以基本问题为启发，以功能关系为核心，引导学生深入思考大概念和众多小概念间的关联，并以单元概念图式等形式整合概念、规律及相关必备知识，完成逻辑框架图，如图3-1所示。

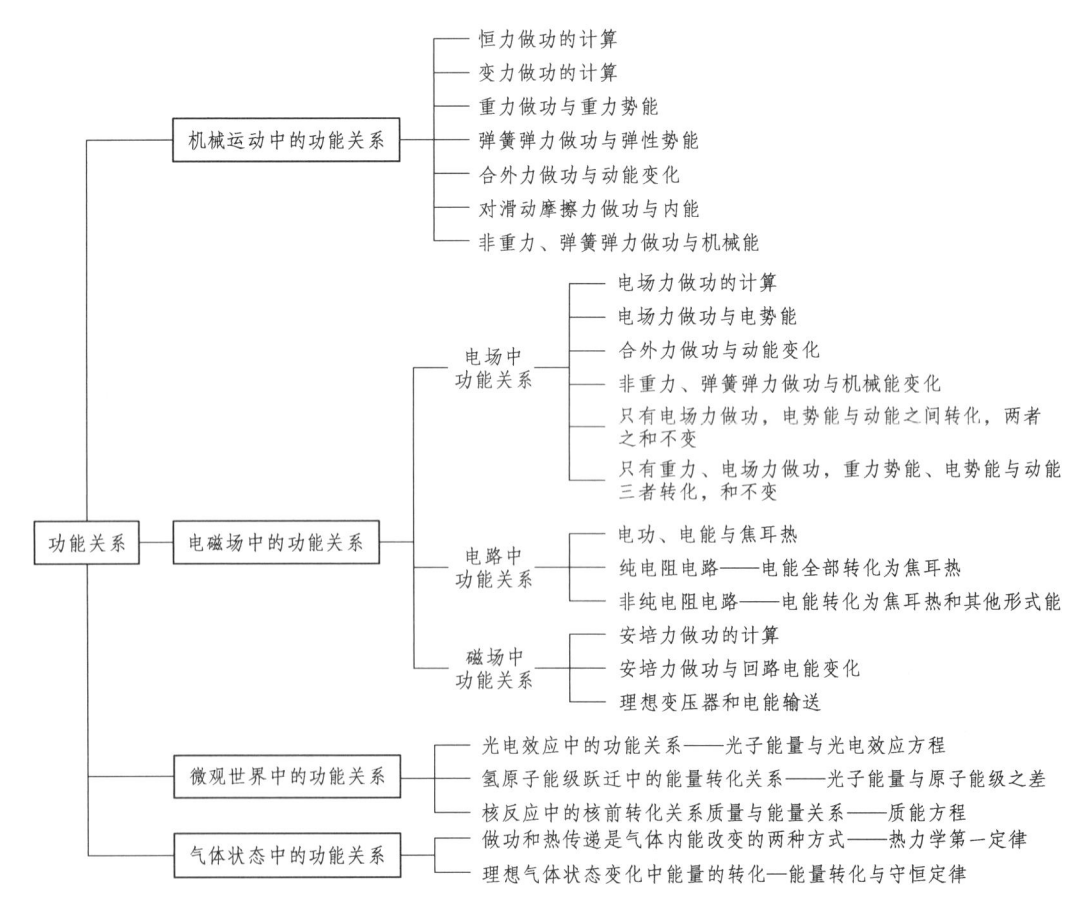

功能关系
- 机械运动中的功能关系
  - 恒力做功的计算
  - 变力做功的计算
  - 重力做功与重力势能
  - 弹簧弹力做功与弹性势能
  - 合外力做功与动能变化
  - 对滑动摩擦力做功与内能
  - 非重力、弹簧弹力做功与机械能
- 电磁场中的功能关系
  - 电场中功能关系
    - 电场力做功的计算
    - 电场力做功与电势能
    - 合外力做功与动能变化
    - 非重力、弹簧弹力做功与机械能变化
    - 只有电场力做功，电势能与动能之间转化，两者之和不变
    - 只有重力、电场力做功，重力势能、电势能与动能三者转化，和不变
  - 电路中功能关系
    - 电功、电能与焦耳热
    - 纯电阻电路——电能全部转化为焦耳热
    - 非纯电阻电路——电能转化为焦耳热和其他形式能
  - 磁场中功能关系
    - 安培力做功的计算
    - 安培力做功与回路电能变化
    - 理想变压器和电能输送
- 微观世界中的功能关系
  - 光电效应中的功能关系——光子能量与光电效应方程
  - 氢原子能级跃迁中的能量转化关系——光子能量与原子能级之差
  - 核反应中的核前转化关系质量与能量关系——质能方程
- 气体状态中的功能关系
  - 做功和热传递是气体内能改变的两种方式——热力学第一定律
  - 理想气体状态变化中能量的转化——能量转化与守恒定律

图3-1 构建功能关系知识框架图

（四）功能关系大概念的方法策略和实际应用

教师引导学生总结功能关系的思维和策略流程图如图 3-2 所示。学生不断应用去解决实际问题，不但能正确分析现象，理解思维的融会贯通，还能感受到问题解决获得的成就感，增强了学校教学和真实世界之间的迁移。实际应用中，教师应创设情境精选例题，在课堂上给样例做示范，深入剖析问题解决的具体过程，见表 3-1 教师示范后，课堂练习采用学生二人或四人分工合作，轮流讲解不同题目，展示问题的解决过程：获取关键信息、如何理解、如何建模、如何推论来解决问题。讲解结束，其他成员提出质疑创新，学生课堂参与度高，交流热烈，效果明显。

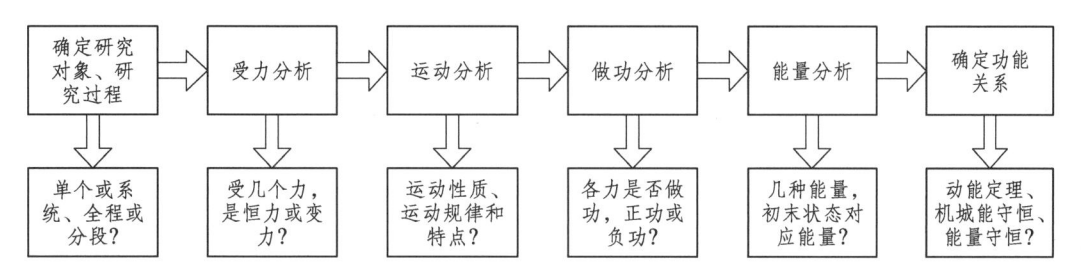

图 3-2 功能关系的思维策略流程图

【例1】（2022年广东卷14题）密立根通过观测油滴的运动规律证明了电荷的量子性，因此获得了 1923 年的诺贝尔奖。图 3-3 所示是密立根油滴实验的原理示意图，两个水平放置、相距为 d 的足够大金属极板，上极板中央有一小孔。通过小孔喷入一些小油滴，由于碰撞或摩擦，部分油滴带上了电荷。有两个质量均为 m_0、位于同一竖直线上的球形小油滴 A 和 B，在时间 t 内都匀速下落了距离 h_1。此时给两极板加上电压 U（上极板接正极），A 继续以原速度下落，B 经过一段时间后向上匀速运动。B 在匀速运动时间 t 内上升了距离 h_2（$h_2 \neq h_1$），随后与 A 合并，形成一个球形新油滴，继续在两极板间运动直至匀速。已知球形油滴受到的空气阻力大小为 $f = km^{\frac{1}{3}}v$，其中 k 为比例系数，m 为油滴质量，v 为油滴运动速率。不计空气浮力，重力加速度为 g。求：

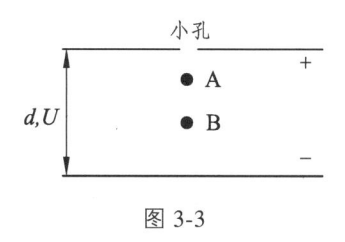

图 3-3

（1）比例系数 k；
（2）油滴 A、B 的带电量和电性；B 上升距离 h_2 电势能的变化量；
（3）新油滴匀速运动速度的大小和方向。

表 3-1　教师给样例做示范过程

获取关键信息	用必备知识理解	思维过程（建模、推理论证、质疑创新）
（1）质量均为 m_0，在时间 t 内都匀速下落了距离 h_1； （2）不计空气浮力；球形油滴受到的空气阻力大小为 $f=km^{\frac{1}{3}}v$	速度大小为 $v_1=\dfrac{h_1}{t}$ ① 受力平衡可得 $m_0g=f$ ② $f=km^{\frac{1}{3}}v$ ③	（1）建模：油滴向下做匀速直线运动。 推理：联立①、②、③式得 $k=\dfrac{m^{\frac{2}{3}}gt}{h_1}$ ④
（3）此时给两极板加上电压 U（上极板接正极），A 继续以原速度下落； （4）B 经过一段时间后向上匀速运动； （5）B 在匀速运动时间 t 内上升了距离 h_2	A 运动没变，说明不受电场力，即 A 不带电；B 最后做向上匀速运动，说明受电场力向上，B 带负电； $v_2=\dfrac{h_2}{t}$ ⑤ 平衡条件： $m_0g+km^{\frac{1}{3}}v_2=q\dfrac{U}{d}$ ⑥	（2）建模：加电场后，B 先向下做减速直至为零，后做向上的加速直至最后匀速。 推理：联立④、⑤、⑥式得 $q=\dfrac{m_0gd(h_1+h_2)}{h_1U}$ ⑦ 电场力做正功 $W_{电}=\dfrac{U}{d}qh_2$ ⑧ 功能关系 $\Delta E_p=-W_{电}$ ⑨ 联立⑧、⑨式得 $\Delta E_p=-\dfrac{m_0gh_2(h_1+h_2)}{h_1}$ ⑩
（6）随后与 A 合并，形成一个球形新油滴，继续在两极板间运动直至匀速； （7）$h_2\neq h_1$	合并后新油滴带电量为 q，质量变为 $2m_0$，电场力 $F=\dfrac{Uq}{d}=\dfrac{m_0g(h_1+h_2)}{h_1}$ ⑪ 新油滴速度方向未说明；空气阻力 f 方向总与速度方向相反； 最终新油滴受力平衡。 需讨论： 当 $h_2>h_1$，即 $v_2>v_1$，合并后速度 v_3 向上；f 方向向下； 当 $h_2<h_1$，即 $v_2<v_1$，合并后速度 v_4 向下，f 方向向上	（3）建模：合并为新油滴相当碰撞模型，系统动量守恒。 质疑创新： 当 $h_2>h_1$，即 $v_2>v_1$，合并后速度 v_3 向上， $m_0v_2-m_0v_1=2m_0v_3$ ⑫ $2m_0g+k(2m_0)^{\frac{1}{3}}v_3=F$ ⑬ 联立⑪、⑫、⑬式得 $v_3=\dfrac{h_2-h_1}{\sqrt[3]{2}\,t}$ ⑭ 当 $h_2<h_1$，即 $v_2<v_1$，合并后速度 v_4 向下， $m_0v_2-m_0v_1=2m_0v_4$ ⑮ $2m_0g=F+k(2m_0)^{\frac{1}{3}}v_4$ ⑯ 联立⑪、⑮、⑯式得 $v_2=\dfrac{h_1-h_2}{\sqrt[3]{2}\,t}$ ⑰

【点评】本题创设科学探索情境，学生需把实际文字情境转化为物理情境，建构匀速直线运动和碰撞模型，只有具备运动与相互作用观和能量观，整合质量、电荷量、受力分析、电场力做功、电势能变化、动量守恒定律等重要概念和规律，从题中获取关键信息，建构相应物理模型，才能快速找到解决问题的思路。学生需具备信息获取能力、理解能力、思维能力、迁移创新能力和计算能力等，才能完成问题的解决。教学中教师要引导学生经历大概念理念下物质的特性、力与机械运动、功能关系等相关概念规律的构建，经历科学思维建立的过程，才能更好地培养学生的关键能力，提升学生的核心素养。

采取大概念观统摄下的教学设计，对学生的学科素养的提升有着非常大的帮助。因为"大概念"具有吸附知识的能力，在围绕"大概念"开展的学习中，一方面学生不断地加深对必备知识的理解，掌握得更加牢固；另一方面，因为有大概念这个连结点，学生的学习会因为有附着点而被赋予意义，能更好地提高学生关键能力，促进学生发展和提高学科素养。

尤其是高三一轮、二轮复习时，学会构建大概念是形成物理观念特别重要的一环，教师不仅要构建出高中物理教学要形成的物理观念，还要在实际教学中通过科学思维和科学探究过程构建大概念。如在复习功能关系时，教师应该先构建出高中物理能量大观念，再结合高中物理的内容，打破教材章节顺序，把机械运动中的功能关系、电磁场中的功能关系、微观世界中的功能关系和气体中的功能关系四个子概念放在一起复习，而不是分散在对应章节复习，这样有利于形成能量观。

第三节 在进阶理论教学中培养学生关键能力

一、学习进阶理论

关于学习进阶并没有准确的定义，不同国家的不同学者对于学习进阶的定义不尽相同。最早还没有提出"学习进阶"这一概念时，一些研究知识碎片理论的学者认为，学生的知识是来源于零零散散的知识碎片，在特定的情境下，学生要对这些零散的碎片知识进行分析、重组，从而构建完整的概念，而构建过程就描述出学生学习的轨迹，并且学习轨迹类似于阶梯状。早期的一些学者，他们以大量数据为基础，提出学生的认知发展具有"进阶"的特点，而这种特点有利于学生把握问题的关键，从而促进学生的认知发展。国外各个学者对于学习进阶的定义比较丰富，比如罗斯曼等人认为，学习进阶是一条合乎学生成长规律的概念序列，涵盖从小学到高中的全部过程；梅里特等学者认为学习进阶其实描述的是学生对于一个核心概念从表面认识到深层次理解并且能与其他概念相联系的过程；赛琳娜则认为学习进阶是能够通过实践验证的假设，学生在经历一段时间的学习后怎样持续发展，从而加深对概念、定理以及定律等的理解；而史密斯团队则认为：学习进阶其实是在一段时间内学生学习某一核心概念，并且对它的学习逐步深入的过程，而在这个过程中学生所遵循的一系列复杂的思维路径。此外，阿隆佐和斯蒂朵认为学习进阶是"学生对某一核心概念内化的一步一步地有序的描述"。2007 年，NRC

（美国国家研究理事会）提出：学习进阶是在一段适当的时间跨度内（比如6~8年），学生在研究某一知识或领域时，人们的思维方式依次进阶，并且在这一过程中，思维变得更加复杂。与其他定义相比，这一定义比较官方明确，并且得到大多数学者的认可。而国内最早注意"学习进阶"这一概念的是北京师范大学的刘恩山教授，他认为学习进阶是以核心概念作为主题，从而开展由浅入深、由易到难并且相互交织的概念序列。通过对比不同学者关于学习进阶的研究，学习进阶大致可以从如下两个方面定义，即表现形式和本质。从表现形式上看，学习进阶就是一系列的水平层级，这些层级对应着学生对于某一知识内容的掌握程度，比如在物理学中对于"力"这一概念的理解，《普通高中课程标准》对高中生应该理解的程度提出明确要求，并将其称为"高锚点"，而学生在初中和日常生活中学习的关于"力"的知识，都属于前概念，这些前概念被称为"低锚点"，在两个锚点之间会存在凌乱区，这个区间也分为不同的层级。而从本质上看，学习进阶其实就是学生在学习某一主题时，其思维方式日益复杂，逐步深入理解这一主题的过程。

2007年，美国国家科学研究委员会（简称NRC）将学习进阶定义为"对学生在一个时间跨度内学习和探究某一主题时，依次进阶、依次深化的思维方式的描述"。北京师范大学郭玉英教授研究团队提出，以认知复杂度为进阶变量，按照学生思维发展顺序，从简单到复杂分为五个逐级进阶的学习进阶理论框架，如图3-4所示。

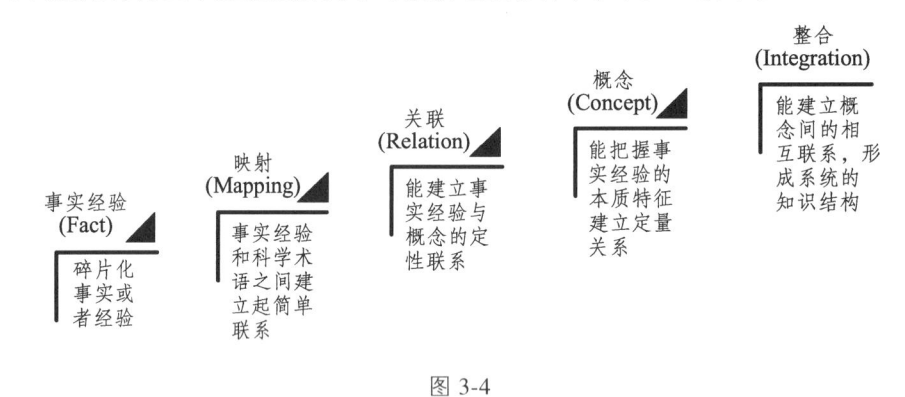

图 3-4

学习进阶理论将学习过程分为初锚（进阶起点）、终锚（进阶终点）以及反映不同中间认知状态水平层级的"阶"段。处于中间认知状态的"阶"搭建起符合学生认知水平的最近发展区，使浅层与深层思维活动相互连接，不断深化认知结构，让学生的认知发展循序渐进且螺旋式上升至进阶终点。

二、深度学习

1976年，美国学者马顿（F. Marton）和萨尔约（R. Saljo）在《论学习的本质区别：结果和过程》中提出了"深层学习（Deep Learning）"与"表层学习（Surface Learning）"的概念。这被普遍认为是教育学领域首次明确提出深度学习的概念。北京师范大学郭华教授在《基于深度学习的教学改进》中指出，深度学习是学生在面对有挑战性主题时，全身心参与且获得有意义发展的学习过程，并由此阐述了深度学习发生与否的五大特征，即结构与联想（经验与知识的相互转化）、活动与体验（学生的学习机制）、本质与变式（对学习对象进行深度加工）、迁移与应用（在教学活动中模拟社会实践）、价值与评价（人成长的隐性要素）。深度学习强调学生的主体地位，遵循科学学习的基本原理，使学生能够在教学中模拟参与人类历史实践，有助于发展学生核心素养。

深度学习是学习者在理解掌握的基础上，通过批判性的分析，将新知识融入自己已有的认知结构，并把新知识迁移应用到新的问题情境中，有效地做出决策的一种学习方式。深度学习有以下几个特征：

（1）深度学习注重批判建构，是一种批判性的、理解性的学习方式，学习者应具有较强的质疑精神和批判精神，通过批判性地吸收知识，建立起各知识之间的联系，加深对知识的理解，形成自己对知识的建构模式，比如概念图、逻辑线、思维导图等形式。

（2）深度学习强调信息整合，将新旧知识融入自己已有的认知结构，以达到对知识的深刻理解。

（3）深度学习注重迁移运用和问题解决，将已学的知识迁移应用到多种实际问题情境中去，锻炼其解决实际问题的能力，达到学以致用，触类旁通，举一反三的效果。

（4）深度学习注重反思，反思能从学习经验和学习过程中提取有价值的东西，有利于对知识的整体理解，是通向深度学习的必要条件，通过反思，学生能够发现并采取相应的策略修正认知过程存在的问题，从中习得复杂知识、问题解决的策略方法等，思维由低阶走向高阶，从而学会如何学习。

三、基于学习进阶理论的深度学习教学模式

ADDIE 模式是教学系统设计理论的基本范式，该模式将教学系统的设计分为分析、设计、开发、执行和评估五个模块，如图 3-5 所示。

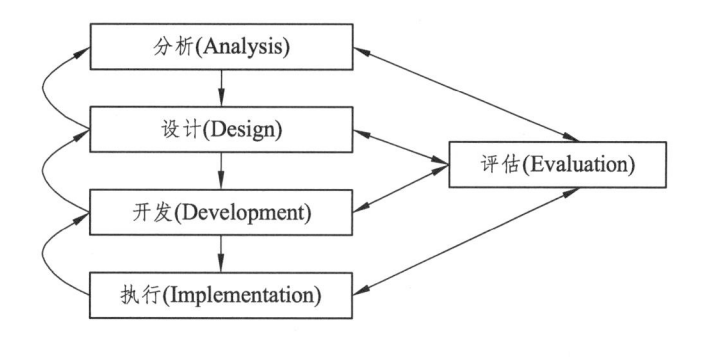

图 3-5

为了将学习进阶理论用于教学实践，郭玉英教授研究团队融合学习进阶研究和教学系统设计的相关理论，开发了基于学习进阶的科学教学设计模型。结合深度学习理论与学习进阶理论基础，在此基础上构建了"基于学习进阶理论的深度学习教学设计模型"，如图 3-6 所示。

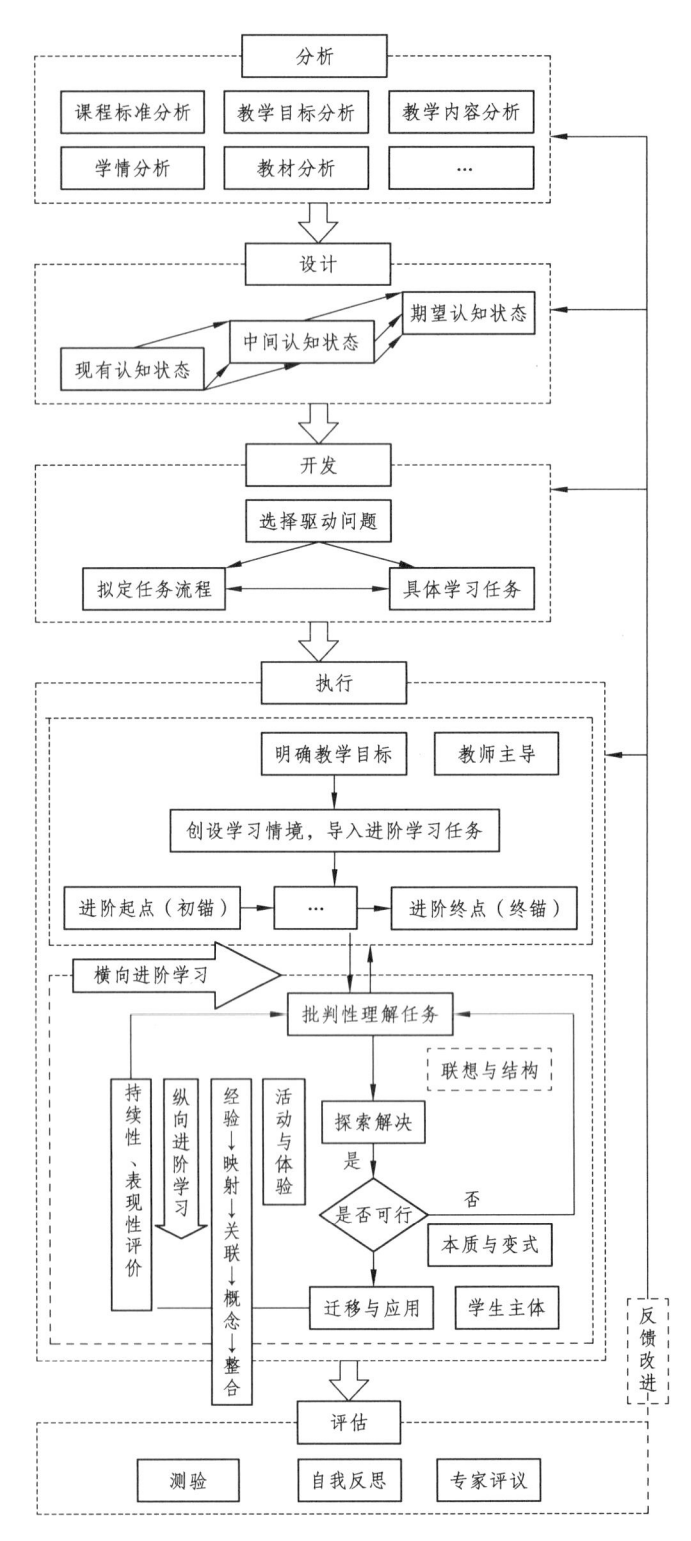

图 3-6

该模型按照 ADDIE 模式将教学设计分为分析、设计、开发、执行和评估五个模块。分析模块负责对核心素养进行解构，将从分析模块中得到的结果和考量代入设计模块来规划整体的深度进阶学习轨迹；以学习轨迹为脚本，以精心设计的驱动问题和锚基任务为教学开发的起点，在驱动问题的引领下，拟定任务流程和深度进阶的学习任务；执行模块要充分体现出学生主体地位，让学生深度参与具有挑战性的进阶学习活动；评估反馈模块基于学生的测验表现、自我和他人的评估等信息，是后续教学改进和学习过程调整的重要依据。

【教学案例】

超重和失重。

【教学时间】

40 分钟。

【教学对象】

高一。

【教材】

粤教版高中物理必修 1 第四章第六节。

【教材分析】

1. 内容分析

本节单列为一节是因为超重和失重现象涉及生活、科技等方方面面，实际和理论紧密结合，能够有助于培养学生的运动与相互作用观，提高分析归纳总结的能力，提升学生寻求证据解释现象的探究能力，培养学生学习物理的兴趣，增强学生利用物理知识解释物理现象的自信心和成就感。

2. 课程标准分析

（1）内容要求：理解牛顿运动定律，能用牛顿运动定律解释生产生活中的有关现象、解决有关问题。通过实验，认识超重和失重现象。

（2）活动建议：通过各种活动，例如乘坐电梯、到游乐场参与有关游乐活动等，体验超重与失重。

（3）教学要求：注重在机械运动情境下培养学生的运动与相互作用观念和模型建构等物理学科核心素养。

（4）学业要求：能从物理学的运动与相互作用的视角分析自然与生活中的有关简单问题，认识物理学对自然现象的描述与解释，具有学习物理学的兴趣。

【学情分析】

1. 学习兴趣

对新知识充满好奇；乐于参与；对利用物理知识解释常见生活现象具有强烈的愿望和成就感。

2. 基础知识

共点力平衡；牛顿三大定律；具备运动学和动力学的基础知识；具有运用牛顿运动定律解决具体问题的能力。

3. 认知特点

从现象到本质，从具体到抽象，对新知识的应用由陌生到熟练，逐层递进，需要教师为学生铺设进阶的台阶。

4. 迷思问题

不明确研究对象，把速度、加速度、受力方向混淆，认为压力就是重力，对超重和失重概念的认识主要限于被动记忆状态。

【教学目标】

1. 物理观念

建构超重和失重的概念，了解超重和失重的原因，理解超重和失重与运动方向无关、与受力有关，形成运动与相互作用的观念。

2. 科学思维

总结超重和失重现象发生的动力学原因，培养猜想、分析、推理、归纳、总结、质疑的思维能力；学会对实际情境"建模"、进行论证。

3. 科学探究

经历在体重计上下蹲、在电梯中力传感器演示等实验过程，培养学生提出问题、寻找证据、解释和交流的探究能力。

4. 科学态度与责任

了解超重和失重在生活、科技等领域的应用，探索物理本质，培养学生用物理知识解释常见现象的能力，激发学生学习热情和爱国情怀。

【教学重点】

失重和超重现象的概念和产生条件。

【教学难点】

失重和超重现象的解释和应用。

【教学方法】

启示教学法、实验演示教学法、自主探究法、多媒体辅助教学法。

【教学用具】

教师：多媒体课件（含视频）、指针式落地称、装满水的矿泉水瓶（顶部和底部的侧面扎洞）、四把教学用尺、手机。

学生：弹簧测力计一个、钩码一个。

【课时安排】

1 课时。

【教学流程】

创设情境：播放"太空授课"视频，引发学生思考，引入新课

↓

现象定义：把物体对支持物的压力（或对悬挂物的拉力）大于物体所受重力的现象叫作超重。把物体对支持物的压力（或对悬挂物的拉力）小于物体所受重力的现象叫作失重

↓

实验探究：教师引导学生进行实验探究失重和超重现象的产生条件

↓

理论解释：用牛顿第二定律解释失重和超重现象

↓

特例应用：完全失重现象指的是物体对支持物的压力（或对悬挂物的拉力）为零的现象，解释水不流出来和太空悬浮现象

↓

知识小结：回顾本节课所学知识内容，齐读超失重诗

【教学过程设计】

教学环节	教学内容	师生活动	设计意图
情境引入	播放"太空授课"视频，提问视频中的宇航员为什么能够悬浮在空中，引入课题"失重和超重"。 【板书】失重和超重	观看王亚平有关视频	培养学生强身健体意识和爱国精神
失重和超重现象的定义	思考1：弹簧测力计的示数一定等于物体的重力大小吗？教师演示。 思考2：体重计的示数一定等于人的体重吗？ 播放电梯视频。 【副板书】 		加速	匀速	减速
上升	58	54	51
下降	51	54	58 | 定义：把物体对支持物的压力（或对悬挂物的拉力）大于物体所受重力的现象叫作超重。把物体对支持物的压力（或对悬挂物的拉力）小于物体所受重力的现象叫作失重。 【板书】一、现象 超重 $N(T)>G$ 失重 $N(T)<G$	教师演示弹簧测力计吊住钩码上下动一动，学生观看电梯视频并在学案上做好数据记录	锻炼学生观察能力，引出失重和超重现象的定义

失重和超重现象的产生条件	过渡：物体在什么时候会出现超重，在什么时候又会出现失重呢？接下来我们通过实验，一起来探究失重和超重现象产生的条件。 【板书】二、产生条件 猜想：失重和超重现象可能会与哪些运动参量有关？ 学生分组实验：利用弹簧测力计和钩码，探究失重和超重现象产生的条件，在学案表格上做好记录，并且与同学交流得出实验结论。 播放视频：向上运动和向下运动的慢动作。 结论：超重的产生条件是物体具有向上的加速度；失重的产生条件是物体具有向下的加速度；失重和超重现象与物体速度方向无关，与加速度方向有关。 【板书】超重：a 向上 　　　　失重：a 向下	学生猜想失重和超重现象可能会与哪些运动参量有关，通过实验探究失重和超重现象产生的条件。教师播放慢动作视频	锻炼学生实验能力及合作交流，包括猜想假设、实验操作、数据记录、交流结论
失重和超重现象的解释	过渡：失重和超重现象同样要遵循什么规律呢？ 教师示范：在黑板上画出向上加速的分析过程。 学生堂练：请三位同学在黑板上完成向上减速、向下加速、向下减速三种情形的分析过程，其余同学在学案上完成。 【板书】三、解释 　1.向上加速　　2.向上减速　　3.向下加速　　4.向下减速 【副板书】 	向上加速	向上减速	向下加速	向下减速
（图）	（图）	（图）	（图）
$T-G=ma$	$G-T=ma$	$G-T=ma$	$T-G=ma$
$T=G+ma$	$T=G-ma$	$T=G-ma$	$T=G+ma$
$T>G$ 超重	$T<G$ 失重	$T<G$ 失重	$T>G$ 超重 | 解释：电梯视频中体重计示数的变化。 思考3：超重的时候，超了多少；失重的时候，失了多少。 思考4：若加速度 $a=g$，竖直向下，则 $T=$？ 定义：完全失重现象指的是物体对支持物的压力（或对悬挂物的拉力）为零的现象。	教师示范，学生模仿练习，用牛顿第二定律解释失重和超重现象。引出完全失重现象定义和产生条件，并解释生活中的现象	锻炼学生动笔能力和模仿能力，能够将所学知识用于分析和解决实际问题，激发学生学习物理的兴趣和动力

	【板书】特例：$N(T)=0$ 　　　　　完全失重：$a=g$，竖直向下 观察与思考：瓶子里装有水，在瓶口和瓶底侧面各开一个小孔，手握瓶子不动，有水从小孔流出来。有什么办法能让水不流出来呢？ 解释：为什么宇航员能够漂浮在太空舱里。 思考5：超重是不是物体的重力真的增大了？失重是不是物体的重力真的减小了？ 思考6：人站在体重计上，迅速下蹲的过程体重计的示数会如何变化呢？ 学生配合教师演示：人站在体重计上下蹲和起立		
小结 作业	小结：1.失重：视重小于物体所受重力。 　　　2.超重：视重大于物体所受重力。 　　　3.失重、超重现象与速度无关，与加速度有关。 　　　　加速度向上，超重；加速度向下，失重。 　　　　超重，超了ma；失重，失了ma。 　　　4.失重、超重现象中，重力不变。 读一读：超重失重两纷纷，压力拉力定乾坤。 　　　　重力长存无变故，超失需看加速度。 作业：学评 第四章 第六节 失重和超重	回顾本节课主要学习内容，齐读超失重诗	总结提升，加强理解记忆

【板书设计】

失重和超重

一、现象

　　超重 $N(T)>G$

　　失重 $N(T)<G$

　　特例 $N(T)=0$

二、产生条件

　　超重：a 向上

　　失重：a 向下

　　完全失重：$a=g$，竖直向下

三、解释

　　1.向上加速　2.向上减速　3.向下加速　4.向下减速

【教学反思】

　　本节课为学生创建了多种超重和失重情境，引导学生从生活实际出发，学会从现象中分析本质，建立运动与相互作用的观念。从问题、实验、证据、分析、猜想、验证、归纳总结得出超重和失重的原因，引导学生利用科学的物理思维研究问题。在对生活实例、电梯等多种情境分析中，完成学生对超重和失重理解的自我评价和组内评价，让学生认识到物理无处不在，感受到利用物理解释现象的乐趣和成就，增加学习物理的兴趣和信心。

第四节　在高三物理习题复习教学中培养学生的关键能力

《普通高中物理课程标准（2017年版）》指出：学科核心素养是学科育人价值的集中体现，是学生通过学科学习而逐步形成的正确价值观念、必备品格和关键能力。物理学科核心素养主要包括"物理观念""科学思维""科学探究""科学态度与责任"四个方面，创设情境进行教学，对培养学生物理学科核心素养具有关键作用。关键能力是指即将进入高等学校的学习者在面对与学科相关的生活实践或学习探索问题情境时，高质量地认识问题、分析问题、解决问题所必须具备的能力。它是使学习者适应时代要求并支撑其终身发展的能力，是培育核心价值、发展学科素养所必须具备的能力基础，是高水平人才素质的重要组成部分。对学生的关键能力进行培养，不仅使学生能够把握物理基础知识与技能，发展批判性、创造性思维能力和科学探索精神，培养信息的收集、传递与处理能力，有效表达与交流能力，以及应变能力等，认识物理学的基本思想、观点与方法，从而充分体现物理学科独特的育人价值，为学生终身发展、应对现代社会和未来发展的挑战奠定基础，从而促进学生核心素养的发展。《中国高考评价体系》中指出问题情境是真实的问题背景，是以问题或任务为中心构成的活动场域。"情境活动"是指人们在情境中所进行的解决问题或完成任务的活动。关键能力是以必备知识的学习探究为载体培养出来的，表现为对必备知识的运用，是形成学科素养的必要前提，将关键能力作为整个"四层"考查内容的重心，是推进新时代高考内容改革的必然选择，也是教育测量学的规律性要求。基于此，高中物理教学中培养学生物理关键能力是必然趋势。

一、以新情境素材为背景，培养学生关键能力

随着近几年新高考物理等级性考试制度的逐步完备与优化，在考查内容与要求上，物理等级性考试更加注重反映物理学科的本质，注重密切联系社会、经济、科技、生产生活实际，使得试题的情境呈现更具问题性与真实性。因此在高中物理教学中融入实际场景如体育运动、交通出行、生产应用、科技成果创新等，从而使教学关联到真实的情境达到培养学生关键能力的目标。因此，在高中物理教学和复习中应该从以下两个方面加强。

（一）利用同一新情境素材进行不同设问，培养学生关键能力

我们平时在高中物理教学和复习时，可以通过某一新情境素材，引导学生对这一新情境素材设置不同的问题，逐步培养学生提出问题、研究问题，批判性、创造性思维能力，信息收集，传递与处理等关键能力的培养，从而全面落实核心素养。

【例1】 如图3-7所示，辛丑年农历除夕神舟十三号航天员在遥远的中国空间站向祖国和人民送上了新春的祝福。下列相关说法正确的是（　　）。

A. 在空间站中宇航员所受的重力为零

B. 宇航员在空间站中"静止"不动时处于平衡状态

C. 空间站绕地球运动经远地点时速度小于 7.9 km/s

D. 空间站绕地球运动经远地点的加速度大于 9.8 m/s

图 3-7

【点评】 此题以辛丑年农历除夕神舟十三号航天员在遥远的中国空间站向祖国和人民送上了新春的祝福为背景设计的一道物理试题，考查学生的信息获取能力、推理论证能力、模型构建能力等关键能力。为了更进一步培养学生的质疑创新能力，引导学生对这一情境提出以下问题：

（1）在空间站中宇航员所受的重力为零；

（2）宇航员在空间站中"静止"不动时处于平衡状态；

（3）空间站绕地球运动经远地点时的速度小于 7.9 km/s；

（4）空间站绕地球运动经远地点时的加速度大于 9.8 m/s^2；

（5）在空间站中宇航员处于超重状态；

（6）空间站绕地球运动经远地点时的速度小于经近地点时的速度；

（7）空间站绕地球运动经远地点时重力势能最大；

（8）空间站绕地球运动过程中动能保持不变。

【例2】 如图3-8所示，平行板器件中，电场强度 E 和磁感应强度 B_0 相互垂直；边长为 $2L$ 的正方体区域 $abcda'b'c'd'$ 内有垂直纸面向里的匀强磁场。一质量为 m，电量为 $+q$ 的粒子（重力不计），从左端以某一速度沿虚线射入平行板器件后做直线运动。粒子自平行板器件出来后，从正方形 $add'a'$ 的中心垂直进入磁场区域。

【点评】 此题以空间立体结构为背景设计的一道物理试题，考查学生的信息获取能力、

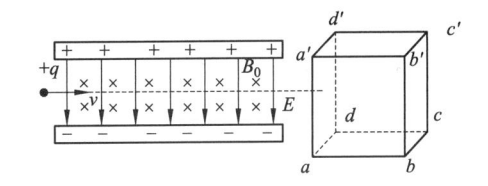

图 3-8

推理论证能力、模型构建能力等关键能力。为了更进一步培养学生的质疑创新能力，让学生对这一情境提出问题：

学生只有理解题意才能提出问题，大部分学生只能提出一个简单的问题：粒子进入磁场区域时的速率 v；有少部分学生能进一步提出：若粒子由正方形 $a'b'c'd'$ 中心垂直飞出磁场区域，则粒子在正方体区域内运动的时间 t；只有极少数的学生才会提出：若粒子能从正方形区域 $a'b'c'd'$ 内飞出磁场区域，则磁感应强度大小 B。最后投影原题的问题。

（1）粒子进入磁场区域时的速率 v；

（2）若粒子由正方形 $a'b'c'd'$ 中心垂直飞出磁场区域，则粒子在正方体区域内运动的时间 t；

（3）若粒子能从正方形区域 $a'b'c'd'$ 内飞出磁场区域，则磁感应强度大小 B。

这样就与学生提出的问题一致，再引导学生还能否再提出问题呢？有的学生还提出下面的问题：

（4）若粒子由正方形 $a'd'$ 飞出磁场区域，则粒子在正方体区域内运动的时间 t；

（5）若粒子能从正方形区域 $ab'c'd$ 内飞出磁场区域，则磁感应强度大小 B 等。

【例3】随着航空领域的发展，实现火箭回收利用，成为了各国都在重点突破的技术。其中有一技术难题是回收时如何减缓对地的碰撞，为此设计师在返回火箭的底盘安装了电磁缓冲装置，如图3-9所示。该装置的主要部件有两部分：① 缓冲滑块，由高强绝缘材料制成，其内部边缘绕有闭合单匝正方形线圈 abcd；② 火箭主体，包括绝缘光滑缓冲轨道 MN、PQ 和超导线圈（图中未画出），超导线圈能产生方向垂直于整个缓冲轨道平面的匀强磁场。当缓冲滑块接触地面时，滑块立即停止运动，此后线圈与火箭主体中的磁场相互作用，火箭主体一直做减速运动直至达到软着陆要求的速度，从而实现缓冲。现已知缓冲滑块竖直向下撞向地面时，火箭主体的速度大小为 v_0，经过时间 t 火箭着陆，此时火箭速度大小为 v；线圈 abcd 的电阻为 R，其余电阻忽略不计；ab 边长为 l，火箭主体质量为 m，匀强磁场的磁感应强度大小为 B，重力加速度为 g，一切摩擦阻力不计，求：

（1）缓冲滑块刚停止运动时，线圈 ab 边两端的电势差 U_{ab}；

（2）缓冲滑块刚停止运动时，火箭主体的加速度大小；

（3）火箭主体的速度从 v_0 减到 v 的过程中系统产生的电能。

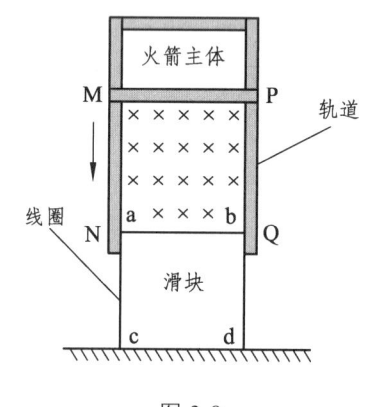

图3-9

【点评】此题以火箭回收利用为背景设计的一道物理试题，考查学生的信息获取能力、推理论证能力、模型构建能力等关键能力。为了更进一步培养学生的质疑创新能力，让学生对这一情景提出问题：

学生只有理解题意才能提出问题，大部分学生只能提出一个简单的问题：缓冲滑块刚停止运动时，线圈 ab 边两端的电势差 U_{ab}；有少部分学生能进一步提出：缓冲滑块刚停止运动时，火箭主体的加速度大小；只有极少数的学生才会提出：火箭主体的速度从 v_0 减到 v 的过程中系统产生的电能。最后投影原题的问题。

（1）缓冲滑块刚停止运动时，线圈 ab 边两端的电势差 U_{ab}；

（2）缓冲滑块刚停止运动时，火箭主体的加速度大小；

（3）火箭主体的速度从 v_0 减到 v 的过程中系统产生的电能。

这样就与学生提出的问题一致，引导学生还能否再提出其他问题呢？有的学生还提出下面的问题：（4）火箭主体的速度从 v_0 减到 v 的过程中，火箭主体运动的距离 h 等。

通过平时的高中物理教学和复习利用同一新情景素养，让学生从不同的角度去思考，提出不同的问题，引申到利用平时的习题，把平时的习题的设问去掉，让学生站在命题人的角度去进行思考，设问，从而通过一题进行知识网络的构建，把核心素养真正落到实处，培养学生的学科关键能力。

（二）利用同一知识设置不同新情景素材，培养学生关键能力

在平时的教学和复习中可以通过同一知识，引导学生从不同角度设置新情境素材，从而使学生认识到如何利用新情景素材，获取有用信息，进一步理解高考新情境素材试题的特点，如何抓住关键，如何突破，真正掌握这种题目的特点和解题技巧，达到培养学生关键能力的目的。

【例4】 赛龙舟是端午节的传统活动。如图3-10所示，v-t 图像描述了甲、乙两条相同的龙舟从同一起点线同时出发、沿长直河道划向同一终点线的运动全过程，下列说法正确的是（　　）。

A. 在 t_2 时刻甲、乙龙舟相遇
B. 在 $0\sim t_1$ 时间内乙龙舟速度变化快
C. 在 $0\sim t_2$ 时间内甲、乙龙舟平均速率相等
D. 整个过程甲与乙龙舟在途中会出现船头并齐情况

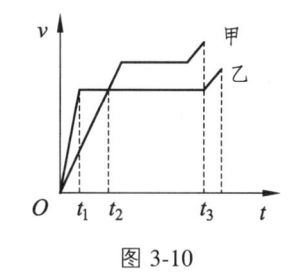

图 3-10

【点评】 此题以中华传统节日端午节的群众性体育活动为背景，描述了一个生动而真实的场景，要求学生在实际问题中"去质点化"，通过对追赶问题的图像辨识，考查学生的理解、推理论证能力、获取信息等关键能力。为了更进一步培养学生的关键能力，我们可以利用同一 v-t 图像这一知识，引导学生对这一问题重新设置新情景，题目如下：

变式1： 学校校运会是中小学最重要的一项体育赛事。如图3-10所示，v-t 图像描述了2021年广东某校校运会100 m决赛中甲、乙两同学的运动全过程，下列说法正确的是（　　）。

A. 在 t_2 时刻甲、乙两同学相遇
B. 在 $0\sim t_1$ 时间内乙同学加速度大
C. 在 t_2 时刻甲同学在乙同学的前面
D. 整个过程甲同学和乙同学在途中会相遇

变式2： 甲、乙两车在平直公路上行驶，其 v-t 图像如图3-10所示，则下列说法正确的是（　　）。

A. $0\sim t_2$ 内，乙车做匀速直线运动
B. 在 t_2 时刻，甲、乙两车相遇
C. 在 t_1 时刻，甲车的速度小于乙车的速度
D. $0\sim t_3$ 内，甲、乙两车的平均速度相同

在平时的高中物理教学和复习中利用同一知识，设置不同情境化材料，使知识融入不同情境当中，有利于学生真正地理解知识、掌握知识，能够运用知识去解决真实情境中的问题。从而在课堂中真正培养学生推理论证能力、获取信息、模型构建等关键能力。

二、以同一素材为背景，培养学生关键能力

随着新教材的逐步落实，新高考命题要求：优化考试内容，突出立德树人导向，重点考查学生运用所学知识分析问题和解决问题的能力，创新试题形式，加强情境设计，注重联系社会生活实际，增加综合性、开放性、应用性、探究性试题。这就要求我们在平时教学和复习中要以同一素材为背景进行一题多变和一题多解，培养学生的发散思维和创新思维等关键能力。因此，在高中物理教学和复习中应该从以下两个方面加强。

（一）同一素材多种变化，培养学生关键能力

在物理教学中要注重学生创新思维能力的培养，而培养学生创新思维能力，旨在增加学生对问题的敏感性，思考问题的灵活性、独特性和流畅性。要培养学生解决问题的能力和探索新物理问题的能力，学生必须对所学知识"熟练"，从而达到创新，培养学生关键能力。要达此目的，可通过一题多变，选一些有代表的问题来启发引导学生。

【例5】如图 3-11 所示，水平放置的两块长平行金属板 a、b 相距 $d=0.10$ m，a、b 间的电场强度为 $E=5.0\times10^5$ N/C，b 板下方整个空间存在着磁感应强度大小为 $B=6.0$ T、方向垂直纸面向里的匀强磁场，今有一质量为 $m=4.8\times10^{-25}$ kg，电荷量为 $q=1.6\times10^{-18}$ C 的带正电的粒子（不计重力），从贴近 a 板的左端以 $v_0=1.0\times10^6$ m/s 的初速度水平射入匀强电场，刚好从狭缝 P 穿过 b 板而垂直进入匀强磁场，最后粒子回到 b 板的 Q（图中未标出）处，求 P、Q 之间的距离 L。

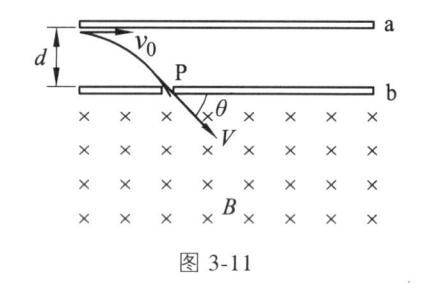

图 3-11

变式1：如图 3-11 所示，水平放置的两块长平行金属板 a、b 相距 $d=0.10$ m，a、b 间的电场强度为 $E=5.0\times10^5$ N/C，b 板下方整个空间存在着磁感应强度大小为 $B=6.0$ T、方向垂直纸面向里的匀强磁场，今有一质量为 $m=4.8\times10^{-25}$ kg，电荷量为 $q=1.6\times10^{-18}$ C 的带正电的粒子（不计重力），从贴近 a 板的左端以 $v_0=1.0\times10^6$ m/s 的初速度水平射入匀强电场，刚好从狭缝 P 穿过 b 板而垂直进入匀强磁场，最后粒子回到 b 板的 Q（图中未标出）处，求整个过程中带电粒子运动的时间。

变式2：如图 3-11 所示，水平放置的两块长平行金属板 a、b 相距 $d=0.10$ m，a、b 间的电场强度为 $E=5.0\times10^5$ N/C，b 板下方整个空间存在着磁感应强度大小为 $B=6.0$ T、方向垂直纸面向里的匀强磁场，今有一质量为 $m=4.8\times10^{-25}$ kg，电荷量为 $q=-1.6\times10^{-18}$ C 的带负电的粒子（不计重力），从贴近 a 板的左端以 $v_0=1.0\times10^6$ m/s 的初速度水平射入

匀强电场，刚好从狭缝 P 穿过 b 板而垂直进入匀强磁场，最后粒子回到 b 板的 Q（图中未标出）处，求 P、Q 之间的距离 L。

变式 3：如图 3-11 所示，水平放置的两块长平行金属薄板 a、b 相距 $d=0.10\ \text{m}$，带电粒子且穿过薄板没有能量损失。a、b 间的电场强度为 $E=5.0\times10^5\ \text{N/C}$，b 板下方整个空间存在着磁感应强度大小为 $B=6.0\ \text{T}$、方向垂直纸面向里的匀强磁场，今有一质量为 $m=4.8\times10^{-25}\ \text{kg}$，电荷量为 $q=-1.6\times10^{-18}\ \text{C}$ 的带负电的粒子（不计重力），从贴近 a 板的左端以 $v_0=1.0\times10^6\ \text{m/s}$ 的初速度水平射入匀强电场，刚好从狭缝 P 穿过 b 板而垂直进入匀强磁场，最后粒子刚好能从 a 板右侧水平射出，求 a 板板长满足的条件。

【例 6】 某同学参加"筷子夹玻璃珠"游戏。如图 3-12 所示，夹起玻璃珠后，左侧筷子与竖直方向的夹角 θ 为锐角，右侧筷子竖直，且两筷子始终在同一竖直平面内。保持玻璃珠静止，忽略筷子与玻璃珠间的摩擦。下列说法正确的是（　　）。

A. 两侧筷子对玻璃珠的合力比重力大
B. 两侧筷子对玻璃珠的合力比重力小
C. 左侧筷子对玻璃珠的弹力一定比玻璃珠的重力大
D. 右侧筷子对玻璃珠的弹力一定比玻璃球的重力大

图 3-12

变式 1：某同学参加"筷子夹玻璃珠"游戏。如图 3-12 所示，夹起玻璃珠后，左侧筷子与竖直方向的夹角 θ 为锐角，右侧筷子竖直，且两筷子始终在同一竖直平面内。现保持右侧筷子竖直，左侧筷子逆时针缓慢转动到水平过程中，玻璃珠对左、右两侧筷子的弹力大小分别为 F_1、F_2，始终保持玻璃珠静止，忽略筷子与玻璃珠间的摩擦。下列说法正确的是（　　）。

A. F_1 一直增大，F_2 一直减小
B. F_1 一直减小，F_2 一直增大
C. F_1、F_2 均一直增大
D. F_1、F_2 均一直减小

变式 2：某同学参加"筷子夹玻璃珠"游戏。如图 3-12 所示，夹起玻璃珠后，左侧筷子与竖直方向的夹角 θ 为锐角，右侧筷子竖直，且两筷子始终在同一竖直平面内。保持玻璃珠静止不动，且忽略筷子与玻璃珠间的摩擦。左侧筷子对玻璃珠的弹力为 F_1，右侧筷子对玻璃珠的弹力为 F_2。玻璃珠的重力为 G，下列说法正确的是（　　）。

A. $F_1 < F_2$
B. $F_1 < G$
C. 保持右侧筷子竖直，玻璃珠仍静止，左侧筷子与竖直方向的夹角 θ 略微减小，则 F_1 减小
D. 保持右侧筷子竖直，玻璃珠仍静止，左侧筷子与竖直方向的夹角 θ 略微减小，则 F_2 增大

变式 3：筷子是中华饮食文化的标志之一，我国著名物理学家李政道曾夸赞说："筷子如此简单的两根木头，却精妙绝伦地应用了物理学杠杆原理。"如图 3-13 所示，用筷子夹住质量为 m 的小球，两根筷子均在同一竖直平面内，且左侧筷子与竖直方向的夹角为 30°，右侧筷子竖直。已知重力加速度为 g，小球对左、右两侧筷子的弹力大小分别为 F_1、F_2，保持小球静止，忽略筷子与小球间的摩擦。下列关系式正确的是（　　）。

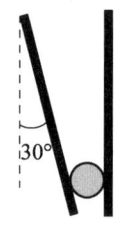

A. $F_1 = mg$

B. $F_1 = \dfrac{\sqrt{3}}{2}mg$

C. $F_1 = F_2$

D. $F_1 = \dfrac{2\sqrt{3}}{3}F_2$

图 3-13

变式 4：筷子是中国人常用的饮食工具，也是中华饮食文化的标志之一。筷子在先秦时称为"梜"，汉代时称为"箸"，明代开始称"筷"。如图 3-14 所示，用筷子夹质量为 m 的小球，筷子均在竖直平面内，且筷子和竖直方向的夹角均为 θ，为使小球静止，求每根筷子对小球的压力 N 的取值范围。已知小球与筷子之间的动摩擦因数为 $\mu(\mu < \tan\theta)$，最大静摩擦力等于滑动摩擦力，重力加速度为 g。

图 3-14

通过变型，帮助学生构建知识网络，不但有利于培养学生思维的灵活性、变通性和创造性，更重要的是它能给学生一种新鲜感，引起学生兴趣，活跃学生的解题思路，对培养学生的创新思维能力具有重要的作用。

（二）同一素材多种解法，培养学生关键能力

在学习物理过程中，发散思维表现为依据物理现象、概念、定律、公式和已知条件，思维朝着各种可能的方向扩散前进，不局限于既定的模式，从不同的角度寻找解决问题的各种可能性。因此教师应精心选编一些"一题多解"类型的题目，引导学生从不同的角度、不同的方面去探索解题思路，从而训练发散思维，培养学生关键能力。

【例7】 放孔明灯是我们中秋节的传统活动之一。如图 3-15 所示，在某一无风的晚上，一盏总质量为 m_2 的孔明灯 A 由于某种原因刚好静止在空中，小明在孔明灯 A 的正下方离孔明灯 A 距离为 h 的地方放飞一盏总质量为 $m_1=0.5\ m_2$ 的孔明灯 B，由于受到恒定浮力 $f=1.5\ m_1g$ 作用向上运动，之后与孔明灯 A 发生碰撞，碰撞时间极短，碰后孔明灯 A 的速度大小是孔明灯 B 的 0.6 倍，假设孔明灯 B 始终在竖直方向上运动且浮力恒定不变，不计空气阻力 A、均可看成质点。求：

（1）孔明灯 B 与孔明灯 A 碰撞后，孔明灯 B 向下运动与碰撞点的最大距离 H；

（2）孔明灯 B 从开始到其向下运动与碰撞点的最大距离过程中，孔明灯 B 运动的时间 t。

该题应引导学生从不同的角度去思考，就可得出几种不同的解法。

解法一：从运动学、牛顿第二定律、动量守恒定律的角度去思考。

（1）在孔明灯 B 与孔明灯 A 碰撞之前，对孔明灯 B 由牛顿第二定律有：

$f - m_1 g = m_1 a$ ①

孔明灯 B 与孔明灯 A 碰撞之前，由运动学公式有：

$v^2 = 2ah$ ②

孔明灯 B 与孔明灯 A 碰撞过程，动量守恒有：

$m_1 v = m_1 v_1 + m_2 v_2$　　其中 $v_2 = \dfrac{3}{5}|v_1|$，

解得 $v_1 = -\dfrac{1}{5}v$

孔明灯 B 与孔明灯 A 碰撞后，孔明灯 B 向下运动与碰撞点的距离最大时速度为零，则

$m_1 g - f = m_1 a_1$ ④

$0 - v_1^2 = 2a_1 H$ ⑤

解得 $H = \dfrac{1}{25}h$ ⑥

（2）在孔明灯 B 与孔明灯 A 碰撞之前，对孔明灯 B 有：

$v = at_1$ ⑦

孔明灯 B 与孔明灯 A 碰撞后，孔明灯 B 向下运动与碰撞点的距离最大过程有：

$v_1 = a_1 t_2$ ⑧

由题可知 $t = t_1 + t_2$

解得 $t = \dfrac{12}{5g}\sqrt{gh}$

解法二：从动能定理、动量守恒定律及动量定理的角度去思考。

（1）孔明灯 B 与孔明灯 A 碰撞之前，根据动能定理有：$(f - m_1g)h = \dfrac{1}{2}m_1v^2 - 0$。

孔明灯 B 与孔明灯 A 碰撞过程，动量守恒有：

$m_1v = m_1v_1 + m_2v_2$　　其中 $v_2 = \dfrac{3}{5}|v_1|$，解得 $v_1 = -\dfrac{1}{5}v$。

孔明灯 B 与孔明灯 A 碰撞后，孔明灯 B 向下运动与碰撞点的距离最大时速度为零，根据动能定理有：$(f-m_1g)H = \dfrac{1}{2}m_1v_1^2 - 0$，解得 $H = \dfrac{1}{25}h$。

（2）孔明灯 B 与孔明灯 A 碰撞之前，由动量定理有：$(f-m_1g)t_1 = m_1v - 0$。

孔明灯 B 与孔明灯 A 碰撞后，孔明灯 B 向下运动与碰撞点的距离最大时速度为零，根据动量定理有：$(f-m_1g)t_2 = m_1v_1 - 0$，由题可知 $t = t_1 + t_2$，解得 $t = \dfrac{12}{5g}\sqrt{gh}$。

解法三：从 v-t 图像、牛顿运动定律、动量守恒定律的角度去思考。

（1）作出孔明灯 B 的 v-t 图像如图 3-16 所示；

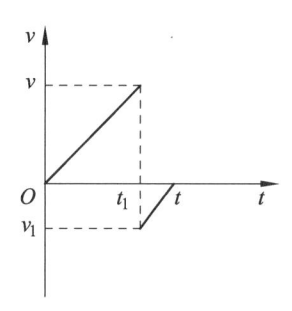

图 3-16

孔明灯 B 与孔明灯 A 碰撞过程，动量守恒有：$m_1v = m_1v_1 + m_2v_2$，其中 $v_2 = \dfrac{3}{5}|v_1|$，解得 $v_1 = -\dfrac{1}{5}v$。

由 v-t 图像及三角形相似可知 $\dfrac{H}{h} = (\dfrac{v}{-v_1})^2$，解得 $H = \dfrac{1}{25}h$。

（2）孔明灯 B 与孔明灯 A 碰撞之前，由牛顿第二定律及运动学公式有：$f - m_1g = m_1a$，$v = at_1$。

由 v-t 图像及三角形相似可知 $\dfrac{t_1}{t - t_1} = \dfrac{v}{-v_1}$，解得 $t = \dfrac{12}{5g}\sqrt{gh}$。

【例8】如图 3-17 所示，现有质量分别为 m、$2m$ 的小球 a 和物块 b 静置于光滑的水平轨道上，水平轨道右端与光电装置相连，左端与一停在光滑水平面上长为 l、质量为 $4m$ 的小车 c 上表面平齐，小球 a 和物块 b 中间夹有少量炸药，炸药突然爆炸，爆炸后，物块 b 沿水平轨道向左运动滑上小车 c，且小车 c 与物块 b 之间的动摩擦因数 $\mu = \dfrac{1}{3}$，小球 a 沿水平轨道向右运动，光电装置被触动，控制电路会使转筒立刻以某一角速度匀速连续转动起来。转筒的底面半径为 l，轨道末端与转筒上部相平，与转筒的转轴距离为 $(\dfrac{2}{3}\sqrt{5}+1)l$，与转筒侧壁上的小孔的高度差为 $2l$；开始时转筒静止，且小孔正对着轨道方向。若小球 a 正好能钻入转筒的小孔（小孔比小球略大，小球视为质点，不计空气阻力，重力加速度为 g）。求：

（1）转筒转动的角速度 ω；
（2）物块 b 能否从小车 c 上滑下。

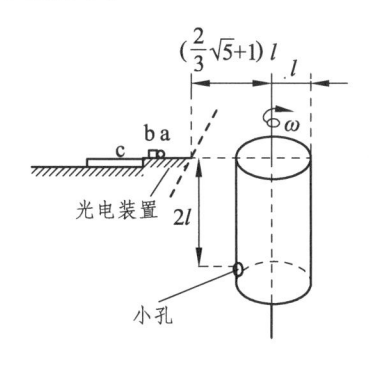

图 3-17

解：（1）小球 a 离开轨道后做平抛运动，有：

$2l=\frac{1}{2}gt^2$ ①

$(\frac{2}{3}\sqrt{5}+1)l-l=v_1t$ ②

在小球做平抛运动的时间内，转筒必须恰好转整数倍，小球才能钻进小孔，即

$\omega t=2n\pi$ （n=1，2，3…） ③

解得 $\omega=n\pi\sqrt{\frac{g}{l}}$ （n=1，2，3…）

（2）由①、②式解得 $v_1=\frac{1}{3}\sqrt{5gl}$ ④

解法一：利用动量守恒定律和能量守恒定律。

a、b 爆炸过程，由动量守恒定律有：

$mv_1-2mv_2=0$ ⑤

解得 $v_2=\frac{1}{6}\sqrt{5gl}$ ⑥

假设 b 滑上小车 c 不会离开小车，设共同速度为 v，由动量守恒定律有：

$2mv_2=(2m+4m)v$ ⑦

根据能量守恒定律有：

$\mu(2m)gL=\frac{1}{2}\times 2mv_2^2-\frac{1}{2}(2m+4m)v^2$ ⑧

解得 $L=\frac{5}{36}l$ ⑨

由于 $L=\frac{5}{36}l<l$，故物块 b 不会滑离小车 c。

解法二：利用运动学和牛顿运动定律求解。

假设 b 滑上小车 c 不会离开小车，设共同速度为 v，由牛顿第二定律及运动学公式有：

对 b：$\mu(2m)g=2ma_1$　　$s_1=v_2t-\frac{1}{2}a_1t^2$　　$v=v_2-a_1t$

对 c：$\mu(2m)g=4ma_2$　　$s_2=\frac{1}{2}a_2t^2$　　$v=a_2t$

由题可知 b、c 的相对位移 $L=s_1-s_2$

解得 $L=\frac{5}{36}l$

由于 $L=\frac{5}{36}l<l$，故物块 b 不会滑离小车 c。

解法三：利用 v-t 图像求解。

根据牛顿第二定律有：

对 b：$\mu(2m)g=2ma_1$　　解得 $a_1=\frac{1}{3}g$

对 c：$\mu(2m)g=4ma_2$　　解得 $a_2=\frac{1}{6}g$

由 $v=v_2-a_1t=a_2t$ 可知，$v=\frac{1}{18}\sqrt{5gl}$　　$t=\frac{1}{3}\sqrt{5gl}$

作出 b、c 的 v-t 图像如图 3-18 所示，

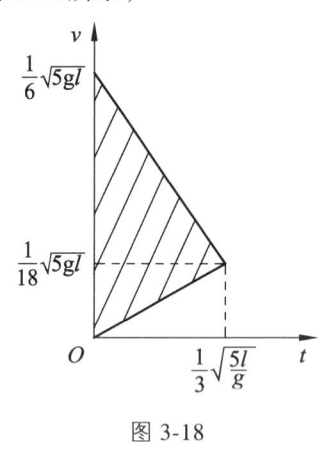

图 3-18

由图像可知阴影部分的面积等于 b、c 的相对位移 L，解得 $L=\frac{5}{36}l$。

由于 $L=\frac{5}{36}l<l$，故物块 b 不会滑离小车 c。

【例 9】 如图 3-19（a）所示，一电荷量为 q、质量为 m 的带负电粒子，以某一速率 v_0 沿中心线 O_1O_2 射入带电平行金属板 C、D 间，之后粒子经板中心线右端点 O_2 时，瞬间使其垂直 C、D 金属板方向的速度变为零，接着粒子由小孔 M 沿径向射入有垂直纸面向里的匀强磁场的绝缘筒。已知 C、D 间电势差 U_{CD} 随时间 t 变化关系如图 3-19（b）所示，且当粒子刚进入 C、D 间为 $t=0$ 时刻，绝缘筒半径与板间距离均为 d，板长为 l。圆心 O_2O 连线与中心线 O_1O_2 在同一直线上，绝缘圆筒内的磁感应强度为 B。不计粒子所受重力。求：

（1）电压 U_1 和 U_2 的比值；

（2）粒子与绝缘筒壁碰撞，速率、电荷量均不变，为使粒子在筒内能与筒壁碰撞 4 次后又从 M 孔飞出，求筒内磁感应强度 B 满足的条件？

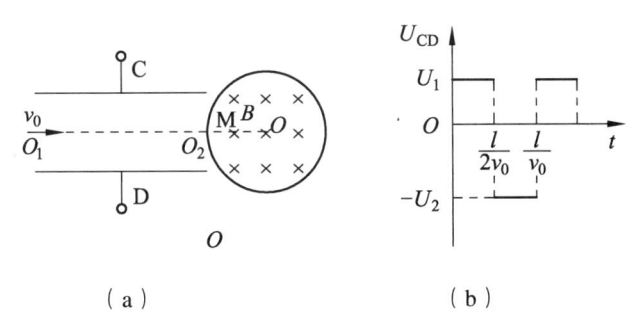

图 3-19

根据运动的独立性可知：粒子在垂直 C、D 金属板方向先做时间为 $\frac{l}{2v_0}$ 的匀加速直线运动，再做时间为 $\frac{l}{2v_0}$ 的匀减速直线运动，回到 O_2 点。

解法一：利用运动学和牛顿运动定律。

（1）粒子在板间水平方向匀速运动，运动时间为 $t=\frac{l}{v_0}$，由图 3-19（b）可知，粒子一个周期内刚好回到板右侧中心线 O_2 处。

第一阶段加速过程：$\frac{qU_1}{d}=ma_1$ ①　　　$s_1=\frac{1}{2}a_1(\frac{l}{2v_0})^2$ ②

第二阶段减速过程：$\frac{qU_2}{d}=ma_2$ ③　　　$s_2=v(\frac{l}{2v_0})-\frac{1}{2}a_2(\frac{l}{2v_0})^2$ ④

垂直 C、D 金属板方向总位移为零，$s_1+s_2=0$　　　⑤

解得　　$U_1:U_2=1:3$

解法二：利用动能定理和平均速度求解。

粒子在垂直 C、D 金属板方向：

第一阶段加速过程，由动能定理和运动学公式有：

$\frac{qU_1}{d}s_1=\frac{1}{2}m(v_1^2+v_0^2)-\frac{1}{2}mv_0^2$　　　$s_1=\frac{v_1}{2}t$

第二阶段减速过程，由动能定理和运动学公式有

$\frac{qU_2}{d}s_2=\frac{1}{2}m(v_2^2+v_0^2)-\frac{1}{2}m(v_1^2+v_0^2)$　　　$s_2=\frac{(-v_1)+v_2}{2}t$

其中 $s_1=s_2$　解得 $U_1:U_2=1:3$

解法三：利用动量定理和平均速度求解。

粒子在垂直 C、D 金属板方向：

第一阶段加速过程，由动量定理和运动学公式有：

$\dfrac{qU_1}{d}t=mv_1-0 \qquad s_1=\dfrac{v_1}{2}t$

第二阶段减速过程，由动量定理和运动学公式有：

$-\dfrac{qU_2}{d}t=m(-v_2)-mv_1 \qquad s_2=\dfrac{(-v_1)+v_2}{2}t$

其中 $s_1=s_2$，解得 $U_1:U_2=1:3$

解法四：由 v-t 图像求解。

根据牛顿第二定律有：

粒子在垂直 C、D 金属板方向：

第一阶段加速过程 $\dfrac{qU_1}{d}=ma_1$

第二阶段减速过程 $\dfrac{qU_1}{d}=ma_2$

作出 v-t 图像如图 3-20 所示。

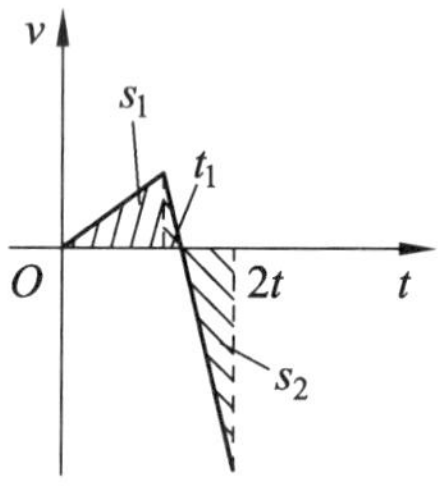

垂直 C、D 金属板方向总位移为零，由 v-t 图像可知

$\dfrac{1}{2}a_1t^2+\dfrac{1}{2}a_2t_1^2=\dfrac{1}{2}a_2(t-t_1)^2$，$a_1t=a_2t_1$

图 3-20

联立以上各式解得 $U_1:U_2=1:3$

（2）粒子从 M 点进入圆筒，速度为 v_0，在圆筒中运动有 $qv_0B=m\dfrac{v_0^2}{r}$ ⑥

解得 $B=\dfrac{mv_0}{qr}$

粒子在圆筒中运动的可能轨迹如图 3-21 所示，

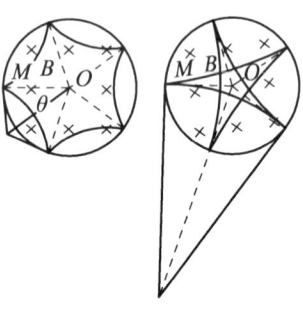

图 3-21

由几何关系可知：

$r=d\tan\dfrac{\theta}{2}$ ⑦

$5\theta=2n\pi$ （$n=1$ 或 2） ⑧

第一种情况 $\theta=\dfrac{2\pi}{5}$

则 $B = \dfrac{mv_0}{qd\tan\dfrac{\pi}{5}}$ ⑨

第二种情况 $\theta = \dfrac{4\pi}{5}$

则 $B = \dfrac{mv_0}{qd\tan\dfrac{2\pi}{5}}$ ⑩

【例10】如图 3-22 所示，半径 $R=0.32$ m 的光滑圆弧轨道固定在竖直平面内，轨道的一个端点 C 和圆心 O 的连线与水平方向间的夹角 $\theta=30°$，另一端点 D 为轨道的最低点，与静止在光滑水平面上质量为 $m_2 = 2.0$ kg、长 $l_2 = 1$ m 的木板 B 的上端平齐。以 $v=1$ m/s 的速度逆时针运动，长 $l_1 = 0.6$ m 的水平传送带左端轮中心恰好在圆弧轨道圆心 O 的正上方，现在传送带的右端放一初速度为 v_0、质量为 $m_1 = 2.0$ kg 的小物块 A，从传送带左端水平飞出后，恰好由 C 点切入圆弧轨道，最后从 D 点滑上 B。已知小物块 A 与传送带的动摩擦因数为 $\mu = 0.2$，重力加速度 $g=10$ m/s²，求：

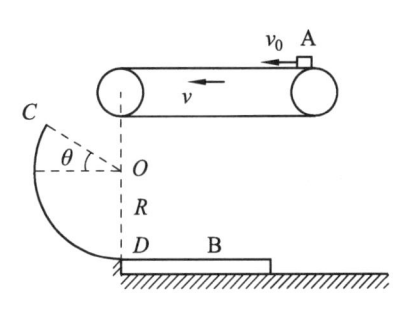

（1）小物块 A 的初速度为 v_0 的大小；

图 3-22

（2）若滑块 A 与木板 B 的动摩擦因数为 μ，且 μ 值满足 $0.1 \leq \mu \leq 0.5$，试讨论因 μ 值的不同，滑块 B 在滑块 A 上相对 A 运动过程中两者因摩擦而产生的热量（计算结果可含有 μ）。

解：（1）物块 A 离开水平轨道后做平抛运动有：

$R\cos\theta = v_1 t$ ①　　$v_y = gt$ ②

由运动的合成与分解有 $\tan\theta = \dfrac{v_1}{v_y}$ ③

解得 $v_1 = \sqrt{1.6}$ m/s $> v = 1$ m/s，故小物块 A 在传送带上一直做匀减速运动。

解法一：用动能定律求解。

对小物块 A：由动能定理有 $-\mu m_1 g l_1 = \dfrac{1}{2}m_1 v_1^2 - \dfrac{1}{2}m_1 v_c^2$ ④

解得 $v_0 = 2$ m/s

解法二：用牛顿运动定律和运动学求解。

由牛顿第二定律有 $\mu mg = ma$

由运动学公式有 $v_1^2 - v_0^2 = -2al_1$

解得 $v_0 = 2$ m/s

（2）物块 A 在 C 点的速度 $v_C = \dfrac{v_1}{\sin\theta} = 2\sqrt{1.6}$ m/s ⑤

物块 A 从 C 到 D 过程机械能守恒有 $\dfrac{1}{2}mv_C^2 + mgR(1+\sin\theta) = \dfrac{1}{2}mv_D^2$ ⑥

解得 $v_D = 4$ m/s

（3）设物块 A 滑到木板 B 右端时刚好能够共速。

解法一：用动量守恒定律和能量守恒定律求解。

由动量守恒定律得 $mv_D=(m+M)v$ ⑦

由能量守恒定律得 $\mu_1 mgl_2=\frac{1}{2}mv_D^2-\frac{1}{2}(m+M)v^2$ ⑧

解得 $\mu_1=0.4$

解法二：由牛顿运动定律和运动学求解。

由牛顿定律及运动学公式有：

对块 A 有：$\mu mg=ma_1$ $s_1=v_D t-\frac{1}{2}a_1 t^2$

对木板 B 有：$\mu mg=Ma_2$ $s_2=\frac{1}{2}a_2 t^2$

由题知 $s_2-s_1=l_2$

解得 $\mu_1=0.4$

讨论：①当满足 $0.1\leqslant\mu<0.4$ 时，物块 A 和木板 B 不能共速，物块 A 将从木板 B 的右端滑落产生的热量为 $Q_1=\mu mgl_2$ ⑨

解得 $Q_1=20J$

②当满足 $0.4\leqslant\mu<0.5$ 时，物块 A 和木板 B 能共速产生的热量为 $Q_2=\frac{1}{2}mv_D^2-\frac{1}{2}(m+M)v^2$ ⑩

解得 $Q_2=8J$

通过这些不同方法的运用，从而培养了学生的思维素质，训练了学生的思维能力，对培养学生的发散思维能力等学生关键能力具有重要的作用。

三、以学生实验为背景，培养学生关键能力

随着国家经济和文化的快速发展，我们越来越重视对学生创新能力的培养，而物理实验教学在培养学生科学素养的过程中具有独特的地位和全方位的功能，在培养学生创新意识及其实践能力中能起到至关重要的作用。因此，在日常高中物理实验教学和复习中应该从以下两个方面加强。

（一）同一实验原理设置不同素材，培养学生关键能力

从近年来高考实验试题可以看出，大部分实验题都是从课本基本实验原理出发，对某些实验装置或实验器材进行创新设计，考查学生知识迁移能力和实验创新能力，从而引导中学物理实验教学注重培养学生关键能力的目的。

【例 11】小组利用打点计时器对物块沿倾斜的长木板加速下滑时的运动进行探究。物块拖动纸带下滑，打出的纸带一部分如图 3-23 所示。已知打点计时器所用交流电的频率为 50 Hz，纸

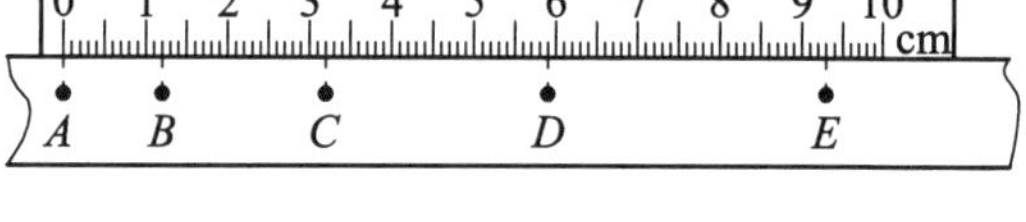

图 3-23

带上标出的每两个相邻点之间还有 4 个打出的点未画出。在 A、B、C、D、E 五个点中，打点计时器最先打出的是_____点。在打出 C 点时物块的速度大小为_____m/s（保留 3 位有效数字）；物块下滑的加速度大小为_____m/s²（保留 2 位有效数字）。

【点评】此题考查物体做匀变速直线运动，求瞬时速度和加速度的实验，培养学生科学探究能力等关键能力，为了更进一步培养学生的关键能力，引导学生对这一实验原理进行创新，题目如下。

变式 1：用雷达探测一高速飞行器的位置。从某时刻（$t = 0$ s）开始的一段时间内，该飞行器可视为沿直线运动，每隔 1 s 测量一次其位置，坐标为 x，结果如下表所示。

t/s	0	1	2	3	4	5	6
x/m	0	507	1 094	1 759	2 505	3 329	4 233

根据表中数据，回答下列问题：

（1）根据表中数据可判断该飞行器在这段时间内近似做匀加速运动，判断的理由是：_____；

（2）当 $x = 507$ m 时，该飞行器速度的大小 $v =$ _____ m/s；

（3）这段时间内该飞行器加速度的大小 $a =$ _____ m/s²(保留 2 位有效数字)。

变式 2：某实验小组利用手机的录像功能拍下小球在斜面上做匀加速直线运动的过程。为便于记录小球各个时刻在斜面上的位置，将录像中时间间隔为 T 的连续 7 幅画面合成到同一张图中，如图 3-24 所示。依次测得小球各相邻位置间的距离为 x_1、x_2、x_3、x_4、x_5、x_6。

（1）写出小球在位置 1 的速度表达式_____。

（2）要求充分利用测量数据，写出小球运动过程中的加速度表达式_____。

（3）在测量小球相邻位置间距时由于实验者读数产生的误差是_____误差（选填"偶然"或"系统"）。

图 3-24

变式 3：某实验小组用频闪照相方法来研究物块的变速运动。在一小物块沿斜面向下运动的过程中，用频闪相机拍摄的不同时刻物块的位置如图 3-25 所示，拍摄时频闪频率是 10 Hz；通过斜面上固定的刻度尺（最小分度为 1 mm）读取的 5 个连续影像的读数依次为 x_O、x_A、x_B、x_C、x_D。

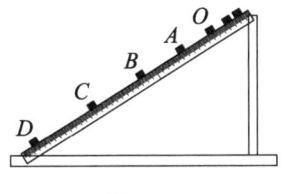

图 3-25

x_O	x_A	x_B	x_C	x_D
5.1 cm	15.86 cm	30.91 cm	50.25 cm	73.90 cm

根据上表的数据，完成下列填空：

（1）以上哪个数据不符合刻度尺读数要求_____（选填 x_O、x_A…）；

（2）物块到达 B 点时的速度 v_B 为_____ m/s（保留 3 位有效数字）；

（3）请充分利用数据计算出物块的加速度 a 为_____ m/s²（保留 3 位有效数字）。

变式 4：一种新的短途代步工具——电动平衡车，被称为站着骑的电动车。某同学为了探究该车在平直水泥路面上的运动情况，设计了如下实验：将输液用的塑料瓶装适量水后，连同输液管一起绑在平衡车的扶手上，调节输液管的滴水速度。某滴水刚落地立即开始计时，从下一滴水落地开始依次计数为 1、2、3…，当第 50 滴水刚好落地时停止计时，测得时间为 25.0 s。该同学骑上平衡车后，先加速到某一速度，然后关闭动力，让平衡车沿着直线滑行。图 3-26 所示是某次实验中在水泥路面上的部分水滴及测出的间距值（左侧是起点，单位：m），当地重力加速度 g 取 10 m/s²，根据该同学的测量结果可得出：

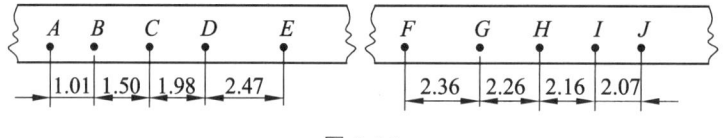

图 3-26

（1）平衡车经过路面上相邻两水滴间的时间间隔 T = _____ s。

（2）平衡车加速过程的加速度大小 a = _____ m/s²，运动到 D 点的速度大小 v = _____ m/s（结果均保留 3 位有效数字）。

【点评】此题通过利用滴水法测量时间，从而对时间测量进行创新，培养学生知识迁移能力、实验创新能力等关键能力。

（二）同一实验装置设置不同原理，培养学生关键能力

高中物理规定的学生实验中，它们有很多实验装置是相同的，但实验原理不同，例如：探究小车匀变速运动、验证牛顿第二定律、探究动能定理的实验装置相同，但实验原理不同，因此在高中物理实验教学或复习中，可以尝试利用同一实验装置进行不同原理的设置，从而培养学生的发散思维和实验创新能力等关键能力。

【例 12】用如图 3-28 所示的实验装置验证机械能守恒定律，实验所用的电源为学生电源，可输出交流电和直流电。重锤从高处由静止开始下落，打点计时器在重锤拖着的纸带上打出一系列的点，对图中纸带上的点迹进行测量，即可验证机械能守恒定律。

（1）下列几个操作步骤中：

A. 按照图 3-27（a）所示，安装好实验装置

B. 将打点计时器接到电源的"交流输出"上

C. 用天平测出重锤的质量

D. 先释放重锤，后接通电源，纸带随着重锤运动，打点计时器在纸带上打下一系列的点

E. 测量纸带上某些点间的距离

根据测量的结果计算重锤下落过程中减少的重力势能是否等于增加的动能。没有必要的是_____，操作错误的是_____（填步骤前相应的字母）。

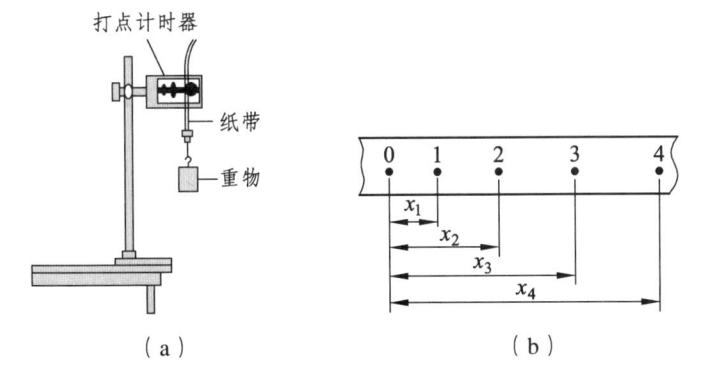

图 3-27

（2）在使用质量为 m 的重锤和打点计时器验证机械能守恒定律的实验中，在选定的纸带上依次取计数点如图 3-27（b）所示，纸带上所打的点记录了重锤在不同时刻的位置，那么纸带的_____（填"左"或"右"）端与重锤相连。设打点计时器的打点周期为 T，且"0"为打下的第一个点，当打点计时器打点"3"时，重锤的动能表达式为_____，若以重锤的运动起点"0"为参考点，当打点"3"时重锤的机械能表达式为_____。

【点评】此题主要是通过自由落体运动来验证机械能守恒定律，实验原理是利用重力势能的减小等于动能的增加，我们可以利用这一实验装置来设置探究匀变速直线运动，即改为：某同学利用如图 3-27（a）所示的实验装置测量重力加速度。

（1）该同学经正确操作得到如图 3-27（b）所示的纸带，已知 1、2、3、4 为打下的连续四个点，测得对应的距离为 x_1、x_2、x_3、x_4。若已知打点计时器的打点周期为 T，则打点 3 时速度的表达式为 $v_3=$_____；重力加速度的表达式为 $g=$_____。

（2）根据（1）问结果，为了求出重物在运动过程中所受的阻力，还需测量的物理量有____（用字母表示，并说明字母所表示的物理意义）。则阻力的表达式为 $f=$_____。

（3）如果当时电网中交变电流的电压变成 210 V，而做实验的同学并不知道，那么重力加速度的测量值与实际值相比_____（填"偏大""偏小"或"不变"）。

【点评】此题是利用验证机械能守恒定律实验装置来求解瞬时速度、加速度、阻力等，与机械能守恒定律原理没有关系，通过这一改变，从而进一步培养学生知识迁移能力，培养学生科学探究能力等关键能力。

《中国高考评价体系》指出：以核心价值为引领，以学科素养为导向，以关键能力为重点，以必备知识为基础，通过增强考试的基础性、综合性、应用性和创新性，考查学生进入高等学校继续学习的能力，促进学生综合能力和创新思维的提升，引导高中教学培养和发展学生的物理学科素养，为学生终身发展、应对现代和未来社会发展的挑战奠定基础。近年广东高考物理试题创设联系生产生活实际、科学技术进步的真实情境，考查学生建立物理模型、灵活运用所学物理知识解决实际问题的能力，促进学生核心素养的培养和发展。因此，在高考物理复习中，要渗透情景化试题，提高课堂教学效率，落实物理学科素养，培养学生关键能力。

第五节 在高三物理实验复习教学中培养学生的关键能力

《普通高中物理课程标准（2017年版）》明确指出："物理实验是体验性的重要手段。实验是实践体验性最强的物理学习方式，它可通过实验设计与动手操作、观察现象与记录数据、分析归纳得出结论等环节，全方位地培养学生的科学探究能力，学生实验是其他任何方式都无法替代的物理学习方式。"而教材作为高中物理教学的载体，在落实中学实验教学，培养创新能力与实验探究能力、全面提高物理学科核心素养中有着不可替代的作用。高考作为我国最重要的选拔性考试，以教材中列举的实验为蓝本，通过对实验方法、实验原理以及实验器材的创新与迁移，最终实现"立德树人，服务人才，指导教学"的核心目标。

一、立足基础，回归教材

高考实验命题已经不再局限于对学生分组实验或演示实验的考查，而是更加关注对学生实验思维能力和科学探究素养的考查，因此，命题者要在考查学生实验能力的同时不脱离课程标准进行命题，这对学生的实验能力提出了较高的要求。高考实验命题注重以教材常规实验为基础，通过对常规实验的原理、图像、结论等进行翻新重组，突出对实验方法的迁移与基本仪器的考查，但是同时着重考查学生实验原理和实验设计能力。因此课堂实验教学必须注重基础知识的教学，任何脱离基础知识的教学都是空中楼阁。通过立足教材实现夯实物理学科必备知识的效果，不仅仅是为了提高学生应试能力和物理学科基本素养，更是为学生积累基础性、同识性知识，方便以后的学习与使用打下基础。因此我们回归教材进行实验复习时，要注重对实验原理、实验目的、实验操作、实验设计、实验拓展等方面进行理解和整合，从而真正提高学生实验探究能力和创新能力。

【例1】测量某金属丝的电阻率。

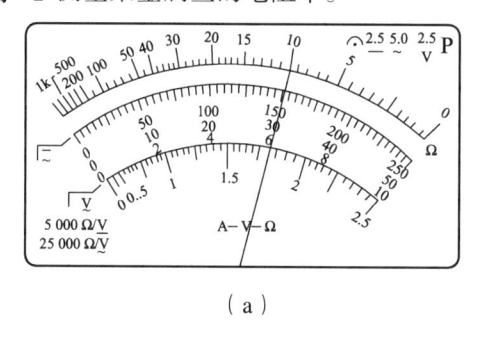

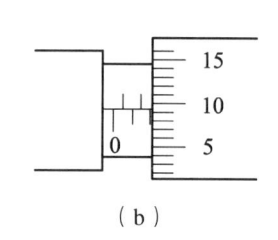

（a） （b）

(c)

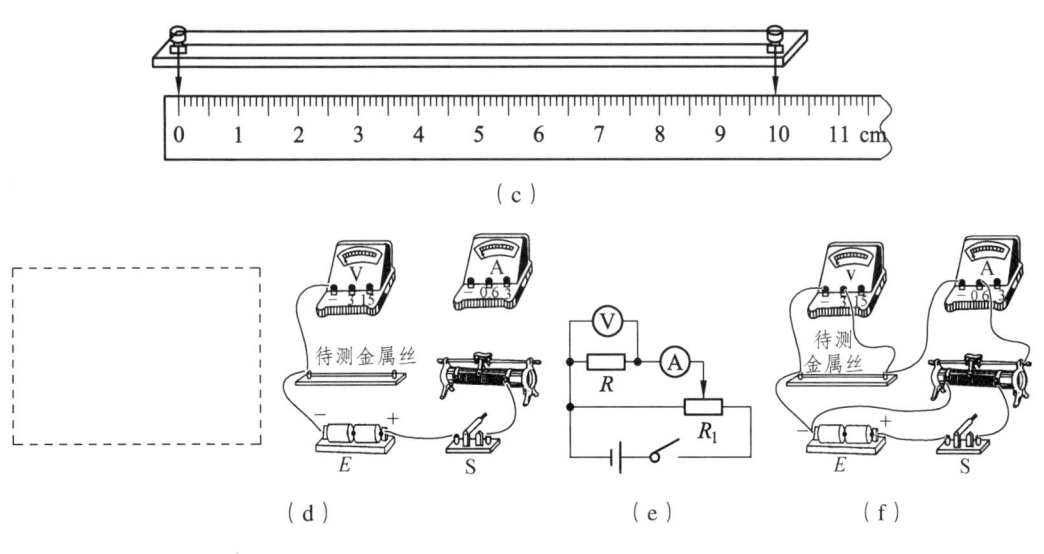

(d) (e) (f)

图 3-28

（1）如图 3-28（a）所示，先用多用电表"×1 Ω"挡粗测量其电阻为_____Ω，然后用图 3-28（b）所示的螺旋测微器测量其直径为____mm，再用图 3-28（c）所示的毫米刻度尺测量其长度为_____cm。

（2）为了减小实验误差，需进一步测量其电阻，除待测金属丝外，实验室还备有的实验器材如下：

A. 电压表 V（量程 3 V，内阻约为 15 kΩ；量程 15 V，内阻约为 75 kΩ）
B. 电流表 A（量程 0.6 A，内阻约为 1 Ω；量程 3 A，内阻约为 0.2 Ω）
C. 滑动变阻器 R_1（0 ~ 5 Ω，0.6 A）
D. 滑动变阻器 R_2（0 ~ 2 000 Ω，0.1 A）
E. 1.5 V 的干电池两节，内阻不计
F. 电阻箱
G. 开关 S，导线若干

为了测量多组实验数据，滑动变阻器应选用_____（选填"R_1"或"R_2"）；请在方框内设计最合理的电路图，并完成图 3-28（d）中的实物连线。

【解析】（1）由图 3-28（a）所示多用电表可知，待测电阻阻值是 8 × 1 Ω = 8 Ω；由图 3-28（b）所示螺旋测微器可知，固定刻度读数为 2 mm，可动刻度读数为 0.01 × 9.5 mm = 0.095 mm，其读数为 2 mm + 9.5 × 0.01 mm = 2.095 mm；毫米刻度尺测量其长度为 10.14 cm。

（2）滑动变阻器 R_2（0 ~ 2 000 Ω，0.1 A）的阻值比待测金属丝阻值 8 Ω 大得多，为保证电路安全，方便实验操作，滑动变阻器应选 R_1，最大阻值 5 Ω；为测量多组实验数据，滑动变阻器应采用分压接法，由于被测电阻阻值较小，则电流表应采用外接法，实验电路图如图 3-29（e）所示。根据实验电路图连接实物电路图，如图 3-28（f）所示。

【例 2】某同学用伏安法测量一阻值为几十欧姆的电阻 R_x，所用电压表的内阻为 1 kΩ，电流表内阻为 0.5 Ω。该同学采用两种测量方案，一种是将电压表跨接在图 3-29（a）所示电路的 O、P 两点之间，另一种是跨接在 O、Q 两点之间。测量得到如图 3-29

（b）所示的两条 U-I 图线，其中 U 与 I 分别为电压表和电流表的示数。根据题意，回答下列问题：

（1）图 3-29（b）中标记为 Ⅱ 的图线是采用电压表跨接在_____（选填"O、P"或"O、Q"）两点的方案测量得到的。

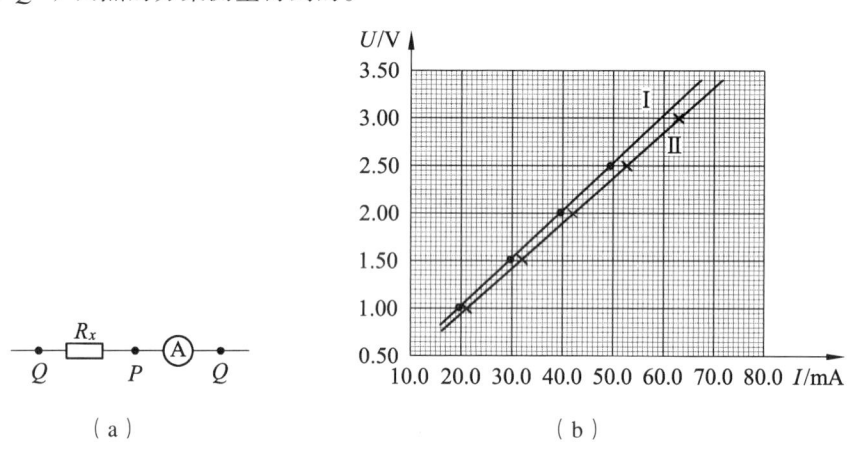

图 3-29

（2）根据所用实验器材和图 3-29（b）可判断，由图线_____（选填"Ⅰ"或"Ⅱ"）得到的结果更接近待测电阻的真实值，结果为_____Ω（保留 1 位小数）。

（3）考虑到实验中电表内阻的影响，需对（2）中得到的结果进行修正，修正后待测电阻的阻值为_____Ω（保留 1 位小数）。

【解析】（1）当用电流表内接法时，测量值 $R_{x1} = R_x + R_A > R_x$；当用电流表外接法时，测量值 $R_{x2} = \dfrac{R_x R_V}{R_x + R_V} < R_x$。题图 3-29（b）中图线 Ⅱ 的斜率较小，所以应为使用电流表外接法测量的结果，即电压表跨接在 O、P 两点间测量得到的。

（2）由题图 3-29（b）可得 R_x 约为 50.0 Ω，可知 $R_x > \sqrt{R_A R_V}$，所以用电流表内接法测量的结果误差较小，即由图线 Ⅰ 得到的结果更接近待测电阻的真实值，测量结果 $R_{x1} = \dfrac{\Delta U}{\Delta I} = 50.5$ Ω。

（3）因为 $R_{x1} = R_x + R_A$，所以 $R_x = R_{x1} - R_A = 50.0$ Ω。

【例3】在"验证力的平行四边形定则"的实验中使用的器材有：木板、白纸、两个标准弹簧测力计、橡皮条、轻质小圆环、刻度尺、铅笔、细线和图钉若干。完成下列实验步骤：

① 用图钉将白纸固定在水平木板上。

② 将橡皮条的一端固定在木板上，另一端系在轻质小圆环上。将两细线也系在小圆环上，它们的另一端均挂上测力计。用互成一定角度、方向平行于木板、大小适当的力拉动两个测力计，小圆环停止时由两个测力计的示数得到两拉力 F_1 和 F_2 的大小，并_____（多选，填正确答案标号）。

A. 用刻度尺量出橡皮条的长度

B. 用刻度尺量出两细线的长度

C. 用铅笔在白纸上标记出小圆环的位置

D. 用铅笔在白纸上标记出两细线的方向

③ 撤掉一个测力计，用另一个测力计把小圆环拉到_____，由测力计的示数得到拉力 F 的大小，沿细线标记此时 F 的方向。

④ 选择合适标度，将步骤②的结果在白纸上根据力的平行四边形定则作 F_1 和 F_2 的合成图，得出合力 F' 的大小和方向；按同一标度在白纸上画出力 F 的图示。

⑤ 比较 F' 和 F 的_____，从而判断本次实验是否验证了力的平行四边形定则。

【解析】将橡皮条的一端固定在木板上，另一端系在轻质小圆环上。将两细线也系在小圆环上，它们的另一端均挂上测力计。用互成一定角度、方向平行于木板、大小适当的力拉动两个测力计，小圆环停止时由两个测力计的示数得到两拉力 F_1 和 F_2 的大小，还需要用铅笔在白纸上标记出小圆环的位置以及用铅笔在白纸上标记出两细线的方向。故选 C、D。撤掉一个测力计，用另一个测力计把小圆环拉到相同位置，由测力计的示数得到拉力 F 的大小，沿细线标记此时 F 的方向。比较 F' 和 F 的大小和方向，从而判断本次实验是否验证了力的平行四边形定则。

二、突出原理，加强迁移

高考对实验能力要求：能分析相关事实或结论，提出并准确表述可探究的物理问题，作出有依据的假设；能制订科学探究方案，选用合适的器材获得数据；能分析数据，发现其中规律，形成合理的结论，用已有的物理知识进行解释；能撰写完整的实验报告，对科学探究过程与结果进行交流和反思。从近年广东高考物理实验题来看，高考命题新在情境上和原理上，要求考生利用试题提供的实验情境，运用所学的实验方法和手段，结合实验原理以达到看懂实验，完善实验并进行数据分析和处理，根据结果得出结论等能力，注重考察学生实验迁移能力和实验探究能力。这就要求我们在实验复习中，特别要注重实验原理与设计，同时加强实验迁移能力和实验探究能力的训练。无论实验情境如何变化，在实验复习中都可以根据实验方案、实验设计思路，突出实验原理，加强实验迁移，达到培养学生的关键能力的目的。

【例4】某同学设计了如图 3-30（a）所示的电路来测量一个量程为 1 mA 的电流表的内阻，实验室提供直流电源的电动势为 3 V，内阻忽略不计。

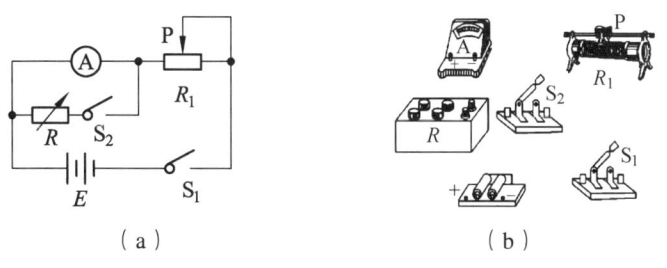

（a）　　　（b）

（c）　　　　　　　　　　（d）

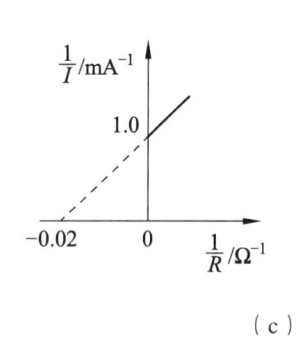

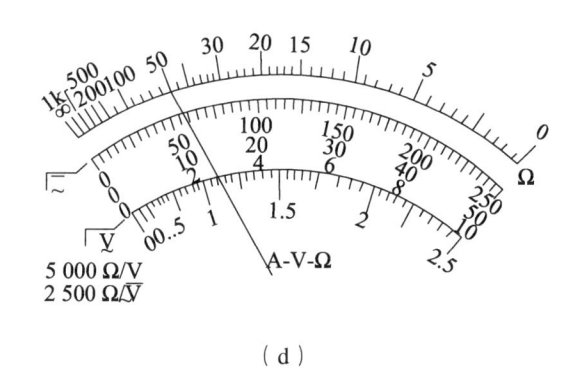

图 3-30

（1）为了大致了解电流表的内阻约为多大，该同学用欧姆表的"×1"挡测电阻，欧姆表经过欧姆调零。测定电阻如图 3-30（a）所示，由图可知电阻为_____Ω。

（2）请完成图 3-30（b）中的实物连接。

（3）在该实验中，认为当滑动变阻器 R_1 不变时，无论电阻箱的阻值 R 如何增减，电路中总电流 I 保持不变；请从下列变阻器中选择最恰当满足的 R_1 是_____（填字母序号）。

A. 变阻器甲，最大阻值为 10 kΩ　　　B. 变阻器乙，最大阻值为 2 kΩ

（4）连接好线路后，先断开 S_1 和 S_2，将 R_1 调到_____（填"0"或"最大"），然后合上 S_1，调节 R_1 使 Ⓐ 满偏，此后变阻器 R_1 的滑片 P 保持不变。

（5）调节电阻箱 R 的阻值，记录电流表的读数；最后将电流表读数的倒数 $\frac{1}{I}$ 与电阻箱读数的倒数 $\frac{1}{R}$ 描点，并画出图 3-30（c）所示的图线，由图像可知待测电流表的内阻值为_____Ω（保留 2 位有效数字）。

【解析】（1）由欧姆表读数规则可知读数为 50×1 Ω=50 Ω。

（2）实物连线，如图 3-31 所示。

（3）因电路电阻最小为 $R=\frac{E}{I_m}=3$ kΩ，故滑动变阻器应选 A。

（4）连接好线路后，先断开 S_1 和 S_2，将 R_1 调到最大，然后合上 S_1，调节 R_1 使 Ⓐ 满偏，此后变阻器 R_1 的滑片 P 保持不变。

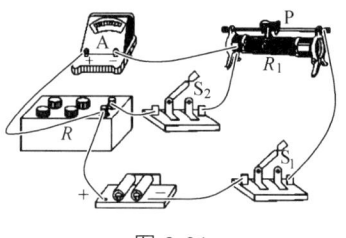

图 3-31

（5）由电路结构可知 $I_总=I+\frac{IR_A}{R}$，整理得 $\frac{1}{I}=\frac{R_A}{RI_总}+\frac{1}{I_总}$，横轴截距 $-\frac{1}{R_A}=-0.02$，解得 $R_A=\frac{1}{0.02}$ Ω=50 Ω。

【例 5】 某物理小组利用如图 3-32（a）所示的装置探究平抛运动规律。在斜槽轨道的末端安装一个光电门，调节激光束与实验所用钢球的球心等高，斜槽末端切线水平，又分别在该装置正上方 A 处和右侧正前方 B 处安装频闪摄像头进行拍摄，钢球从斜槽上的固定位置无初速释放，通过光电门后抛出，测得钢球通过光电门的平均时间为 2.10 s，得到的频闪照片如图 3-33 所示，O 为抛出点，P 为运动轨迹上某点，重力加速度取 $g=9.80$ m/s^2，最后结果均保留 2 位小数。

（a）

（b）

图 3-32

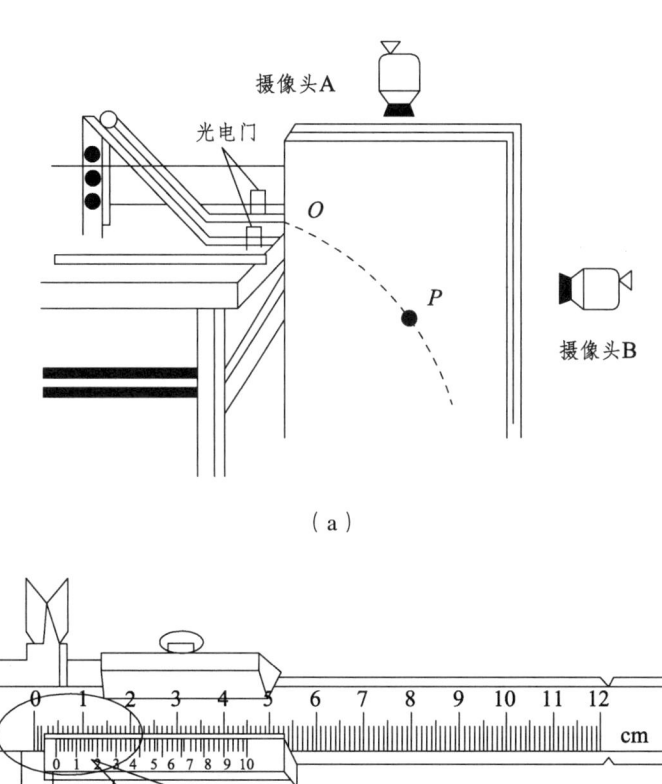

（1）用游标卡尺测得钢球直径如图 3-32（b）所示，则钢球直径 $d=$ _____ mm，由此可知钢球通过光电门的速度 $v=$ _____ m/s。

（2）在图 3-33 中，B 处摄像头所拍摄的频闪照片为_____【填"（a）"或"（b）"】。

（3）通过比较发现钢球通过光电门的速度 v 总是大于由平抛运动规律解得的平抛初速度 v_0，造成这一现象的原因是_____。

【解析】（1）由游标卡尺读数规则可知读数为 $d=4$ mm + $10×0.02$ mm = 4.20 mm,（由此可知钢球通过光电门的速度 $v=\dfrac{d}{t}=2.00$ m/s。）

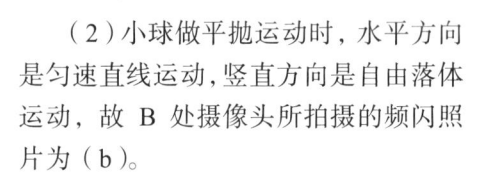

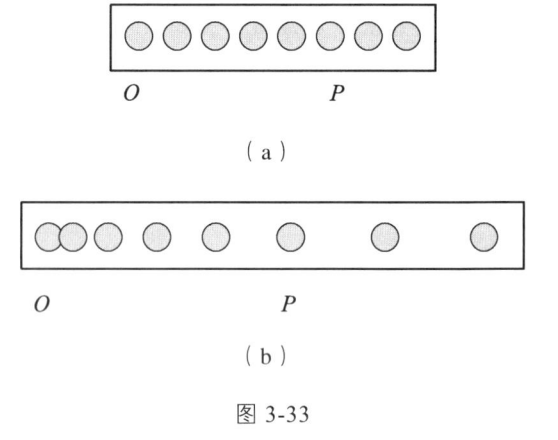

（2）小球做平抛运动时，水平方向是匀速直线运动，竖直方向是自由落体运动，故 B 处摄像头所拍摄的频闪照片为（b）。

图 3-33

（3）通过比较发现钢球通过光电门的速度 v 总是大于由平抛运动规律解得的平抛初速度 v_0，造成这一现象的原因是小球抛出后受到空气阻力的作用。

【例 6】如图 3-34（a）所示，一端带有定滑轮的水平放置的长木板上固定有 A、B 两个光电门，与通过定滑轮的轻质细绳相连的轻质测力计能显示小车所受的拉力。

（1）在探究"合外力一定，加速度与质量的关系"时，如果不计空气阻力及一切摩擦，要使测力计的示数等于小车所受的合外力，操作中必须保持小车和定滑轮间的细绳与长木板_____。

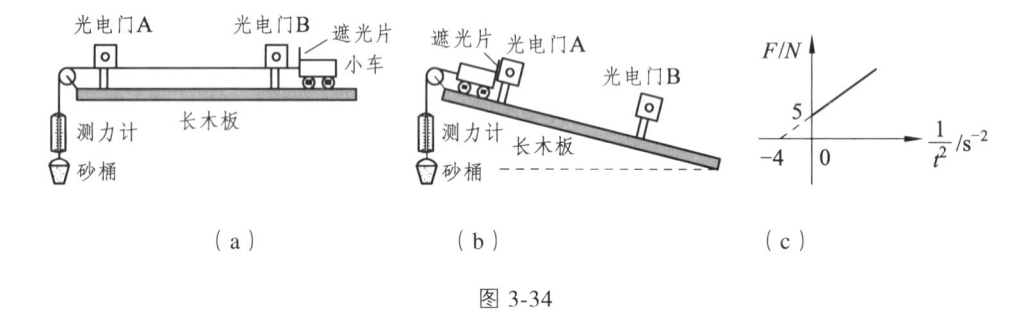

图 3-34

（2）如图 3-34（b）所示，将长木板的左端抬高，小车遮光片装在右侧，使小车从靠近光电门 A 处由静止开始运动，读出测力计的示数 F 及小车在两光电门之间的运动时间 t，改变木板倾角，测得多组数据，据此数据得到的 $F-\dfrac{1}{t^2}$ 的图线如图 3-34（c）所示。由图线可知两光电门的距离 $L=$ ____ m，砂和砂桶的总质量 $m=$ ____ kg（取 $g=10$ m/s²，结果均保留 2 位小数）。

【解析】（1）在探究"合外力一定，加速度与质量的关系"时，如果不计空气阻力及一切摩擦，要使测力计的示数等于小车所受的合外力，操作中必须保持小车和定滑轮间的细绳与长木板平行。

（2）对砂和砂桶由牛顿第二定律可知 $F-mg=ma$，由运动学公式有 $L=\frac{1}{2}at^2$，解得 $F=2mL\frac{1}{t^2}+mg$，由图像可知 $mg=5$ N，解得砂和砂桶的总质量 $m=0.50$ kg；斜率 $k=2mL=1.25$，解得两光电门的距离 $L=1.25$ m。

【例7】某同学用激光笔和透明长方体玻璃砖测量玻璃的折射率，实验过程如下：

（1）将玻璃砖平放在水平桌面的白纸上，用大头针在白纸上标记玻璃砖的边界。

（2）激光笔发出的激光从玻璃砖上的 M 点水平入射，到达 ef 面上的 O 点后反射到 N 点射出。

① 用大头针在白纸上标记 O 点、M 点和激光笔出光孔 Q 的位置。

② 移走玻璃砖，在白纸上描绘玻璃砖的边界和激光的光路，作 QM 连线的延长线与 ef 面的边界交于 P 点，如图 3-35（a）所示。

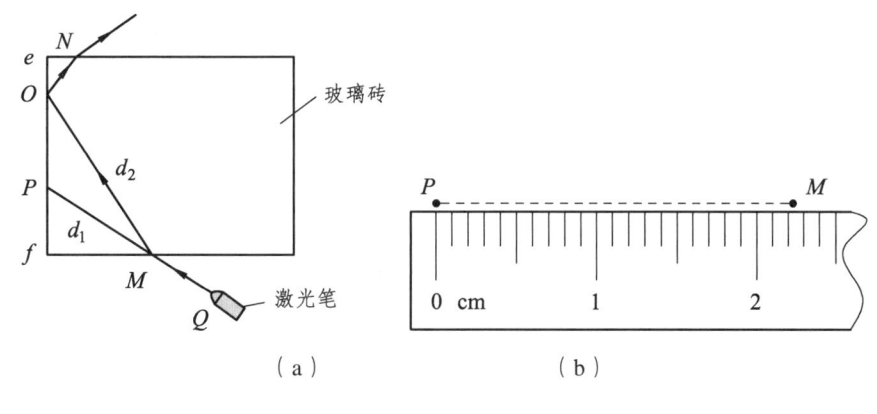

图 3-35

③用刻度尺测量 PM 和 OM 的长度 d_1 和 d_2，PM 的示数如图 3-35（b）所示，d_1 为 _____ cm，测得 d_2 为 3.40 cm。

（3）利用所测量的物理量，写出玻璃砖折射率的表达式 $n=$ _____ ；由测得的数据可得折射率 n 为 _____（结果保留 3 位有效数字）。

（4）相对误差的计算式为 $\delta=\dfrac{测量值-真实值}{真实值}\times 100\%$。为了减小 d_1、d_2 测量的相对误差，实验中激光在 M 点入射时应尽量使入射角 _____ 。

【解析】刻度尺的最小分度为 0.1 cm，由图 3-35（b）可知，d_1 为 2.25 cm。玻璃砖折射率的表达式 $n=\dfrac{\sin i}{\sin r}=\dfrac{\dfrac{fM}{MP}}{\dfrac{fM}{OM}}=\dfrac{OM}{MP}=\dfrac{d_2}{d_1}$，代入数据可知 $n=\dfrac{3.40}{2.25}=1.51$。

相对误差的计算式为 $\delta=\dfrac{测量值-真实值}{真实值}\times 100\%$，为了减小 d_1、d_2 测量的相对误差，实验中 d_1、d_2 要尽量稍大一些，即激光在 M 点入射时应尽量使入射角稍小一些。

三、重视操作，强化能力

近年的高考实验命题突出实践性，强调过程的考查，追求真正动手做过实验的才能拿高分。从 2022 年广东高考物理实验题来看，第 11 题（3）测量时，应先释放小球，后接通数字计时器还是先接通数字计时器，后释放小球，这就是考查学生是否进行过动手实验，进行过动手实验之后才能深刻理解并记忆实验步骤从而拿到本题分数。因此，在高考实验复习中要强调学生的动手能力，需要开放学校实验室，让每个学生到实验室去完成课程标准中要求的学生必做实验与演示实验，重视每个实验的操作步骤，规范操作流程，特别是对于基本仪器的使用和读数方面，同时要注重利用手头现有的实验器材让学生进行实验重组从而完成规定实验。

【例 8】图 3-36 所示为"验证力的平行四边形定则"实验，三个细线套 L_1、L_2、L_3 一端共系于一个结点，另一端分别系于轻质弹簧测力计 H、I 和重物 M 上，H 挂于固定点 P，手持 I 拉动细线，使结点静止于 O 点。

（1）某次实验中 H 的指针位置如图 3-36 所示，其读数为_____N。

（2）实验时要读出 H、I 的示数，还要在贴于竖直木板的白纸上记录 O 点的位置、L_1 的方向、_____ 和 _____。

（3）下列实验要求中必要的是_____（填选项的字母代号）。

A. 需要用托盘天平测量重物 M 的质量

B. 弹簧测力计需要在实验前进行校零

C. 弹簧测力计 I 始终保持水平

D. 细线套方向应与木板平面平行

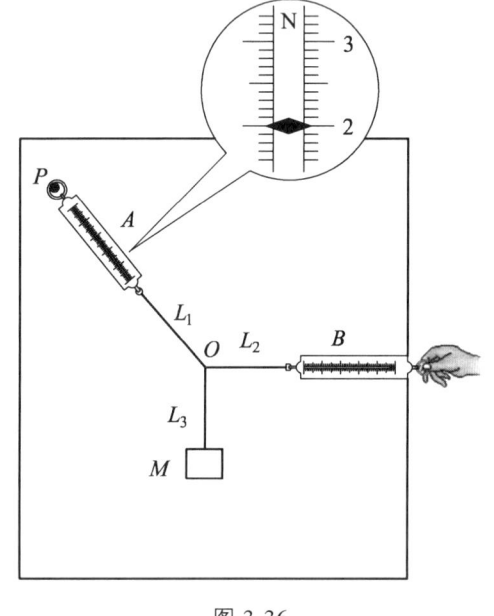

图 3-36

【解析】（1）由图 3-36 知，由于弹簧测力计的分度值为 0.1 N，则其读数为 $F=2.00$ N。

（2）根据该实验原理，除了要记录弹簧测力计的大小之外，还要记录 O 点的位置、L_1 的方向、L_2 的方向、L_3 的方向。

（3）由于弹簧测力计可以直接测出重物 M 的重力，所以 A 错误；该实验中，弹簧测力计在使用前，需要进行校零，所以 B 正确；弹簧测力计 I 的方向可以改变，只是要保证每次实验时结点 O 位置不变即可，所以 C 错误；细线套方向还要与木板平面平行，以保证弹簧拉力与木板平面平行，所以 D 正确。

【例 10】 用图 3-37（a）所示的实验装置验证牛顿第二定律。

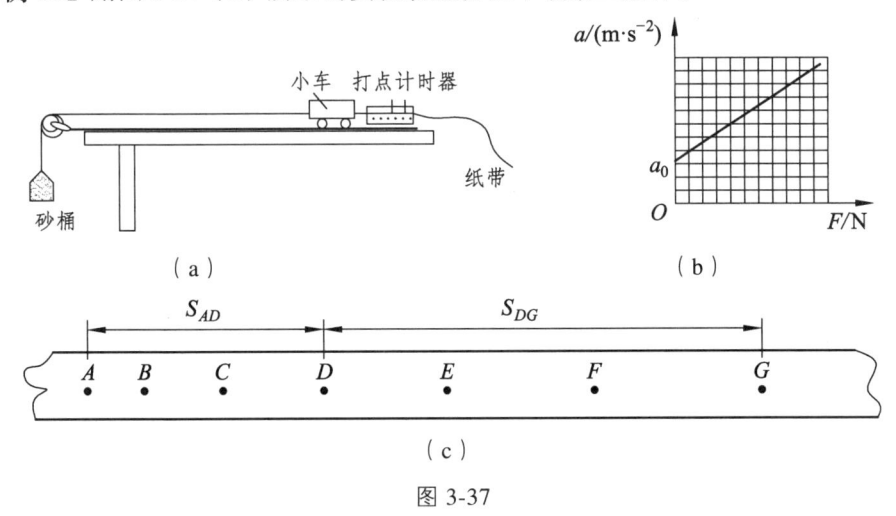

图 3-37

（1）某同学通过实验得到如图 3-37（b）所示的 a-F 图像，造成这一结果的原因是：在平衡摩擦力时_____。图中 a_0 表示的是_____时小车的加速度。

（2）某同学得到如图 3-37（c）所示的纸带。已知打点计时器电源频率为 50 Hz。A、B、C、D、E、F、G 是纸带上 7 个连续的点，其中 S_{DG}=3.90 cm，S_{AD}=2.10 cm。由此可算出小车的加速度 a = _____ m/s²（保留 2 位有效数字）。

【解析】（1）由 a-F 图线及验证牛顿第二定律实验原理可知，F=0 时有加速度说明 $mg\sin\theta > mg\cos\theta$，所以造成这一结果的原因是：在平衡摩擦力时长木板的倾角过大；图中 a_0 表示 F=0 时的加速度，即未挂砂桶时小车的加速度。

（2）由 $S_{DG} - S_{AD} = 3a(\frac{3}{f})^2$，代入数据解得 a=5.0 m/s²。

【例 10】 某同学用如图 3-38（a）所示装置"探究弹力和弹簧伸长的关系"。弹簧的上端固定在铁架台支架上，弹簧的下端固定一水平纸片（弹簧和纸片重力均忽略不计），激光测距仪可测量地面至水平纸片的竖直距离 h。

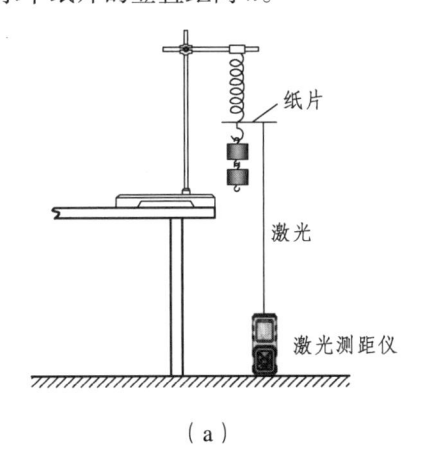

（a）

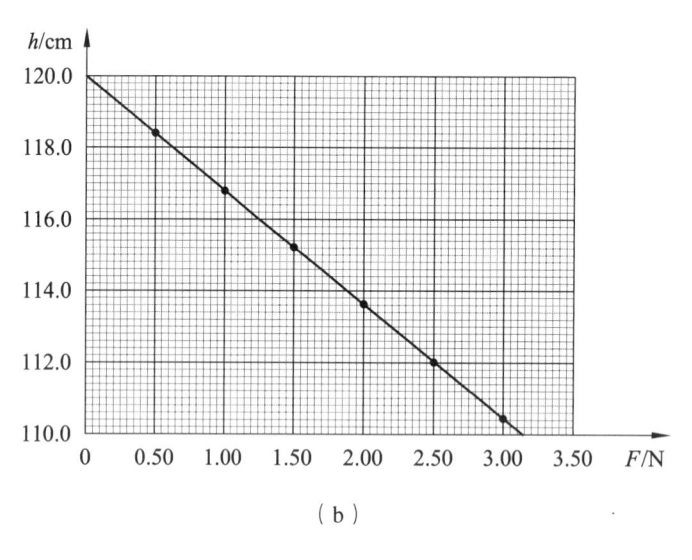

图 3-38

（1）该同学在弹簧下端逐一增挂钩码，每增挂一个钩码，待弹簧_____时，记录所挂钩码的重力和对应的 h。

（2）根据实验记录数据作出 h 随弹簧弹力 F 变化的图线如图 3-38（b）所示，可得未挂钩码时水平纸片到地面的竖直距离 $h_0=$_____cm，弹簧的劲度系数 $k=$_____ N/m（结果都保留到小数点后一位）。

【解析】（1）为了减少实验误差，每增挂一个钩码，待弹簧静止时，记录所挂钩码的重力和对应的 h。

（2）分析图 3-38（b）可知，未挂钩码时，弹簧的弹力 $F=0$，此时水平纸片到地面的竖直距离：$h_0 = 120.0$ cm。由胡克定律可知，弹簧的弹力与形变量成正比，即弹簧的劲度系数为 h-F 图像斜率的倒数，$k = \dfrac{3.00}{0.120\,0-0.110\,4}$ N/m $= 31.3$ N/m。

【例 11】为了测量一微安表头 A 的内阻，某同学设计了如图 3-39 所示的电路。图中 A_0 是标准电流表，R_0 和 R_N 分别是滑动变阻器和电阻箱，S 和 S_1 分别是单刀双掷开关和单刀单掷开关，E 是电池。完成下列实验步骤中的填空：

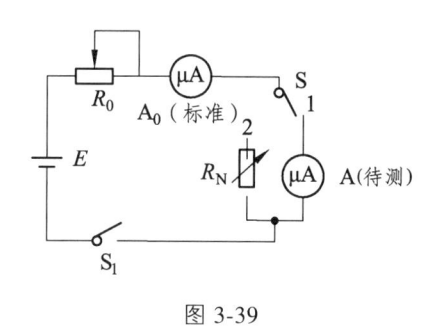

（1）将 S 拨向接点 1，接通 S_1，调节_____，使待测表头指针偏转到适当位置，记下此时_____的读数 I；

图 3-39

（2）然后将 S 拨向接点 2，调节_____，使_____，记下此时 R_N 的读数；

（3）多次重复上述过程，计算 R_N 读数的_____，此即为待测微安表头内阻的测量值。

【解析】本题用替代法测未知电流表的内阻，其实验步骤为：

（1）将 S 拨向接点 1，接通 S_1，调节 R_0，使待测表头指针偏转到适当位置，记下此时标准电流表（或 A_0）的读数 I；

（2）然后将 S 拨向接点 2，调节 R_N，使标准电流表（或 A_0）的读数仍为 I，记下此时 R_N 的读数；

（3）多次重复上述过程，计算 R_N 读数的平均值，此即为待测微安表头内阻的测量值。

【例12】现要组装一个由热敏电阻控制的报警系统，要求当热敏电阻的温度达到或超过 60 ℃时，系统报警。提供的器材有：热敏电阻，报警器（内阻很小，流过的电流超过 I_c 时就会报警），电阻箱（最大阻值为 999.9 Ω），直流电源（输出电压为 U，内阻不计），滑动变阻器 R_1（最大阻值为 1 000 Ω），滑动变阻器 R_2（最大阻值为 2 000 Ω），单刀双掷开关一个，导线若干。

在室温下对系统进行调节。已知 U 约为 18 V，I_c 约为 10 mA；流过报警器的电流超过 20 mA 时，报警器可能损坏；该热敏电阻的阻值随温度升高而减小，在 60 ℃时阻值为 650.0 Ω。

（1）完成待调节的报警系统原理电路图的连线，如图 3-40 所示。

（2）电路中应选用滑动变阻器_____（填"R_1"或"R_2"）。

（3）按照下列步骤调节此报警系统：

① 电路接通前，需将电阻箱调到一固定的阻值，根据实验要求，这一阻值为_____Ω；滑动变阻器的滑片应置于_____（填"a"或"b"）端附近，不能置于另一端的原因是_____。

② 将开关向_____（填"c"或"d"）端闭合，缓慢移动滑动变阻器的滑片，直至_____。

（4）保持滑动变阻器滑片的位置不变，将开关向另一端闭合，报警系统即可正常使用。

【解析】（1）设使用 a 和 b 两接线柱时，电表量程为 I_1，使用 a 和 c 两接线柱时，电表量程为 I_2，则使用 a 和 b 时：$\frac{I_g R_g}{R_1 + R_2} + I_g = I_1$ ①；使用 a 和 c 时：$\frac{I_g(R_g + R_2)}{R_1} + I_g = I_2$ ②；由①、②两式得 $R_1 = 15$ Ω，$R_2 = 35$ Ω。

（2）校准时电路中的总电阻的最小值为 $R_{小} = \frac{1.5}{3.0 \times 10^{-3}}$ Ω = 500 Ω，总电阻的最大值为 $R_{大} = \frac{1.5}{0.5 \times 10^{-3}}$ Ω = 3 000 Ω，故 R_0 选 300 Ω 的，R 选用最大阻值为 3 000 Ω 的滑动变阻器。

（3）d 接 b 时，R_1 和 R_2 串联，不论是 R_1 还是 R_2 损坏，电表都有示数且示数相同，故应将 d 接 c。根据 d 接 c 时的电路连接情况可知：闭合开关，若电表指针偏转，则损坏的电阻是 R_1；若电表指针不动，则损坏的电阻是 R_2。

四、凸显设计，达到创新

高考实验命题强调创新，主要在 4 个方面进行展现：

（1）实验方法的迁移创新。例如，2021年高考广东物理实验题第11题将运动学逐差法这种处理实验数据的方法，迁移到力学实验当中来，第12题将"验证力的平行四边形"实验的原理和方法"等效替代"，迁移到电学实验。

（2）实验测量方法的巧妙设计。例如，2021年高考湖南物理实验题第12题利用时钟表盘数字构成已知角度θ巧妙替代每次实验中接入电路中的电阻丝的电阻。

（3）实验原理或装置创新。例如，2022年高考广东物理实验题第12题将电阻测量的原理进行创新。

（4）实验图像的创新。例如，2022年高考广东物理实验题第12题设置R_x-L图像，与平时不一样，从而达到创新的目的。

因此，在平时实验复习中要注重将课本实验原理和方法迁移出去，如测量时间装置，可以用打点计时器、滴水法（2017年高考全国乙卷第22题）、秒表、光电门等，再如测量物体的速度，可以利用打点计时器、频闪照片（2014年高考全国物理第22题）、光电门（2022年高考全国物理第11题）、速度传感器，平抛运动，机械能守恒（2021年广东适应性考试物理第11题）、圆周运动（2015年全国高考乙卷第22题）等。而2022年高考广东物理实验第12题就是对测量电阻原理进行重新设计，从而达到创新的目的。

【例13】某同学设计了一个用拉力传感器验证机械能守恒定律的实验。一根轻绳一端连接固定的拉力传感器，另一端连接小钢球，如图3-41（a）所示。拉起小钢球至某一位置由静止释放，使小钢球在竖直平面内摆动，记录钢球摆动过程中拉力传感器示数的最大值T_{max}和最小值T_{min}。改变小钢球的初始释放位置，重复上述过程。根据测量数据在直角坐标系中绘制的T_{max}-T_{min}图像是一条直线，如图3-41（b）所示。

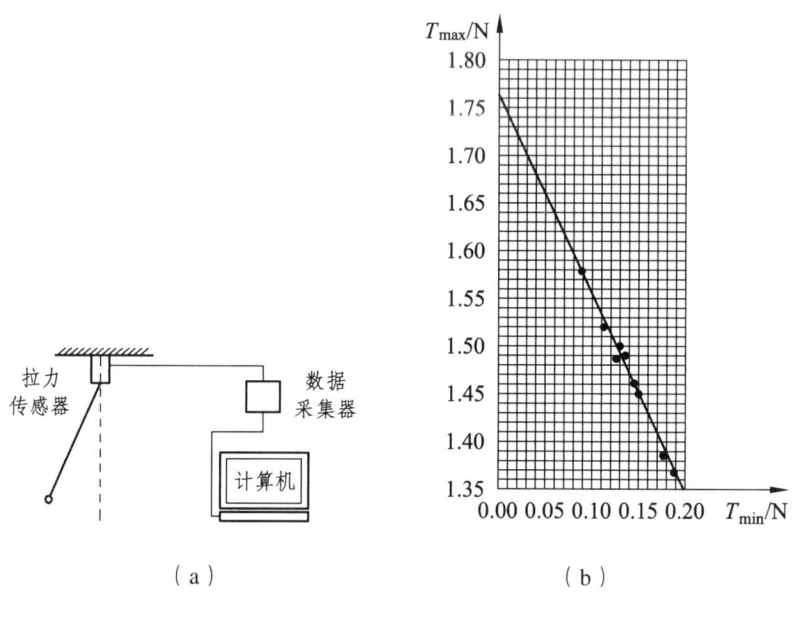

（a）　　　　　　（b）

图3-41

（1）若小钢球摆动过程中机械能守恒，则图 3-41（b）中直线斜率的理论值为_____。

（2）由图 3-41（b）得：直线的斜率为_____，小钢球的重力为_____ N（结果均保留 2 位有效数字）。

（3）该实验系统误差的主要来源是_____（单选，填正确答案标号）。

A. 小钢球摆动角度偏大

B. 小钢球初始释放位置不同

C. 小钢球摆动过程中有空气阻力

【解析】（1）设在初始位置，轻绳与竖直方向夹角为 θ，则拉力最小值为 $T_{min} = mg\cos\theta$，到最低点时拉力最大，根据牛顿第二定律有 $T_{max} - mg = m\dfrac{v^2}{l}$，若小钢球摆动过程中机械能守恒，则 $mgl(1-\cos\theta) = \dfrac{1}{2}mv^2$，联立可得 $T_{max} = 3mg - 2T_{min}$，可知图 3-41（b）中直线斜率的理论值为 -2。

（2）由图 3-41（b）得，直线的斜率为 $k = \dfrac{1.35 - 1.765}{0.197 - 0.00} = -2.1$，纵截距为 $3mg = 1.765$，则小钢球的重力为 $mg = 0.59$ N。

（3）若无空气阻力做功，根据（1）问分析可知，小钢球摆动角度及初始释放位置的不同均不会引起系统误差，因此该实验系统误差的主要来源是小钢球摆动过程中有空气阻力，故选 C。

【例 14】某实验小组需测定电池的电动势和内阻，器材有：一节待测电池、一个单刀双掷开关、一个定值电阻（阻值为 R_0）、一个电流表（内阻为 R_A）、一根均匀电阻丝（电阻丝总阻值大于 R_0，并配有可在电阻上移动的金属夹）、导线若干。由于缺少刻度尺，无法测量电阻丝长度，但发现桌上有一个圆形时钟表盘。某同学提出将电阻丝绕在该表盘上，利用圆心角来表示接入电路的电阻丝长度。主要实验步骤如下：

（1）将器材按图 3-42（a）所示连接。

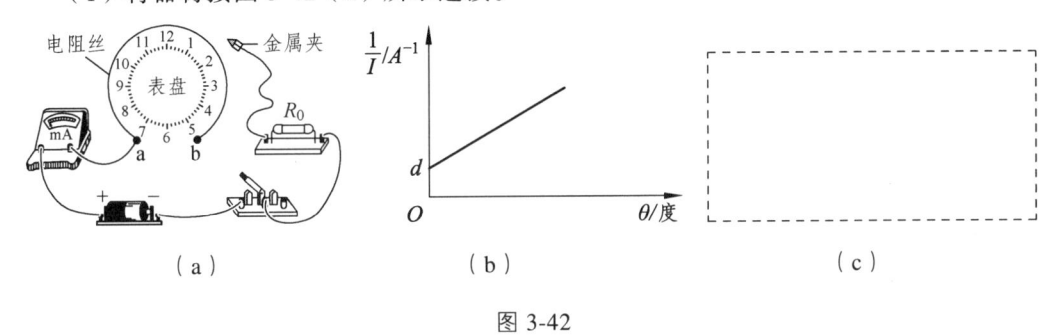

图 3-42

（2）开关闭合前，金属夹应夹在电阻丝的_____端（填"a"或"b"）；

（3）改变金属夹的位置，闭合开关，记录每次接入电路的电阻丝对应的圆心角 θ 和电流表示数 I，得到多组数据；

（4）整理数据并在坐标纸上描点绘图，所得图像如图 3-42（b）所示，图线斜率为 k，纵轴截距为 d，设单位角度对应电阻丝的阻值为 r_0。该电池电动势和内阻可表示为 $E = $

_____，$r =$ _____（用 R_0、R_A、k、d、r_0 表示）；

（5）为进一步确定结果，还需要测量单位角度对应电阻丝的阻值 r_0，利用现有器材设计实验，在图 3-42（c）方框中画出实验电路图（电阻丝用滑动变阻器符号表示）；

（6）利用测出的 r_0，可得该电池的电动势和内阻。

【解析】通过将圆心角 θ 与电阻丝接入电路中的电阻转换为 θr_0，再利用闭合电路欧姆定律得 $E = I(R_A + R_0 + \theta r_0) + Ir$，整理得 $\frac{1}{I} = \frac{r_0}{E}\theta + \frac{R_A + R_0 + r}{E}$，结合图像的斜率和截距满足：$\frac{r_0}{E} = k$，$\frac{R_A + R_0 + r}{E} = d$，解得电源电动势和内阻分别为：$E = \frac{r_0}{k}$，$r = \frac{r_0 d}{k} - R_0 - R_A$。最后利用等效法测量电阻丝的电阻值。

【例 15】一实验小组利用图 3-43（a）所示的电路测量一电池的电动势 E（约为 1.5 V）和内阻 r（小于 2 Ω）。图中电压表量程为 1 V，内阻 $R_V = 380.0$ Ω；定值电阻 $R_0 = 20.0$ Ω；电阻箱 R，最大阻值为 999.9 Ω；S 为开关。按电路图连接电路。完成下列填空：

（1）为保护电压表，闭合开关前，电阻箱接入电路的阻值可以选 _____ Ω（填"5.0"或"15.0"）；

（2）闭合开关，多次调节电阻箱，记录下阻值 R 和电压表的相应读数 U；

（3）根据图 3-43（a）所示电路，用 R、R_0、R_V、E 和 r 表示 $\frac{1}{U}$，得 $\frac{1}{U} =$ _____；

（4）利用测量数据，做 $\frac{1}{U}$-R 图线，如图 3-43（b）所示；

（5）通过图 3-43（b）可得 $E =$ _____ V（保留 2 位小数），$r =$ _____ Ω（保留 1 位小数）；

（6）若将图 3-43（a）中的电压表当成理想电表，得到的电源电动势为 E'，由此产生的误差为 $\left|\dfrac{E' - E}{E}\right| \times 100\% =$ _____ %。

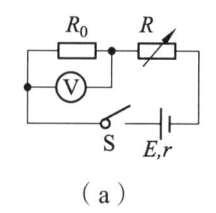

图 3-43

【解析】通过保护电压表来确定电阻箱接入电路的阻值应选 15.0 Ω，利用闭合电路欧姆定律 $E = U + \left(\dfrac{U}{R_0} + \dfrac{U}{R_V}\right)(R + r)$，整理得 $\dfrac{1}{U} = \dfrac{R_0 + R_V}{ER_0R_V}R + \dfrac{1}{E}\left(1 + \dfrac{R_0 + R_V}{R_0R_V}r\right)$ 表达式，再利用 $\dfrac{1}{U}$-R 图像的斜率及截距求出电池的电动势 E 和内阻 r 的大小，最后代入误差公式 $\left|\dfrac{E' - E}{E}\right| \times 100\%$ 求解误差。

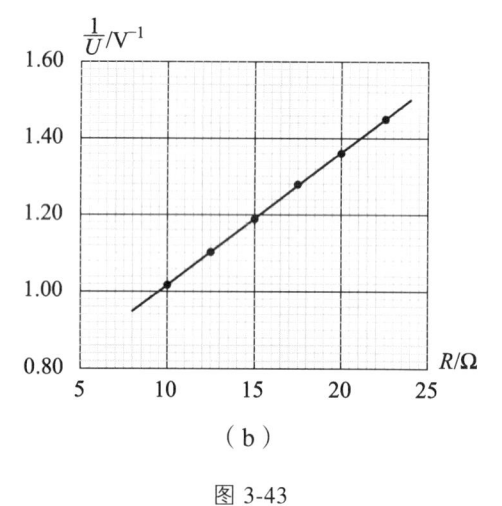

五、注重情境，培养关键能力

《中国高考评价体系说明》明确提出："情境正是实现价值引领、素养导向、能力为重、知识为基的综合考察的载体。"无情境不命题，近几年高考物理试题加强新颖的实验情境设置，以问题为导向，要求在新情境下运用实验知识和实验技能，在较高层次上考查关键能力和创新能力。试题除要求从情境中获取信息、建构模型、逻辑推理之外，还要求运用物理语言表达物理思维的能力。同时复习时要特别重视有开放性、半开放性问题的情境试题，加强针对性训练，提升运用物理语言表达物理思维的能力。

【例16】在天宫课堂中，我国航天员演示了利用牛顿第二定律测量物体质量的实验。受此启发，某同学利用气垫导轨、力传感器、无线加速度传感器、轻弹簧和待测物体等器材设计了测量物体质量的实验，如图3-44（a）所示。主要步骤如下：

（1）将力传感器固定在气垫导轨左端支架上，加速度传感器固定在滑块上。

（2）接通气源，放上滑块，调平气垫导轨。

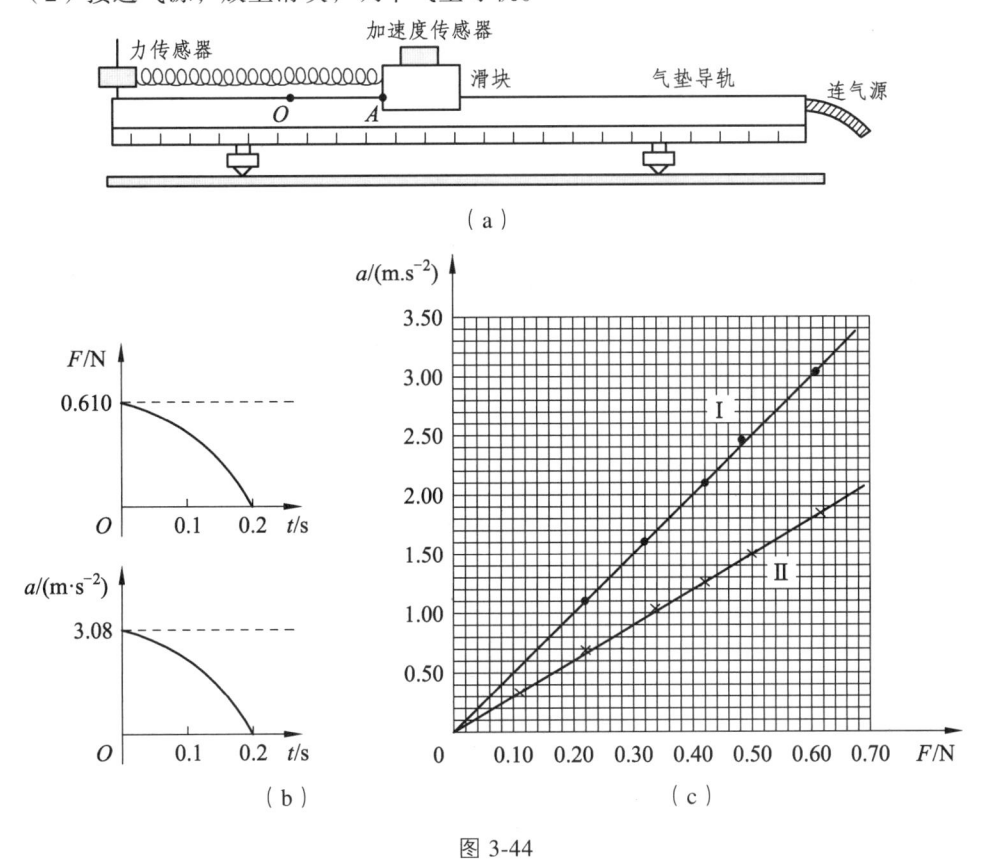

图 3-44

（3）将弹簧左端连接力传感器，右端连接滑块。弹簧处于原长时滑块左端位于 O 点。A 点到 O 点的距离为 5.00 cm，拉动滑块使其左端处于 A 点，由静止释放并开始计时。

（4）计算机采集获取数据，得到滑块所受弹力 F、加速度 a 随时间 t 变化的图像，部分图像如图3-44（b）所示。

回答以下问题（结果均保留 2 位有效数字）：

（1）弹簧的劲度系数为_____N/m。

（2）该同学从图 3-44（b）中提取某些时刻 F 与 a 的数据，画出 a-F 图像如图 3-44（c）中Ⅰ所示，由此可得滑块与加速度传感器的总质量为_____kg。

（3）该同学在滑块上增加待测物体，重复上述实验步骤，在图 3-44（c）中画出新的 a-F 图像Ⅱ，则待测物体的质量为_____kg。

【解析】（1）由题知，弹簧处于原长时滑块左端位于 O 点，A 点到 O 点的距离为 5.00 cm。拉动滑块使其左端处于 A 点，由静止释放并开始计时。结合图 3-44（c）的 F-a 图像有 $\Delta x = 5.00$ cm，$F = 0.610$ N，根据胡克定律 $k = \dfrac{F}{\Delta x}$，计算出 $k \approx 12$ N/m。

（2）根据牛顿第二定律有 $F = ma$，则 a-F 图像的斜率为滑块与加速度传感器的总质量的倒数，根据图 3-44（c）所示中Ⅰ，则有 $\dfrac{1}{m} = \dfrac{3-0}{0.6}$ kg^{-1} = 5 kg^{-1}，则滑块与加速度传感器的总质量为 $m = 0.20$ kg。

（3）滑块上增加待测物体，同理，根据图 3-44（c）中Ⅱ所示，则有 $\dfrac{1}{m'} = \dfrac{1.5-0}{0.5}$ kg^{-1} = 3 kg^{-1}，则滑块、待测物体与加速度传感器的总质量为 $m' = 0.33$ kg，则待测物体的质量为 $\Delta m = m' - m = 0.13$ kg。

【例17】某课外活动小组利用铜片、锌片和橙汁制作了橙汁电池，并利用所学知识设计电路测量该电池的电动势 E 和内阻 r。他们在一个玻璃器皿中放入橙汁，在橙汁中相隔一定距离插入铜片和锌片作为橙汁电池的正、负极。使用的器材有：电流表 A$_1$（量程 3 mA，内阻未知）；电流表 A$_2$：与 A$_1$ 规格相同；电压表 V（量程 3 V，内阻很大）；电阻箱 R$_2$：阻值 0 ~ 9 999 Ω；保护电阻 R$_3$：阻值约为 3 kΩ；滑动变阻器 R$_4$（阻值范围 0 ~ 20 Ω，额定电流 1 A）；定值电阻 R$_5 = 1$ Ω；开关和导线若干。

该小组成员根据提供的器材，设计了如图 3-45（a）所示的实验电路图。由于电流表 A$_1$ 的内阻未知，所以无法直接测量该橙汁电池的电动势和内阻，经过思考后，该小组设计了如图 3-45（b）所示的电路，先测出该电流表的内阻 R$_{A1}$，再测量橙汁电池的电动势 E 和内阻 r。

（1）该小组连接好电路后，首先对电流表 A$_1$ 的内阻 R$_{A1}$ 进行测量，请完善测量步骤：

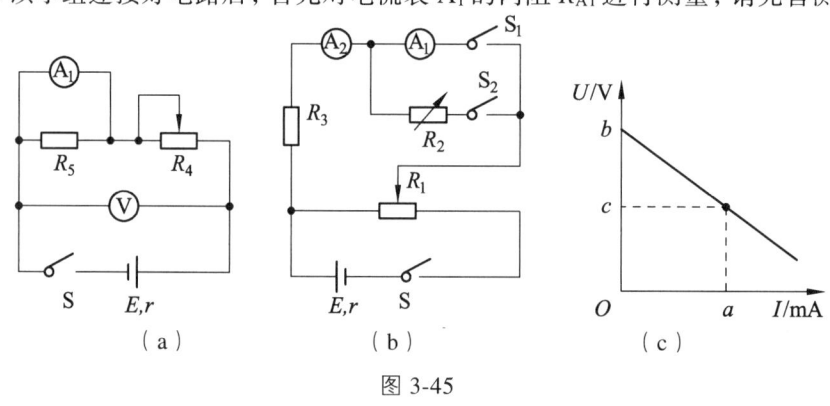

图 3-45

① 先将滑动变阻器 R_1 的滑动端移到使电路安全的位置，再把电阻箱 R_2 的阻值调到_____（选填"最大"或"最小"）；

② 闭合开关 S_1、S，调节滑动变阻器 R_1，使两电流表的指针在满偏附近，记录电流表 A_2 的示数 I；

③ 断开 S_1，保持 S 闭合、R_1 不变，再闭合 S_2，调节 R_2，使电流表 A_2 的示数_____，读出此时电阻箱的阻值 199 Ω，则电流表 A_1 内电阻 R_{A1} = _____Ω。

（2）该小组测得毫安表的内阻 R_{A1} 之后，利用图 3-45（a）所示实验装置测得了多组实验数据，并将电流表 A_1 的读数作为横坐标，电压表的读数作为纵坐标，选取合适的标度，绘制了如图 3-45（c）所示的图线。则该小组同学测定的干电池电动势 E = _____V，内阻 r = _____Ω（填含有 a、b、c 的表达式）。

【解析】本题考查利用等效法测电流表的电阻、电表的改装以及用伏安法测电源电动势和内阻。

（1）实验前 R_2 应该调节到最大，以保证电表安全；替代法最简单的操作是让 A_2 示数不变，则可直接从 R_2 的读数得到电流表的内电阻。

（2）若设电流表 A_1 的读数为 I，电压表读数为 U，则电路中的总电流为 $200I$，由闭合电路的欧姆定律：$U = E - 200rI$，由图像可知 $E = b$；$|k| = 200r = \dfrac{b-c}{a \times 10^{-3}}$，解得 $r = \dfrac{5(b-c)}{a}$。

【例18】某同学用橡皮筋、同种一元硬币、刻度尺、塑料袋、支架等，设计了如图 3-46（a）所示的实验装置，测量冰墩墩玩具的质量。主要实验步骤如下：

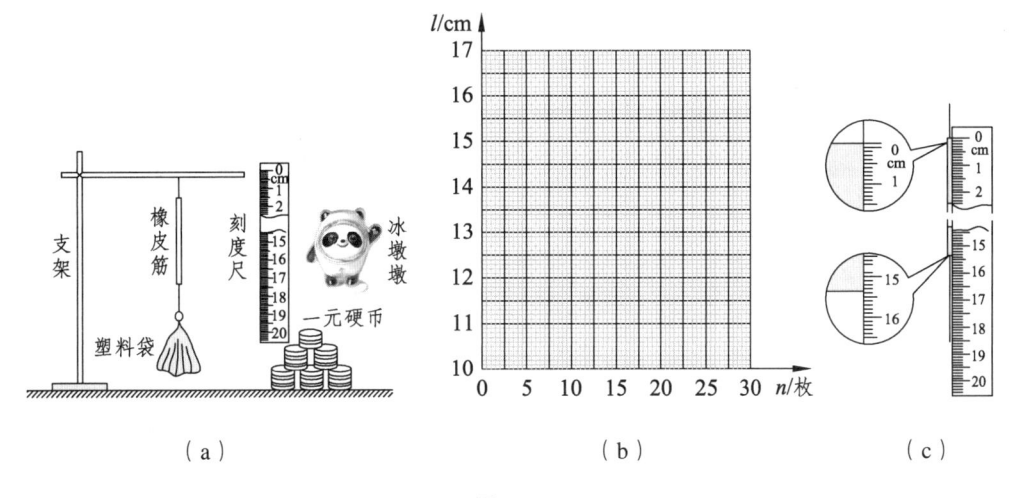

图 3-46

（1）查找资料，得知每枚硬币的质量为 6.05 g；

（2）将硬币以 5 枚为一组逐次加入塑料袋，测量每次稳定后橡皮筋的长度 l，记录数据如下表所示；

序号	1	2	3	4	5
硬币数量 n/枚	5	10	15	20	25
长度 l/cm	10.51	12.02	13.54	15.05	16.56

（3）根据表中数据在图 3-46（b）上描点，绘制图线；

（4）取出全部硬币，把冰墩墩玩具放入塑料袋中，稳定后橡皮筋长度的示数如图 3-46（c）所示，此时橡皮筋的长度为_____ cm；

（5）由上述数据计算得冰墩墩玩具的质量为_____ g（计算结果保留 3 位有效数字）。

【解析】（3）根据表格数据描点连线如图 3-47 所示；

（4）由题图 3-46(c)可知刻度尺的分度值为 1 mm，故读数为 l = 15.35 cm；

（5）由 l-n 图像得，当 l = 15.35 cm 时，n = 21 枚，即冰墩墩的质量与 21 枚硬币质量相等，为 21 × 6.05 g = 127.05 g。

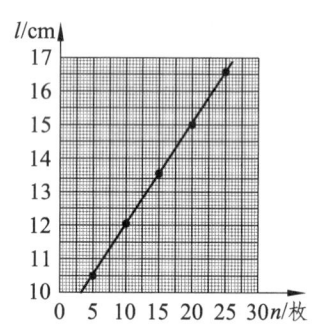

图 3-47

【例19】某同学利用如图 3-48 所示的装置测量重力加速度，其中光栅板上交替排列着等宽度的遮光带和透光带（宽度用 d 表示）。实验时将光栅板置于光电传感器上方某高度，令其自由下落穿过光电传感器。光电传感器所连接的计算机可连续记录遮光带、透光带通过光电传感器的时间间隔 Δt。

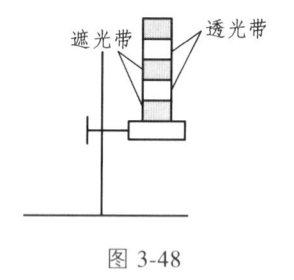

（1）除图中所用的实验器材外，该实验还需要_____（填"天平"或"刻度尺"）；

图 3-48

（2）该同学测得遮光带(透光带)的宽度为 4.50 cm，记录时间间隔的数据如下表，根据实验数据，可得编号为 3 的遮光带通过光电传感器的平均速度大小 v_3 = _____ m/s（结果保留 2 位有效数字）；

编号	1 遮光带	2 透光带	3 遮光带	…
$\Delta t/(\times 10^{-3}$ s)	73.04	38.67	30.00	…

（3）某相邻遮光带和透光带先后通过光电传感器的时间间隔为 Δt_1、Δt_2，则重力加速度 g = _____（用 d、Δt_1、Δt_2 表示）；

（4）该同学发现所得实验结果小于当地的重力加速度，请写出一条可能的原因：_____。

【解析】（1）该实验通过匀变速直线运动规律测量重力加速度，不需要用天平测质量，需要用刻度尺测量遮光带（透光带）的宽度；

（2）根据平均速度的计算公式可知 $v_3 = \dfrac{d}{\Delta t_3} = \dfrac{4.50\times 10^{-2}\text{ m}}{30.00\times 10^{-3}\text{ s}} = 1.5$ m/s；

（3）根据匀变速直线运动平均速度等于中间时刻的速度，有 $v_1 = \dfrac{d}{\Delta t_1}$，$v_2 = \dfrac{d}{\Delta t_2}$，且 $v_2 = v_1 + g\left(\dfrac{\Delta t_2 + \Delta t_1}{2}\right)$，可得 $g = \dfrac{2d(\Delta t_1 - \Delta t_2)}{\Delta t_1 \Delta t_2 (\Delta t_1 + \Delta t_2)}$；

（4）因光栅板下落过程中受到空气阻力的影响，所以竖直向下的加速度小于当地的重力加速度。

《中国高考评价体系》指出："以核心价值为引领，以学科素养为导向，以关键能力为重点，以必备知识为基础，通过增强考试的基础性、综合性、应用性和创新性，考查学生进入高等学校继续学习的能力，促进学生综合能力和创新思维的提升，引导高中教学培养和发展学生的物理学科素养，为学生终身发展、应对现代和未来社会发展的挑战奠定基础。"而物理学是一门以实验为基础的学科，因此实验在高考命题中展现出不可替代的作用。近年高考物理实验题命题特点是"源于教材但不拘泥于教材"，既要考查学生完成现有教材中实验的基本能力，又要考查解决教材之外的拓展性、创新设计性实验问题的能力，既要考查基础又要突出题目的创新性。因此，在平时的物理实验复习中，我们要立足教材的基本实验，理解基本原理，领会设置意图以及了解教材的实验设计，利用教材进行实验改进，逐步进行实验拓展，以求达到落实物理学科素养，提高学生关键能力的效果。

第六节　在测试试题中培养学生的关键能力

一、情境是高考评价体系中的考察载体

《2019年中国高考评价体系说明》指出，情境是高考评价体系中的考查载体。

（一）情境与情境活动的定义

高考评价体系最重要的创新之一，即通过"四层"考查内容将学科能力考查与思想道德渗透有机结合，利用"学科素养"这一关键连接层实现了融合知识、能力、价值的综合测评，从而使"立德树人"真正在高考评价实践中落地：情境正是实现这种"价值引领、素养导向、能力为重、知识为基"的综合考查的载体。

高考评价体系中所谓的"情境"即"问题情境"，指的是真实的问题背景，是以问题或任务为中心构成的活动场域。"情境活动"是指人们在情境中所进行的解决问题或完成任务的活动。根据目前高考的考查方式，高考内容的问题情境是通过文字与符号描述的方式即纸笔形式进行建构的，而情境活动也同样是通过文字与符号的形式进行的。

高考评价体系中的"四层"考查内容和"四翼"考查要求，是通过情境与情境活动

两类载体来实现的，即通过选取适宜的素材，再现学科理论产生的场景或是呈现现实中的问题情境，让学生在真实的背景下发挥核心价值的引领作用，运用必备知识和关键能力去解决实际问题，全面综合展现学科素养水平。

（二）情境的分类和情境活动的分层

1. 情境分类

基于知识应用和产生方式的不同，高考评价体系中的情境可以分为生活实践情境和学习探索情境两类。

（1）生活实践情境与日常生活以及生产实践密切相关，考查学生运用所学知识解释生活中的现象、解决生产实践中的问题的能力。

（2）学习探索情境源于真实的研究过程或实际的探索过程，涵盖学习探索与科学探究过程中所涉及的问题。学生在解决这类情境中的问题时，必须启动已有知识开展智力活动，同时在解决问题的过程中运用创新的思维方式。

2. 情境活动分层

基于情境的复杂程度，高考评价体系中的情境活动可以分为简单的情境活动和复杂的情境活动两层。

（1）在简单的情境活动中，需要启动的是单一的认知活动，即面对问题时只需要调动某一知识点或某种基本能力便可解决。因此，通过这类情境测评出的是学生的基本知识和能力水平。

（2）复杂的情境活动涉及的是复杂的认知活动，主要考查学生综合运用知识和能力应对复杂问题的水平。该类情境活动主要取自国际政治经济、党和国家政策改革、社会发展、历史事实、科技前沿等方面，在考查学生知识和能力的基础上，评价其价值取向、测评其学科素养水平，从而发挥高考评价体系中"价值引领、素养导向、能力为重、知识为基"的作用。

高考以生活实践问题情境与学习探索问题情境为载体，回归人类知识生产过程的本源，还原知识应用的实际过程，符合人类知识再生产过程的规律，为解决在当今知识爆炸时代，如何通过考试引领教育回归到培养人、培养学生形成改造世界的实践能力这一重大问题提供了可行的路径。

（三）情境和"四层""四翼"的关系

基于已有的实证调研和文献分析研究结果，高考通过设置不同层级的情境活动来考查学生在"四层"内容上的表现水平。不同学科的情境活动不同，同一类型的情境也存在层级差异。因此，在命制试题时，要根据学科的特点，选择不同的情境，发挥不同水平必备知识、关键能力和学科素养的功能，共同实现核心价值的引领作用。同时，由于情境活动不同，情境与"四翼"也存在一定的对应关系。简单的情境活动即考查基本知识和能力水平的情境活动，主要对应"四翼"中的基础性要求，也包括一定程度的应用性和综合性要求。复杂的情境活动主要考查学生应对生活实践问题情境与学习探索问题情境的综合素质,即在核心价值引领下综合运用知识和能力的水平,体现了考查的"综合性""应用性"与"创新性"。情境和情境活动命题要求见表3-2。

表3-2 基于情境和情境活动的命题要求

考查要求	考查内容	考查载体	基于情境和情境活动的命题要求
基础性	构成学科素养基础的必备知识和关键能力	基本层面的问题情境	要求学生调动单一的知识或技能解决问题
综合性	构成学科素养基础的必备知识和核心价值	综合层面的问题情境	要求学生在正确思想观念引领下,综合运用多种知识或技能解决问题
应用性	构成学科素养基础的必备知识和核心价值	生活实践问题情境或学习探索问题情境	要求学生在正确思想观念引领下,综合运用多种知识或技能来解决生活实践中的应用性问题
创新性	构成学科素养基础的必备知识和核心价值	开放性的生活实践问题情境或学习探索问题情境	要求学生在正确思想观念引领下,在开放性的综合情境中创造性地解决问题,形成创造性的结果或结论

（四）情境在命题中的运用

基于"四层"考查内容与"四翼"考查要求的关系，高考命题应设计以下四种类型的题目。

（1）以基础性为主的试题。高考设置的考查科目是考生面对未来的学习生涯及职业生涯的重要基础。在命制试题时，要以问题情境为载体，加强对基本概念、原理、思想方法的考查，体现高考试题的"基础性"。这一类型的试题引导学生重视学科的基础内容，确保学生基础扎实。只有根深基稳，才能枝繁叶茂；只有打好基础，学生才能在未来的学习工作中更好地成长和发展。

（2）以综合性为主的试题。高考要注重考查学生掌握学科知识体系的完整性，关注不同知识内容之间、不同学科知识之间的联系，引导学生整合所学知识并培养学生的实践思维。在命制试题时，应根据考查的需要，注重选择生产生活中的真实案例，参照学生的实际认知水平，进行合理的简化或处理来设置问题情境。由此实现在多模块或多学科知识的背景下，有效考查学生综合运用知识和能力的水平，从而体现出高考试题的"综合性"。

（3）以应用性为主的试题。在社会不断发展进步的背景下，选取工业生产、产品制造、技术论证以及政策讨论等实际存在的现实问题，通过提供多种形式的材料，命制结论开放、解题方法多样、答案不唯一的试题，增强试题的开放性和探究性，引导学生打破常规进行独立思考和判断，提出解决问题的方案。这是考查学生学以致用、应对生活实践问题情境的学科素养，体现了高考试题的"应用性"。

（4）以创新性为主的试题。当今时代，社会经济迅猛发展、科学技术日新月异，新产品、新技术层出不穷。创新性试题命制要紧密结合我国社会亟待解决的紧迫问题、科学技术前沿理论、工程技术领域的重大项目等进行编拟，使试题具有浓厚的时代气息和鲜明的中国特色。此类问题情境与社会实际密切相关，具有现实意义和价值引领作用，要求学生多角度、开放式地思考问题。这类试题旨在考查学生独立思考、对问题或观点提出不同看法并进行论证的能力，考查学生敢于质疑、敢于批判的思维能力，考查学生创新性地运用知识去发现新规律、研发新理论、开发新技术，为制定新政策、开拓新领域提供支撑的能力。总体而言，这种类型的试题考查的是学生的创新思维和意识的"创新性"。

综上所述，根据"四翼"考查要求，高考命题需要体现基础性、综合性、应用性和创新性。因此，命题中应包含一定比例的基础性试题，引导学生筑牢知识基础；试题之间、考试内容之间、学科之间应相互关联，交织成网状的知识测评框架，实现对学生素质的综合考查；采用贴近时代、贴近社会、贴近生活的素材，鼓励学生理论联系实际，关心日常生活、生产活动中蕴含的实际问题，思考课堂所学内容的应用价值；合理创设情境，设置新颖的试题呈现方式和设问方式，促使学生主动思考，发现新问题、找到新规律、得出新结论。

试题要注重突出关键能力和学科素养的考查，探索"价值引领、素养导向、能力为重、知识为基"的综合考查模式，不断增强试题的灵活性、开放性、探究性和创新性，试题命制考查的重点集中在学生的思维品质和综合运用所学知识发现问题、分析问题以及解决问题的能力，强调思维过程和思维方式，鼓励学生多角度主动思考、深入探究，发现新问题、找到新规律，降低"死记硬背"和"机械刷题"的收益。要加强试题情境化设计，加大学以致用和活学活用的结合力度，从日常生活、生产实践、科学研究中广泛选材创设情境，考查学生分析解决实际问题的能力，引导实现从"解题"到"解决问题"的转变。

二、在试题中突出关键能力

作为大型测试命题要突出关键能力的考查，应突出情境化。下面以近年湛江市高一、高二及模拟试题为例进行介绍。

（一）试题要注重新教材素材，突出学生关键能力

命制试题注重对教材素材的发掘，引用教材的素材或改编教材的试题，从而引导教学要重视教材。

【例1】（2022湛江高一期末）图3-49所示为一种叫作"魔盘"的娱乐设施，当转盘转动很慢时，人会随着"魔盘"一起转动，当"魔盘"转动到一定速度时，人会"贴"在"魔盘"竖直壁上，而不会滑下。若魔盘半径为r，人与魔盘竖直壁间的动摩擦因数为μ，在人"贴"在"魔盘"竖直壁上，随"魔盘"一起运动过程中，下列说法正确的是（　　）。

A. 人随"魔盘"转动过程中受重力、弹力、摩擦力和向心力作用

B. 如果转速变大，人与器壁之间的摩擦变大

C. 如果转速变大，人与器壁之间的弹力不变

D. "魔盘"的转速一定大于$\frac{1}{2\pi}\sqrt{\frac{g}{\mu r}}$

图 3-49

【点评】此题素材"魔盘"的娱乐设施来源于新教材粤教版必修2第46页练习第1题。

【例2】（2022湛江高一期末）明代出版的《天工开物》书中曾记载："其湖池不流水，或以牛力转盘，或聚数人踏转。"并附有牛力齿轮翻车的图画如图3-50所示，翻车通过齿轮传动，将湖水翻入农田。已知a、b齿轮啮合且齿轮之间不打滑，b、c齿轮同轴，若a、b、c三齿轮半径的大小关系为$r_a=2r_b=4r_c$，则（　　）。

图 3-50

A. 齿轮a、b的角速度之比为2∶1
B. 齿轮a、c的线速度之比为4∶1
C. 齿轮a、b的向心加速度之比为1∶2
D. 齿轮a、c的向心加速度之比为1∶4

【点评】此题素材力齿轮翻车来源于新教材粤教版必修2第30页资料活页。

【例3】（2022湛江高二期末）如图3-51所示，在等臂电流天平的右端托盘下固定一矩形线圈，线圈匝数为n，底边cd长为L，调平衡后放在磁感应强度大小为B、方向垂直纸面向里的匀强磁场中，线圈平面与磁场垂直；当线圈中通入图示方向的电流I时，在天平左、右两边加上质量分别为m_1、m_2的砝码使天平再次平衡，重力加速度为g，则以下关系式正确的是（　　）。

A. $nBIL = (m_2-m_1)g$
B. $nBIL = (m_1-m_2)g$
C. $BIL = (m_2-m_1)g$
D. $BIL = (m_1+m_2)g$

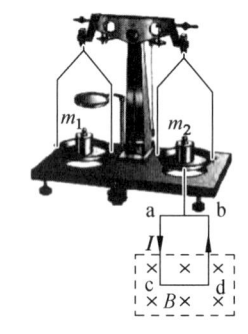

图3-51

【点评】此题素材等臂电流天平来源于新教材粤教版选择性必修2第8页电流天平的原理改编。

【例4】（2022湛江高二期末）安装在公路上的测速装置如图3-52所示，在路面下方间隔一定距离埋设有两个通电线圈，线圈与检测抓拍装置相连，车辆从线圈上面通过时线圈中会产生脉冲感应电流，检测装置根据两个线圈产生的脉冲信号的时间差计算出车速大小，从而对超速车辆进行抓拍。下列说法正确的是（　　）。

A. 汽车经过线圈上方时，两线圈产生的脉冲电流信号时间差越长，车速越大

B. 当汽车从线圈上方匀速通过时，线圈中不会产生感应电流

C. 汽车经过通电线圈上方时，汽车底盘的金属部件中会产生感应电流

D. 当汽车从线圈上方经过时，线圈中产生感应电流属于自感现象

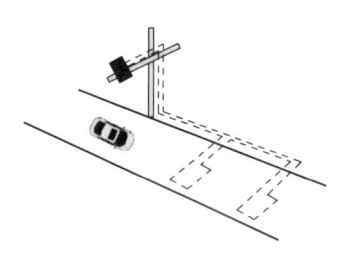

图3-52

【点评】此题素材测速装置来源于新教材粤教版选择性必修2第43页素材超速"电子眼"。

【例5】（2023湛江高二期末）如图3-53所示，放映电影时，强光照在胶片上，一方面，将胶片上的"影"投到屏幕上；另一方面，通过声道后的光照在光电管上，随即产生光电流，喇叭发出与画面同步的声音。电影实现声音与影像同步，主要应用了光电效应的下列（　　）条规律。

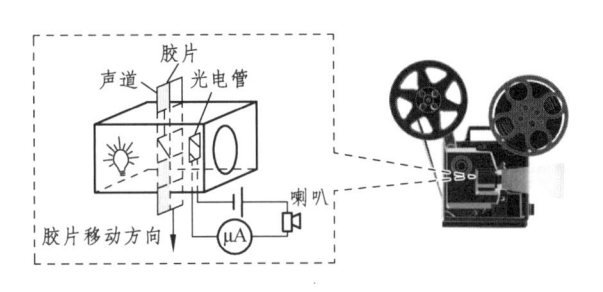

图 3-53

A. 入射光的频率必须大于金属的极限频率，光电效应才能发生
B. 光电子的最大初动能与入射光的强度无关，只随着入射光的频率增大而增大
C. 当入射光的频率大于极限频率时，光电流的强度随入射光的强度增大而增大
D. 光电效应的发生时间极短，光停止照射，光电效应立即停止

【点评】此题素材放电影来源于新教材粤教版选择性必修 3。

【例 6】（2023 湛江高二期末）在家庭电路中，为了安全，一般在电能表后面的电路中安装一个漏电开关，其工作原理如图 3-54 所示，其中甲线圈两端与脱扣开关控制器相连，乙线圈由两条电线采取双线法绕制，并与甲线圈绕在同一个矩形硅钢片组成的铁芯上。以下说法正确的是（　　）。

A. 当用户用电正常时，甲线圈两端有电压，脱扣开关接通
B. 当用户用电正常时，甲线圈两端没有电压，脱扣开关接通
C. 当用户发生漏电时，甲线圈两端有电压，脱扣开关断开
D. 当用户发生漏电时，甲线圈两端没有电压，脱扣开关断开

图 3-54

【点评】此题素材漏电开关原理来源于新教材粤教版选择性必修 2 练习题改编。

（二）试题注重传统文化渗透，突出关键能力

【例 7】（2022 湛江高一期末）元宵佳节是中华民族的传统节日，吃汤圆是元宵节传统民俗活动之一。如图 3-55 所示，某人用调羹从碗里把一个煮好的汤圆舀起放入嘴里，假设调羹里只有汤圆没有水，汤圆始终在竖直方向，下列关于汤圆的这一过程说法正确的是（　　）。

A. 汤圆的重力势能一直增大
B. 汤圆的重力功率先减小后增大
C. 调羹对汤圆先做正功后做负功
D. 汤圆的机械能一直增大

图 3-55

【点评】此题利用元宵节吃汤圆这一情境设置试题，考察学生对功、功率、重力势

能、功能关系的理解。

【例8】（2022 湛江高一期末）风筝起源于中国，最早的风筝是由古代哲学家墨翟制造的。中国风筝问世后，很快被用于传递信息，飞越险阻等军事需要。如图 3-56 所示是被誉为"世界航天第一人"的明朝士大夫万户，他把 47 个自制的火箭绑在椅子上，自己坐上椅子，双手举着大风筝，设想利用火箭的推力，飞上天空，然后利用风筝平稳着陆。假设万户及其所携设备（火箭、椅子、风筝等）的总质量为 M，点燃火箭后在极短的时间内，质量为 m 的炽热燃气相对地面以 v_0 的速度竖直向下喷出，空气阻力恒为其重力的 0.1 倍，重力加速度大小为 g，求：

图 3-56

（1）在燃气喷出后的瞬间，万户及其所携设备获得的动能 E_k；

（2）在喷出燃气后，万户及其所携设备上升的最大高度 h。

【点评】 此题利用风筝设计试题，考查学生对力与运动、动量守恒定律和动能定理的理解。

【例9】（2023 湛江高一期末）图 3-57 所示是一种古老的舂米机。舂米时，稻谷放在石臼 A 中，横梁可以绕 O 点转动，在横梁前端 A 点处固定一舂米锤，脚踏在横梁另一端 B 点往下压时，舂米锤便向上抬起，抬起的最大高度为 h。然后提起脚，舂米锤就向下运动，击打石臼中的稻谷，使稻谷的壳脱落，稻谷变为大米。已知舂米锤的质量为 m，重力加速度为 g，下列说法正确的是（　　）。

图 3-57

A. 舂米锤向上抬起过程，舂米锤一直处于超重状态

B. 舂米锤向上抬起过程，舂米锤的机械能守恒

C. 舂米锤向上抬起过程，舂米锤的重力势能增加 mgh

D. 舂米锤向下运动过程，舂米锤重力的功率先增大后减小

【点评】 此题利用舂米机为背景，考查学生对超重与失重、机械能守恒、功能关系、功率等基本知识的理解。

【例10】（2023 湛江高一期末）图 3-58 所示为南阳汉画像石中的《投壶图》，投壶是古代士大夫宴饮时做的一种投掷游戏，把箭向壶里投，投中多的为胜，一人与壶相距一定距离站立，将箭水平投出，落在图中的 A 点。忽略空气阻力、箭的长度粗细、壶口大小的影响。要想能将箭投入壶中，下列措施可行的是（　　）。

A. 保持抛出的高度和到壶的水平距离不变，增大抛出的初速度

B. 保持抛出的高度和初速度大小不变，向远离壶的方向移动一段距离

图 3-58

C. 保持抛出的高度和初速度大小不变，向靠近壶的方向移动一段距离

D. 保持抛出的高度不变，向靠近壶的方向移动一段距离，同时减小抛出的初速度

【点评】此题利用投壶图这一情境设置试题，考查学生对平抛运动的理解。

【例11】（2023湛江一模）端午节是中国的传统节日，包粽子、吃粽子是人们的传统习俗之一。如图3-59所示，某人把煮好的八个相同的粽子通过八根细绳用手提起后静止在空中，已知每个粽子的重力均为 mg，每根绳子与竖直方向的夹角均为 θ，每根细绳的拉力大小为 T，手受到细绳的作用力为 F，下列关系式正确的是（　　）。

A. $F=T$
B. $F=mg$
C. $T=\dfrac{mg}{\cos\theta}$
D. $T=mg\tan\theta$

图 3-59

【点评】此题利用某人提粽子为背景设置试题，考查学生对共点力的平衡，力的合成与分解等知识的理解。

（三）试题注重联系社会生活实际，突出关键能力

试题命制注重联系学生的生活和社会实际，体现"从生活走向物理，从物理走向社会"的理念，努力创设能引起学生兴趣和联系实际的情境，试卷取材广泛。让学生感受到了科学、自然、社会间的密切联系，拉近了物理与现实生活、生产以及科学技术间的距离，使学生真正体会到了物理学的巨大应用价值，使他们学有所用，体现新教材、新课标的学科素养，体现"从生活走向物理，从物理走向社会"的理念。

【例12】（2022湛江高一期末）某一滑雪运动员从滑道滑出并在空中翻转时经多次曝光得到的照片如图3-60所示，每次曝光的时间间隔相等。若运动员的重心轨迹与同速度不计阻力的斜抛小球轨迹重合，A 和 D 表示重心位置，且 A 和 D 处于同一水平高度。下列说法正确的是（　　）。

图 3-60

A. 运动员在 A、D 位置时重心的速度相同

B. 运动员从 A 到 B 和从 B 到 C 的时间相同

C. 运动员重心位置的最高点位于 B 点

D. 相邻位置运动员重心的速度变化相同

【例11】（2022湛江高二期末）某技术有限公司生产的一款手机无线充电器内部结构如图3-68（a）所示。假设手机接收线圈获得的电压随时间变化关系如图3-61（b）所示，则发射线圈输入的电流随时间变化的关系图像可能是（　　）。

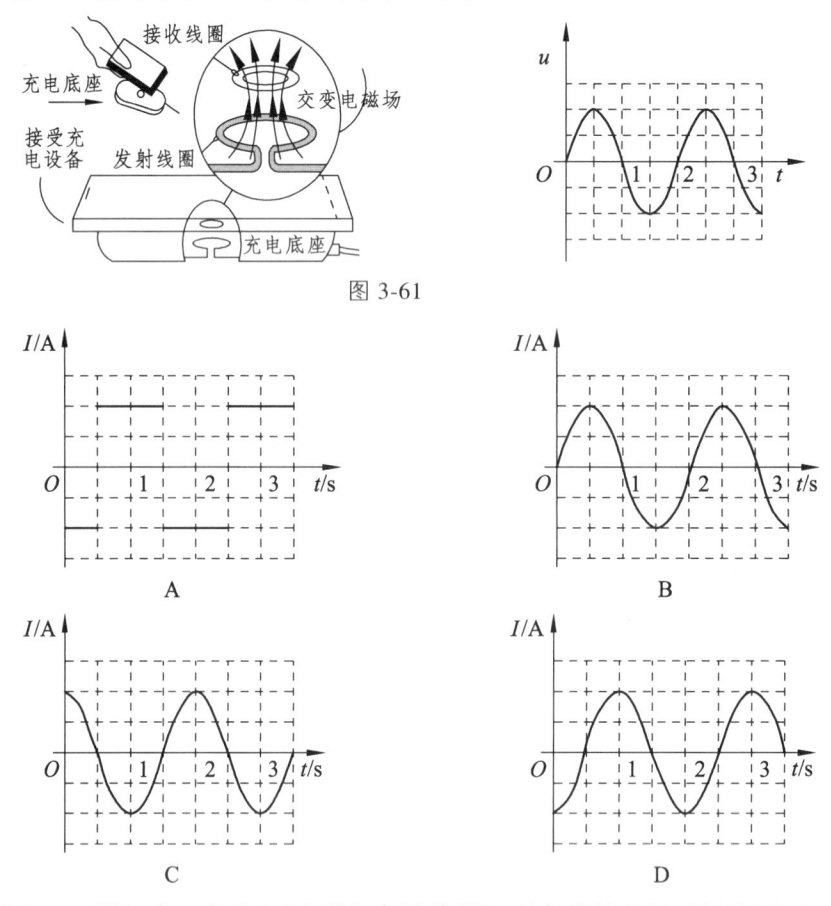

图 3-61

A

B

C

D

【例14】（2023湛江高一期末）"广湛"高铁将湛江到广州的通行时间缩短至2 h。如图3-62所示，假设动车启动后沿平直轨道行驶，发动机功率恒定，行车过程中受到的阻力恒为f，已知动车质量为m，最高行驶速度为v_m，下列说法正确的是（　　）。

图 3-62

A. 动车启动过程中所受合外力减小

B. 动车发动机功率为 fv_m

C. 从启动到最大速度过程中，动车平均速度为 $\dfrac{v_m}{2}$

D. 从启动到最大速度过程中，动车牵引力做功为 $\dfrac{1}{2}mv_m^2$

【例15】（2023 湛江高一期末）湛江濒临南海，是国内著名的滨海旅游城市，长达1 500多千米的海岸线，拥有众多优良海水浴场。在金沙湾海滨浴场，某同学测得某一海水的水波上某一位于 $x=0$ 处的质点，在 $t=0$ 时处于平衡位置，经过1.5 s 波刚好传播到 $x=4$ m 的位置，波形如图3-63所示。下列说法正确的是（　　）。

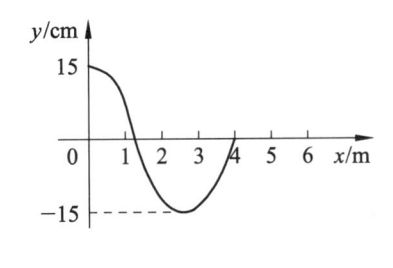

图3-63

A. 该波的波长为 5 m

B. 该波的传播速度为 3 m/s

C. $t=0$ 时，平衡位置处的质点向上振动

D. 此后 10 s 内，$x=3$ m 处的质点通过的路程为 3 m

【例16】（2023 湛江高二期末）图3-64所示为新能源电动汽车的无线充电原理图，M 为受电线圈，N 为送电线圈，把送电线圈和受电线圈构成的装置视为理想变压器。已知送电、受电线圈匝数比 $n_1:n_2=11:1$，ab 端输入电压 $U=220\sqrt{2}\sin100\pi t$（V），下列说法正确是（　　）。

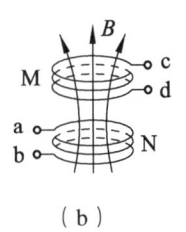

(a)　　　(b)

图3-64

A. ab 端输入的交变电流方向每秒变化 100 次

B. 送电线圈的输入功率大于受电线圈的输出功率

C. 受电线圈产生的电动势的有效值为 $10\sqrt{2}$ V

D. 在 $t=0.05$ s 时，通过送电线圈的磁通量的变化率最大

【例17】（2023 湛江一模）高血压是最常见的心血管疾病之一，也是导致脑卒中、冠心病、心力衰竭等疾病的重要危险因素。某人某次用如图 3-65 所示的水银血压计测量血压时，先向袖带内充入气体，此时袖带内的气体体积为 V_0、压强为 $1.5p_0$，然后缓慢放气。当袖带内气体体积变为 $0.7V_0$ 时，气体的压强刚好与大气压强相等。设大气压强为 p_0，放气过程中温度保持不变。

（1）简要说明缓慢放气过程中袖带内气体是吸热还是放热；

（2）求袖带内剩余气体的质量与放出气体的质量之比。

图 3-65

【例18】（2023 湛江一模）磁悬浮列车是高速低耗交通工具，如图 3-66（a）所示，它的驱动系统简化为如图 3-66（b）所示的物理模型。已知列车的总质量为 m，固定在列车底部的正方形金属线框的边长为 L，匝数为 N，总电阻为 R；水平面内平行长直导轨间存在磁感应强度大小均为 B、方向交互相反、边长均为 L 的正方形组合匀强磁场，磁场以速度 v 向右匀速移动时可恰好驱动停在轨道上的列车，假设列车阻力恒定，若磁场以速度 $4v$ 匀速向右移动，当列车向右运动的速度为 $2v$ 时，线框处于如图 3-66（b）所示，求此时：

（1）线框中的感应电流方向；

（2）线框中的感应电流 I 大小；

（3）列车的加速度 a 大小。

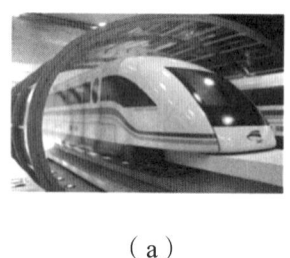

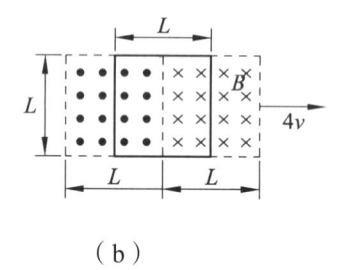

（a）　　　　　　　（b）

图 3-66

（四）试题注重空间想象能力的考查，突出关键能力

物理空间想象能力是指一个人在脑海中能够准确、清晰地想象和理解物理空间的能力。这包括对物体的形状、大小、位置、方向和运动的准确感知与理解。具有较强的物理空间想象能力的人通常能够在脑海中准确地构建和操作物体的模型，预测它们的行为和相互关系。

物理空间想象能力在许多领域都非常重要，尤其是在科学、工程和艺术等领域。在科学和工程领域，物理空间想象能力可以帮助人们理解和解决各种物理问题，例如建立模型、设计实验和分析数据。在艺术领域，物理空间想象能力可以帮助人们创造出具有逼真感的绘画、雕塑和建筑作品。

物理空间想象能力可以通过训练和练习来提高。一些常见的训练方法包括解决物理空间谜题、进行几何学和拼图游戏、进行建模和制作物体的实验等。此外，学习和掌握几何学、物理学和工程学等学科的基本原理和概念也可以提高物理空间想象能力。

【例19】（2023 湛江一模）如图3-67所示，空间正四棱锥 $P\text{-}ABCD$ 的底边长和侧棱长均为 a，此区域存在平行于 CB 边由 C 指向 B 方向的匀强磁场，现一质量为 m，电量为 $+q$ 的粒子，以初速度 v_0 从底面 $ABCD$ 的中心 O 向上垂直于磁场方向进入磁场区域，最后恰好没有从侧面 PBC 飞出磁场区域。忽略粒子受到的重力。则磁感应强度大小为（　　）。

A. $\dfrac{2mv_0}{qa}$　　　　　　B. $\dfrac{4mv_0}{qa}$

C. $\dfrac{(\sqrt{6}+2)mv_0}{qa}$　　D. $\dfrac{(\sqrt{6}-2)mv_0}{qa}$

图 3-67

【例20】（2023 湛江一模）如图3-68所示，在正方体中 $abcd$ 面的对角线 ac 的中点放一电荷量为 $-q$ 的点电荷，$a'b'c'd'$ 面的对角线 $a'c'$ 的中点放另一电荷量为 $+q$ 的点电荷，下列说法正确的是（　　）。

A. a 点的电势等于 a' 点的电势
B. b 点的电场强度与 d' 点的电场强度相同
C. 负的试探电荷沿 cc' 棱从 c 到 c' 电势能先增大后减小
D. 正的试探电荷沿 bb' 棱从 b 到 b' 电场力一直做负功

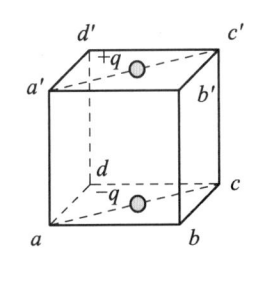

图 3-68

【例21】（2022 湛江高二期末）如图3-69所示，平行板器件中，电场强度 E 和磁感应强度 B_0 相互垂直；边长为 $2L$ 的正方体区域 $abcda'b'c'd'$ 内有垂直纸面向里的匀强磁场。一质量为 m，电量为 $+q$ 的粒子（重力不计），从左端以某一速度沿虚线射入平行板器件后做直线运动。粒子自平行板器件出来后，从正方形 $add'a'$ 的中心垂直进入磁场区域。求：

（1）粒子进入磁场区域时的速率 v；

（2）若粒子由正方形 $a'b'c'd'$ 中心垂直飞出磁场区域，则粒子在正方体区域内运动的时间 t；

（3）若粒子能从正方形区域 $a'b'c'd'$ 内飞出磁场区域，则磁感应强度大小 B 的范围。

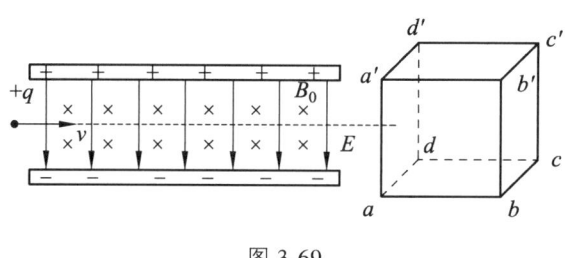

图 3-69

（五）试题注重实验探究能力的考查，突出关键能力

试题注重对学生的观察能力、实验操作能力、提取信息能力以及对实验数据处理能力的考查，加强了对实验过程以及分析归纳总结等能力的考查，同时也加强了对学生的实验探究能力、创新精神以及科学方法的考查力度。试题的功能不仅是考查学生的实验探究能力，还能考查学生对教材的熟悉程度、应用知识的能力、数据处理能力、严谨的科学态度和知识迁移能力，试题素材来源于教材又高于教材，旨在提倡试题回归实验教学，但又高于实验教学的思想，力图改变那些"老师讲实验，学生背实验，黑板上做实验"的教学方法和学习方法，这应该是师生在教与学活动中落实物理核心素养的导向。

【例22】（2023湛江高一期末）图3-70所示是探究向心力的大小F与质量m、角速度ω和半径r之间的关系的实验装置。转动手柄，可使两侧变速塔轮以及长槽和短槽随之匀速转动。皮带分别套在左右两塔轮上的不同圆盘上，可使两个槽内的小球分别以各自的角速度做匀速圆周运动，其向心力由挡板对小球的压力提供，球对挡板的反作用力，通过杠杆作用使弹簧测力筒下降，从而露出标尺，标尺上露出的红白相间的等分格显示出两个球所受向心力的比值。那么：

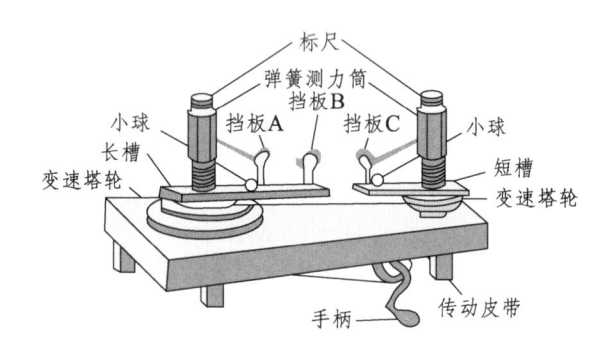

图 3-70

（1）下列实验的实验方法与本实验相同的是_____。

A. 验证力的平行四边形定则

B. 验证牛顿第二定律

C. 伽利略对自由落体的研究

（2）若长槽上的挡板 B 到转轴的距离是挡板 A 到转轴距离的 2 倍，长槽上的挡板 A 和短槽上的挡板 C 到各自转轴的距离相等。探究向心力和角速度的关系时，若将传动皮带套在两半径之比等于 3∶1 的轮盘上，将质量相同的小球分别放在挡板_____和挡板_____处（选填"A""B"或"C"），则标尺露出红白相间的等分格数的比值约为_____。若仅改变皮带位置，通过对比皮带位置轮盘半径之比和向心力大小之比，可以发现向心力 F 与_____成正比。

（3）为了能探究向心力大小的各种影响因素，左右两侧塔轮_____（选填"需要"或"不需要"）设置半径相同的轮盘。

【例23】（2023 湛江高二期末）有一个教学用的可拆变压器，其铁心粗细一致，如图 3-71 所示，它有两个外观基本相同的线圈 A、B（内部导线电阻率、横截面积相同），线圈外部还可以再绕线圈。

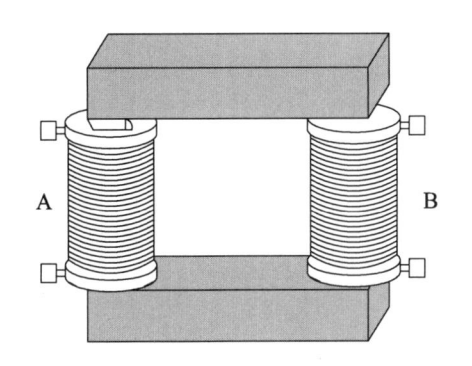

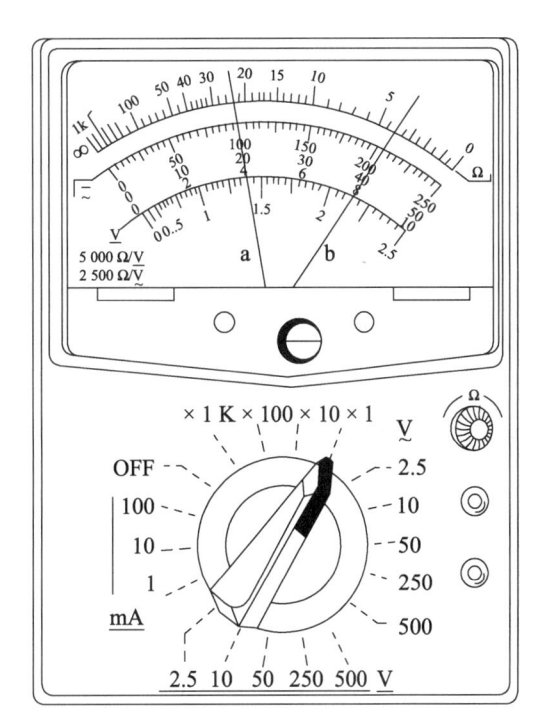

图 3-71

（1）某同学用多用电表的同一欧姆挡先后测量了 A、B 线圈的电阻值，指针分别对应图中的 a、b 位置，则 A 线圈的电阻为_____Ω。

（2）如果把该变压器看作理想变压器，现要测量 A 线圈的匝数，提供的器材有：一根足够长绝缘导线、一只多用电表和低压交流电源，请完成以下实验步骤：

① 用绝缘导线在线圈 B 上绕制 n 匝线圈；

② 将 A 线圈与低压交流电源相连接；

③ 用多用电表的"交流电压"挡分别测量 A 线圈的输入电压 U_A 和_____（选填

"绕制"或"B")线圈的输出电压 U；

④ 则 A 线圈的匝数为_____（用已知和测得量的符号表示）。

三、在平时教学中培养关键能力

要全面落实核心素养，培养学生关键能力，还要在平时教学中注意以下几点。

（一）注重基础，强化主干知识

物理基本概念、基本规律和基本思路是高考物理考查的主要内容和重点内容，而主干知识又是物理知识体系中的最重要的知识。因此在高考物理复习中首先就是要抓基础，切记："除了基础，还是基础。"其次在夯实"双基"的基础上，再突出学科的主干知识，把握基本的解题思路。高考物理难的题目也无非是基础东西的综合或变式，因此在物理备考复习中，不仅要求记住这些基础知识的内容，而且还要加强理解，熟练运用这些知识，既要"知其然"，又要"知其所以然"。平时物理备考复习中要注重在基本概念、基本理论的剖析上，设法落实每一知识点，强化学科双基，把握好要求掌握的知识点的内涵和外延，明确知识点之间的内在联系，构建系统的知识网络。

（二）注重拆分，强化过程分析

在平时物理训练中教师要归纳常见的复杂物理过程，以便学生熟练掌握，物理中的多过程运动问题比较多，例如：在复合场中的直线运动、匀速圆周运动、类平抛运动，周期性的往复运动，多次碰撞，外力变化的直线运动，与弹簧、摩擦力相关的多个能量转化过程，有关两个或三个物体间的相对运动等。任何一个综合性的物理问题都是由一些基本的物理问题组合而成的，因此，只要善于恰当地把一个综合性问题转化成若干个单一问题，化整为零，各个击破，然后抓住各部分题意间的联系，就可以解决问题了。通过归纳出了常见的复杂物理过程，就可以选择题目训练学生，这样的训练目标明确，针对性强，效率高。因此，在高考复习中教会学生拆分试题也是规范表达的一部分，因为再复杂的问题都是由简单问题组成的。尝试将复杂问题进行拆分，可以提高学生分析和处理问题的能力，既反映学业质量水平的层次，还可确保学生多拿一些基本分。

（三）注重方法，强化数学能力

物理常用的解题方法有整体法、隔离法、等效法、对称法、图像法、极值法、几何法等；应用数学能力有函数图像、几何图形、三角函数、数理方法、代数运算等。2022

年广东高考对数学运算能力要求较高，特别是第 7 题、第 11 题涉及数学空间想象能力，第 15 题涉及数学讨论等问题，因此要加强数学运算能力的训练。注重物理模型的总结提炼，突出培养学生的建模能力。掌握常用的物理模型：平衡模型、追及模型、板块模型、碰撞模型、弹簧模型、皮带模型、类平抛模型、圆周运动模型、电场偏转模型、有界磁场模型、速度选择器模型、复合场模型等。

（四）注重情境，培养建模能力

近年来广东物理高考题全部都是情境题，尤其是生活实践的真实情境题占绝大多数。真实情境蕴含着天然的、未经加工、结构不良的问题，要通过分析和建模的过程才能得以解决。试题以能力立意，重点考查能力，除了考查学科五种能力以外，还考查语言表达能力、看图识表能力、模型建构能力、创新能力、获取信息能力和理论联系实际能力等。因此，在复习中努力创设联系学生生活和体育运动的实际情境，最大地激发学生学习的自主性，从而使学生在情境中体验知识、探究知识、实践知识、质疑知识、优化构建学生的物理认知结构。在培养建模能力提升方面要做好以下几个方面的工作：课堂突出主干知识，寻找提高能力的支撑点；强化课堂训练，寻找触类旁通的链接点；精选能力型试题，寻找提高能力的切入点。而目前中学物理教学的薄弱点就在理论联系实际上，可以通过平时训练和测试中不断渗透一些新情境试题，从而逐步提升学生物理的关键能力。

（五）注重实验，培养探究能力

引导学生关注生活、社会和科技，寻找提高解决实际问题能力的着眼点，这在近年广东新高考物理实验试题中均有体现。因此高考物理实验复习中，学生实验要了解实验目的、步骤和原理；会控制实验条件和变量，会使用仪器、观察分析，会解释实验结果，并得出相应的结论，并能根据实验原理设计简单的实验方案，培养学生对实验现象、操作要领、实验步骤、数据处理的规范表达能力，使学生的实验表达能力准确、科学、简练。高考物理实验复习过程还要引导学生在日常生活中多注意观察、思考，关注生活、生产、科技和社会问题的实验，学会用物理知识解答遇到的问题。

（六）注重讨论，培养创新能力

近年广东省高考计算题始终是围绕主干知识点出题，着重考查分析综合能力和应用数学处理物理问题的能力以及对问题"讨论、分类、临界"的思想。对问题进行讨论与判断的能力是渗透在高考物理五种能力（理解能力、推理能力、分析综合能力、应用数学处理物理问题的能力、实验与探究能力）之中的一种能力，在以能力立意为主的高考试题中，这是一种很能体现这一意图的题型。讨论与判断题对考生独立分析问题的能力和思维严密性要求较高，因为任何物理问题都是由物理情境和条件组成的，物理情境和条件发生变化，必然会使物理现象和相应结果发生变化。对在什么条件下遵循什么样的物理规律、在什么情境下发生什么样的物理现象，必须全面考虑。另外经数学处理后得到的结果，在物理上是否合理、是否合乎实际以及所得结果的物理意义如何，都需要进行讨论和判断，这既是一种能力，也是一种科学态度。

第四章 高中物理关键能力培养教学设计

第一节 高中物理概念课教学设计

高中物理概念课是高中阶段的一门物理课程，旨在通过系统地介绍和讲解物理学的各个基本概念，帮助学生建立起对物理学的整体框架和基础知识。在这门课程中，学生将学习和理解物理学的基本概念，如力、运动、能量、电磁学、光学、热学、声学等，以及相关的基本原理和公式。通过学习这些概念，学生将能够了解物理学的基本原理和规律，培养物理思维和解决问题的能力，为进一步深入学习和应用物理学打下坚实的基础。在高中物理概念课中，教师通常会使用讲解、实验演示、讨论、练习等多种教学方法，以促进学生的主动参与和深入理解。

一、教学设计步骤

高中物理概念课的教学设计可以按照以下步骤进行：

1. 引 入

通过一个生动的实例或问题引起学生的兴趣，激发他们对物理概念的探索欲望。引入部分是为了激发学生的兴趣和好奇心，让他们主动参与到学习中来。以下用引入实例说明：假设你乘坐火车旅行，当火车突然刹车时，你会感觉到身体向前倾斜。为什么会有这种感觉？

2. 引导问题

你有没有想过为什么会有这种感觉？是什么原因导致了这种现象？通过这个实例和问题，可以引起学生的兴趣和思考，激发他们对物理概念的探索欲望。接下来，教师可以引导学生进行思考和讨论，引出相关的物理概念，如力、惯性等，然后逐步展开对这些概念的讲解和探索。这样的引入方式可以让学生从实际生活中的经验出发，主动思考和学习物理概念，提高他们的学习兴趣和参与度。

3. 概念讲解

对所要讲解的物理概念进行清晰、简明地讲解，可以使用图表、实验演示等方式帮助学生理解。概念讲解是高中物理概念课的重要环节，通过清晰、简明地讲解，帮助学生理解和掌握物理概念。以下是一些讲解概念的方法和技巧。

（1）清晰明确的语言：使用简单明了的语言，避免使用过于专业的术语和复杂的句子结构，确保学生能够理解和消化所讲解的内容。

（2）图表和示意图：使用图表和示意图可以直观地展示物理概念，帮助学生更好地理解。可以使用示意图来说明物理过程和现象，使用图表来展示数据和关系。

（3）实验演示：通过实验演示可以让学生亲身体验和观察物理现象，加深对概念的理解。教师可以进行实验演示，或者引导学生进行实验操作，让学生参与其中，提高他们的学习兴趣和亲身体验。

（4）比喻和类比：使用比喻和类比的方式可以将抽象的物理概念与学生已有的知识联系起来，帮助学生建立起对概念的直观理解。例如，将电流比喻为水流，将电阻比喻为水管的阻力等。

（5）逐步讲解和引导：对于较为复杂的概念，可以采用逐步讲解和引导的方式，将概念分解为更小的部分，逐步引导学生理解和掌握。可以通过提问、小组讨论等方式与学生互动，激发他们的思考和参与。总之，概念讲解应该以学生为中心，注重语言的清晰明了、图表和实验的使用，以及逐步讲解和引导，帮助学生理解和掌握物理概念。

4. 公式推导

对于涉及公式的概念，可以通过推导的方式让学生理解公式的来源和意义，同时强调公式的适用范围和假设条件。公式推导是物理学习中的重要环节，通过推导可以让学生理解公式的来源和意义，同时加深对概念的理解。以下是一些推导公式的方法和技巧。

（1）从基本原理开始：推导公式时，可以从基本原理出发，逐步推导出所需的公式。例如，对于运动学中的匀变速直线运动，可以从速度定义和加速度定义出发，推导出位移与时间的关系公式。

（2）使用数学工具：在推导过程中，可以运用数学工具，如代数运算、微积分等，对物理量进行变换和推导。例如，使用微积分的概念和方法，可以推导出力对位移的功的公式。

（3）强调假设条件和适用范围：在推导公式的过程中，要强调公式的适用范围和假设条件。这样可以帮助学生理解公式的局限性和适用性。例如，对于牛顿第二定律的推导，要强调在惯性参照系中的适用性。

（4）实例和应用：在推导公式的过程中，可以给出一些实例和应用，帮助学生理解公式的具体意义和实际应用。例如，对于动能定理的推导，可以给出一些运动物体的实例，让学生理解动能的概念和公式的应用。

（5）互动和讨论：在推导公式的过程中，可以与学生进行互动和讨论，引导他们思考和提出问题。这样可以促进学生的思维活动和参与度，加深对公式的理解和掌握。

总之，通过公式推导可以让学生理解公式的来源和意义，同时强调公式的适用范围和假设条件。在推导过程中，可以运用数学工具、强调实例和应用，以及与学生进行互动和讨论，帮助学生深入理解，掌握物理概念和公式。

5. 实例分析

通过一些典型的实例或问题，引导学生运用所学概念和公式进行分析和解决问题，培养学生的物理思维和解决问题的能力。通过实例分析可以帮助学生将所学的概念和公式应用到实际问题中，培养学生的物理思维和解决问题的能力。以下是一些实例分析的方法和技巧。

（1）选择典型实例：选择一些典型的实例或问题，涵盖不同的物理概念和公式，让学生通过分析和解决这些实例，理解和掌握所学的知识。

（2）引导问题分析：针对每个实例或问题，引导学生分析问题的关键点和所需的物理概念和公式。通过提问和讨论，激发学生的思考和参与。

（3）运用概念和公式：引导学生运用所学的概念和公式，分析和解决实例或问题。可以帮助学生建立起概念与实际问题的联系，培养学生的物理思维和解决问题的能力。

（4）讨论和总结：在分析和解决实例或问题后，进行讨论和总结。可以让学生分享他们的思路和解决方法，互相学习和启发。同时，对于解决问题的关键点和思考过程进行总结，帮助学生加深对概念和公式的理解和掌握。

（5）拓展应用：在实例分析的基础上，可以引导学生思考更复杂的问题，拓展应用所学的概念和公式。通过拓展应用，培养学生的创新思维和解决复杂问题的能力。

总之，通过实例分析可以帮助学生将所学的概念和公式应用到实际问题中，培养他们的物理思维和解决问题的能力。在分析和解决实例或问题的过程中，要引导学生思考和讨论，运用所学的知识，最终达到对概念和公式的深入理解和掌握。

6. 练习与巩固

提供一些练习题和问题，让学生在课堂上或课后进行练习，巩固所学的知识和技能。练习题和问题的实例，可以根据学生的学习情况和课程进度进行选择和调整。通过练习与巩固，学生可以运用所学的知识和技能，巩固对概念和公式的理解和掌握。同时，可以通过讲解、讨论解题方法和思路，帮助学生提高解题的能力和思维水平。

7. 拓展应用

对于一些重要的概念，可以引导学生思考其在实际生活和科技应用中的应用和意义，培养学生的应用能力和创新思维。拓展应用是培养学生应用能力和创新思维的重要环节。拓展应用的实例，可以根据学生的学习情况和兴趣进行选择和调整。通过拓展应用，学生可以将所学的概念和公式应用到实际生活和科技应用中，培养他们的应用能力和创新思维。同时，可以引导学生思考和讨论更复杂的问题，激发他们的兴趣和好奇心，培养他们的科学探究能力。

8. 总结与评价

对本节课所学的概念和知识进行总结，检查学生的掌握情况，并对学生的表现给予适当的评价和指导。例如：在本节课中，我们学习了力学中的一些重要概念和知识，包括力的概念、力的合成和分解、牛顿第二定律、动量和动量守恒、万有引力等。通过课堂讲解、练习和拓展应用的学习方式，我们对这些概念和知识进行了理解和掌握。在课堂练习中，学生积极参与，能够独立完成大部分的题目，并且能够正确运用所学的概念和公式进行解答。在拓展应用中，学生也能够较好地运用所学的概念和知识，思考问题并给出合理的回答。对于学生的表现，可以给予积极的评价和鼓励。学生在本节课中展现了较好的学习态度和主动性，能够积极思考和解决问题。同时，还可以指出一些需要注意和提高的地方，例如在解题过程中需要更加仔细和准确，对于一些概念和公式的理解还需要进一步加深。为了进一步巩固和提高学生的学习效果，可以提供一些额外的练习题和拓展应用问题，鼓励学生继续进行自主学习和思考。同时，可以提供一些学习资源和参考资料，帮助学生进一步理解和应用所学的概念和知识。总的来说，学生在本节课中对所学的概念和知识有了较好的掌握，并能够较好地运用到实际问题中。通过课堂讲解、练习和拓展应用的学习方式，学生能够培养应用能力和创新思维，提高解题的能力和思维水平。

在设计教学过程中，可以采用多种教学方法，如讲解、讨论、实验演示、小组合作等，以促进学生的主动参与和深入理解。同时，教师还应根据学生的实际情况和学习进度，适当调整教学内容和难度，确保教学效果的最大化。

二、教学设计策略

在高中物理概念课的教学设计中，应注重培养学生的核心素养和关键能力。以下是一些教学策略和示例，可以帮助学生培养核心素养和关键能力。

（一）培养科学思维能力

引导学生进行观察、实验和推理，培养他们的科学思维能力。鼓励学生提出问题、探索问题背后的原理和规律。提供实例和案例，让学生分析和解释现象。确保学生在进行观察、实验和推理的过程中，可以遵循以下步骤和策略。

（1）引导学生进行观察：提供具体的实物、图片或视频，让学生仔细观察，并记录他们观察到的现象。鼓励学生使用多种感官进行观察,例如视觉、听觉、触觉等。

（2）鼓励学生提出问题：引导学生思考观察到的现象，激发他们对问题的好奇心。鼓励学生提出开放性问题，引导他们思考问题的本质和背后的原理。

（3）探索问题背后的原理和规律：提供相关的背景知识和理论概念，帮助学生理解问题的原理和规律。引导学生进行实验或模拟，验证他们的推测和假设。鼓励学生进行数据分析和比较，从中发现规律和关联。

（4）提供实例和案例：提供一些实际应用的例子和案例，让学生分析和解释现象。引导学生观察和思考这些例子中的物理原理和规律。鼓励学生将所学的物理知识应用到解释现象和解决问题中。

在教学过程中，教师可以使用以下策略来培养学生的科学思维能力。

（1）提出问题：教师可以引导学生思考和提出问题，鼓励他们主动探索和思考问题的答案。

（2）探索实验：教师可以设计一些简单的实验，让学生亲自进行观察和实验，通过实践来培养他们的科学思维能力。

（3）分析案例：教师可以提供一些实际案例，让学生分析和解释其中的物理原理和规律，培养他们的推理和分析能力。

（4）引导思考：教师可以引导学生思考问题的背后原理和规律，帮助他们建立科学思维的框架和思维方式。

通过这样的教学策略和设计，学生可以逐渐培养科学思维能力，提高他们的观察、实验和推理能力，从而更好地理解和应用物理知识。

（二）培养物理概念理解能力

通过直观的实验、模型和图表，帮助学生理解物理概念。引导学生进行思维导图、概念图或图表的绘制，整理和归纳物理概念。提供实际应用的例子，帮助学生将物理概念与实际问题联系起来。确保学生在培养物理概念理解能力时，可以遵循以下步骤和策略。

（1）直观实验和模型：提供具体的实验和模型，让学生亲自进行操作和观察。通过实际操作，学生可以更直观地理解物理概念。引导学生观察实验过程中的变化，并帮助他们将这些观察与物理概念联系起来。

（2）图表和图像：提供图表和图像，展示物理概念的关系和变化。如力的大小和方向、速度和加速度的变化等。引导学生观察和分析图表，帮助他们理解物理概念和规律。

（3）思维导图和概念图：引导学生使用思维导图或概念图的形式整理和归纳物理概念。让学生将不同的概念和概念之间的关系进行可视化表达，帮助他们理清概念的内在逻辑和联系。

（4）提供实际应用的实例：引导学生将物理概念与实际问题联系起来，通过提供实际应用的案例，让学生应用和解释物理概念，了解物理原理在实际生活中的应用。

在教学过程中，教师可以使用以下策略来培养学生的物理概念理解能力。

（1）解读实验和模型：教师可以解读实验和模型的结果，帮助学生理解其中的物理概念和规律。

（2）引导思考：教师可以引导学生思考物理概念和规律的本质，帮助他们建立起概念的内在逻辑和联系。

（3）提供实例：教师可以提供一些实际应用的例子，让学生将物理概念与实际问题联系起来，帮助他们理解物理概念的实际意义和应用价值。

通过这样的教学策略和设计，学生可以逐渐培养物理概念理解能力，提高他们对物理概念的理解和应用能力，从而更好地掌握物理知识。

（三）培养问题解决能力

设计一些开放性问题，鼓励学生进行探究和解决问题。引导学生运用物理概念和原理，分析和解决实际问题。提供一些复杂的应用题，让学生运用所学的物理知识解决问题。为了培养学生的问题解决能力，教师可以采用以下策略和方法。

（1）设计开放性问题：提供一些开放性问题，鼓励学生进行探究和解决问题。这些问题可以涉及实际生活中的物理现象或实际应用问题。引导学生思考问题的背后原理和规律，帮助他们建立科学思维的框架和思维方式。

（2）运用物理概念和原理：引导学生运用所学的物理概念和原理，分析和解决实际问题。通过将物理知识应用到实际问题中，学生可以更好地理解和应用物理知识。提供一些实际案例，让学生分析和解释其中的物理原理和规律。

（3）复杂应用题：提供一些复杂的应用题，让学生运用所学的物理知识解决问题。这些题目可以涉及多个物理概念和原理的综合运用，帮助学生培养综合分析和解决问题的能力。

（4）引导学生思考和讨论：引导学生进行思考和讨论，帮助他们理清问题的思路和解决方法。教师可以提出一些引导性问题，引导学生思考问题的不同方面和可能的解决途径。

在教学过程中，教师可以使用以下策略来培养学生的问题解决能力。

（1）鼓励学生提出问题：教师可以鼓励学生主动提出问题，培养他们的好奇心和求知欲。

（2）引导学生解决问题：教师可以引导学生运用物理概念和原理，分析和解决实际问题。通过引导学生思考问题的不同方面和可能的解决途径，帮助他们培养问题解决的能力。

（3）提供反馈和指导：教师可以提供及时的反馈和指导，帮助学生纠正错误和改进解决方法。同时，鼓励学生独立思考和探索，培养他们的自主学习和问题解决能力。

通过这样的教学策略和设计，学生可以逐渐培养问题解决能力，提高他们的分析、推理能力，从而更好地应用物理知识解决实际问题。

（四）培养科学沟通能力

鼓励学生进行口头和书面的科学表达，培养他们的科学沟通能力。设计一些小组讨论和演讲展示的活动，让学生分享自己的思考和理解，提供反馈和指导，帮助学生改进和提高科学表达能力。为了培养学生的科学沟通能力，教师可以采用以下策略和方法。

（1）鼓励学生进行口头和书面的科学表达：鼓励学生在课堂上积极参与讨论，表达自己的观点和理解。教师可以提供一些引导性问题，引导学生进行思考和表达。鼓励学生在课后进行书面的科学表达，如写实验报告、撰写科学文章等。通过书面表达，学生可以更好地组织和表达自己的思考和理解。

（2）设计小组讨论和演讲展示的活动：将学生分成小组，进行小组讨论。教师可以提供一些开放性问题，引导学生进行讨论和思考。每个小组可以选择一位代表进行演讲展示，分享小组的思考和理解。在小组讨论和演讲展示过程中，教师可以提供指导和反馈，帮助学生改进和提高科学表达能力。

（3）提供反馈和指导：在学生进行口头和书面的科学表达后，提供及时的反馈和指导，指出学生表达中的不足之处，提供具体的改进建议，并鼓励学生互相评价和反馈，帮助他们共同提高科学表达能力。

通过这样的教学策略和设计，学生可以逐渐培养科学沟通能力，提高他们的口头和书面表达能力。学生通过参与小组讨论和演讲展示，分享自己的思考和理解，可以更好地组织和表达自己的观点和理解。同时，通过反馈和指导，学生可以改进和提高科学表达能力。这样的培养过程可以帮助学生更好地与他人交流和分享科学知识，提高他们的科学沟通能力。

示例：物理概念理解活动，提供一个物理概念，例如牛顿第二定律。引导学生观察和实验，了解牛顿第二定律的实际应用。鼓励学生进行思维导图或概念图的绘制，整理和归纳牛顿第二定律的关键概念和原理。学生可以通过口头或书面的方式，分享自己的理解和应用牛顿第二定律解决问题的经验。

问题解决活动：提供一个开放性问题，例如为什么天空是蓝色的？引导学生进行观察和思考，分析和解释天空为什么是蓝色的。学生可以运用光的散射原理和颜色的原理，解释天空为什么是蓝色的。学生可以通过口头或书面的方式，分享自己的解释和理解。

通过这样的教学设计，学生可以培养科学思维能力、物理概念理解能力、问题解决能力和科学沟通能力。这样的教学设计可以帮助学生更好地理解和应用物理知识，同时也提高他们的核心素养和关键能力。

【概念课教学设计】
粤教版高中物理必修1第三章第二节研究摩擦力（第二课时）——静摩擦力教学设计。

【教学整体规划分析】

1. 课标分析

项　　目	内　　容
内容要求	认识摩擦力。通过实验，了解静摩擦现象。 活动要求：调查生产生活中利用或尽量避免摩擦的实例
教学提示	注重在机械运动情境中培养学生的静摩擦力的相互作用观念和模型建构等物理学科核心素养。多联系生产生活实际，从多个角度创设情境，提出与静摩擦力有关的问题，引导学生讨论，让学生体会建构静摩擦力概念模型的必要性及其方法等。学生经历建构静摩擦力这一重要物理概念的过程，了解测量静摩擦力的方法，进而学习定量描述静摩擦力的方法
学业要求	能从物理学的运动与相互作用的视角分析自然与生活中的有关简单问题。知道证据是物理研究的基础，能使用简单直接的证据表达自己的观点。会使用基本的力学实验器材获取数据，能用物理图像描述实验数据，能根据数据得出实验结论，知道实验存在误差。能表达科学探究的过程和结果

2. 教材分析

项　　目	粤教版	人教版
	情境引入（竖直提起的两本书会不会下落？）→观察与思考（三个体验活动）→引入概念（静摩擦、静摩擦力的概念）→学生实验与探究→介绍静摩擦力的取值范围→摩擦力的应用→实践与拓展	问题引入→情境展示（推沙发）→引入静摩擦力概念与方向介绍→演示实验→应用传感器进行图像表征→介绍静摩擦力的取值范围→摩擦力的应用简单介绍→科学漫步
内容逻辑关系	两套教材的逻辑关系大致相同，但各有优势。粤教版创设多种情境，引导学生进行体验，在体验中逐步形成静摩擦力这一概念及产生的条件、方向。通过学生实验，培养学生的证据意识与使用基本的力学实验器材获取数据的能力。人教版通过教师演示实验，结合传感器的使用，将静摩擦力随拉力的变化进行图像表征，形象地引导学生认识到最大静摩擦力与滑动摩擦力的关系，并根据数据得出 $0<f_{静}\leqslant f_{最大静}$ 的实验结论。 结合学习进阶理论，教学建议采用游戏活动→引出问题→活动体验→引出静摩擦力的概念、条件、方向→学生实验探究→教师应用传感器演示→总结静摩擦力大小特点→形成静摩擦力概念→通过实践应用与拓展→形成力的相互作用观	
核心概念构建	对静摩擦力概念的界定规范、准确详细，联系生活实践紧密，逐渐建构静摩擦力概念模型，包括其符号及矢量表示、单位、大小特点，采用"实践与拓展"栏目进一步引导学生从有利与有害两个方面进行摩擦力在生活中的应用分析，培养学生的辩证唯物主义思想。丰富学生的知识，较好培养学生的科学态度与责任	对摩擦力概念的构建采用问题导向，图文并茂，平铺直叙，知识以介绍为主，实验以演示为主，强调通过图像表征静摩擦力随外力变化的大小情况，对于摩擦力的应用仅进行简单地介绍。在"科学漫步"栏目中重点介绍流体的阻力在生活与生产中的应用，知识拓展较广。较适合讲授式教学

续表

项　目	粤教版	人教版
核心概念构建	两套教材都对静摩擦力的关系进行了清晰地梳理，分别用实例说明，用符号、定义、图像等表征。但粤教版静摩擦力概念构建的逻辑性较好，即情境→问题→定义→表征→测量→应用→拓展迁移，循序渐进，一环扣一环，不断通过实例来纠正学生的迷思概念，不断完善静摩擦力概念科学建模过程	
课后练习	课后练习针对摩擦力概念设置试题，纠正学生的迷思概念，针对静摩擦力设计的题型主要是从强化学生对"相对运动趋势"与对静摩擦力随拉力大小变化图像的意义上进行理解。选取了生活实践情境，如轮胎、鞋底花纹的设计，都以问题呈现，没有选择题和填空题，都是学生特别熟悉的日常生活情境，培养学生热爱生活的情怀。告知学生生活中处处有物理现象与知识，学物理能解决生活实际问题	通过日常生活中的一些常见情境，让学生利用摩擦力概念解决问题。针对静摩擦力设计的题目有3题，主要不断强化静摩擦力的产生条件、方向、大小的判断。题型主要以判断题、填空题、问答题为主。选题典型，能有效纠正学生的迷思概念
	两本教材都以生活实践情境设计问题，都在实际情境中辨析静摩擦力概念，纠正了迷思概念，粤教版习题设计中考查了质疑创新能力、图形分析能力，但图形赋值误差较大，如练习第4题，最大静摩擦力为5 N，而滑动摩擦力为3 N，与实验得出的结论相距较远，故不能直接使用。人教版的习题设计偏重于学习探索情境，如第2题的设计能较好地检验学生对静摩擦力的产生条件的理解。故本次教学中相关习题引用参考了这两题	

3. 学情分析

项　目	内　容
经验和知识基础	（1）教材将静摩擦力安排在重力、弹力和滑动摩擦力之后，在学生有一定的受力分析能力后再理解分析不同情境中的静摩擦力，符合学生的一般认知规律。 （2）静摩擦力因具有"动中有静、静中有动、若有若无、方向不定"等特点，而高一学生抽象思维能力较弱，理解时有较大的困难。 （3）对于最大静摩擦力概念较为陌生，学生对影响最大静摩擦力值较为困惑
素养基础	（1）学生具有一些关于摩擦力的粗浅的、不完整的认识和概念，需要在教学中纠正学生在生活中形成一些固化的对静摩擦力的片面的观念。 （2）学生在上一节课体会了建模的过程，知道使用科学思维来建模。但结合生活实例建构静摩擦力矢量模型来分析问题对于高一新生是个挑战。 （3）由于学生很少经历科学思维和科学探究，其科学态度与责任还没有养成
迷思概念	（1）对相对运动趋势内涵理解不全面，将其产生的原因仅归结为作用在物体上的外力。 （2）对静摩擦力外延的错误认识，片面地认为只有静止的物体才受静摩擦力，运动的物体不可能受静摩擦力。 （3）对静摩擦力作用效果的片面理解。由于教材应用平衡法分析静摩擦力大小，致使学生将作用效果仅仅理解为平衡外力，使物体保持静止状态

4. 教学目标

（1）学生通过小组合作，完成感受静摩擦力、探寻静摩擦力大小和方向的小实验的研究学习，知道静摩擦力现象，理解静摩擦力产生条件和方向，会用二力平衡条件判断静摩擦力大小，会用静摩擦力解释简单的生活现象，解决简单的实际问题，形成物理观念（水平2）。

（2）学生能在熟悉的问题情境中应用二力平衡条件，通过创设活动，进行分析与推理，得出静摩擦力产生的条件、大小和方向，并能对生活中的相关现象进行质疑、解释。结合课后小课题探究寻找证据证明自己的观点，培养科学思维（水平2）。

（3）学生结合物理现象，提出相关问题，能根据教材提供的探究方案，设计表格，通过对实验数据，尝试用已有的物理知识进行解释，得出结论，并用图表表示静摩擦力大小与拉力 F 的关系，掌握假设法、控制变量法等科学研究方法，培养科学探究精神（水平2）。

（4）学生在小组合作学习中认识到通过观察和实验研究可以学习物理知识和规律，培养学习和研究物理的兴趣，有将静摩擦力应用于生产和生活的意识，通过合作学习，学会倾听、沟通、尊重他人等技能，培养学生科学态度与责任（水平2）。

5. 教学重点

（1）认识静摩擦力产生的条件。

（2）知道静摩擦力的变化范围及其最大值，并知道最大静摩擦力略大于滑动摩擦力。

（3）会判断静摩擦力的方向。

静摩擦力是接在滑动摩擦力后的后续学习，但它没有固定的大小值，有一定的取值范围，它常根据二力平衡条件可以判断出来。但影响最大静摩擦力大小的条件与静摩擦力是不同的。学生通过生活实例与实验探究，掌握静摩擦力产生的条件、方向、大小，对形成完整的相互作用观是必不可少的。

6. 教学难点

静摩擦力方向可能与物体运动方向相同、相反，甚至可能与物体运动方向垂直。在运动过程中，物体的静摩擦力方向还可能发生突变，学会正确判断静摩擦力的方向对学生来说是个难点。

7. 教学准备

教师：学习材料、多媒体、视频、PPT课件、相关实验器材（含传感器）；

学生：木筷子、铁筷子、铁球、牙刷、相关实验器材。

【教学流程图】

生活情境引出概念 → 活动情境概括条件 → 实例情境探寻方向 → 实验情境探究大小 → 任务情境落实素养

【教学过程】

教学环节和教学内容	教师活动	学生活动	设计意图
趣味游戏，引出课题	【趣味游戏比赛】请两位同学上来比一比：甲同学用木筷子夹铁球，乙同学用铁筷子夹铁球。其他同学做裁判，看看谁最快把杯子的铁球夹出来	【活动安排】教师点两位同学上讲台进行比赛，讲明比赛规则。【提出问题】为什么拿木筷子进行比赛的同学容易赢呢？这个力与前面学习的力有何不同呢？【引出课题】静摩擦力	学生观看，并为参赛的同学鼓掌加油。【回答】木筷子粗糙，铁球不容易滑下。受到的摩擦力大	创设生活情境，获得感性认知，激发学生兴趣，引发探究动力
生活情境，引出概念	【概念引入】展示竖直面、水平面、斜面上物体运动的三种情境中，引导学生思考物体受到摩擦力吗？是哪种摩擦力	【图片展示】教师展示图片，提出问题 未推动时	学生讨论，大多数人认为受到的都是静摩擦力，但有个别同学认为人在爬杆、跑步，因为是在运动，受到的是动摩擦力	诱发迷思概念，引导学生带着问题去听课，激发学生的求知欲
活动情境，概括条件	【合作活动体验1】活动1：用手掌平放于桌面上用力下压并往前推（不要推动），感觉手的受力情况。活动2：用两根手指竖直夹住课本，感受手指与书本接触部位的受力情况	【提出问题】你知道什么是静摩擦力吗？什么情况下才会产生静摩擦力？通过下面活动体验，你能说明并概括出静摩擦力产生的条件吗？【合作提示】引导学生阅读合作步骤，注意合作事项。【深化理解】教师倾听学生的表达，并随手拿出身边的物品进行演示，如把一物体靠墙竖直放置，并用手压住物体，让学生结合刚学到的静摩擦力产生的条件判断物体受静摩擦力的情况。引导通过多种现象进行概括与总结	根据合作学习步骤，学生头对头，低声交流，概括条件。小组代表进行汇报，总结出静摩擦力产生的条件。学生对竖直面的运动趋势判断可能存在困难。可尝试通过二力平衡进行分析	结合合作学习方法"两人轮流说"，让学生从水平与竖直方向不同的角度对物体受到的静摩擦力进行分析，通过讨论与交流，从而概括出静摩擦产生的条件。培养学生的科学抽象概括能力

续表

教学环节和教学内容		教师活动	学生活动	设计意图
实例情境，探寻方向	【合作活动体验2】通过实例讨论找出静摩擦力的方向特点，并在与同学交流的过程中，总结出判断静摩擦力方向的方法，并针对运动的物体也可以受到静摩擦力、静摩擦力可以是动力这一些不易注意到的现象进行讨论	【提出问题】你能否利用身边的物品感受或观察到静摩擦力的方向有何特点吗？结合实例展示。思考是否只有静止的物体才有静摩擦力，运动的物体能否会受到静摩擦力的作用呢，静摩擦力是否只起到阻力的作用，它能否起到动力的作用呢？ 【合作提示】鼓励学生站起来，走出去，在与别人的交流学习中，收集证据。 【归纳引导】请收集到较多点子的同学进行分享与展示。教师引导学生用规范性语言进行表达的引导，并通过播放传送带视频、人站在扶梯上的视频让学生理解运动的物体可以受到静摩擦力的作用，静摩擦力也可以是动力	学生思考后，与同伴交流。站起来，举起手，寻找新的合作伙伴，收集更多的点子。小组代表汇报	通过教师提出的问题，引导学生思考并与同伴交流后，鼓励学生走出小组，向别的同学学习，学会收集证据，并感谢别人的帮助，培养学生良好的合作品质。利用动画与视频，现象明显，效果突出，能够吸引学生的注意力。再通过层层追问，引导学生理解"相对运动趋势"与运动方向的不同，学会辩证分析摩擦力的作用效果
模型建构、科学推理	【自主学习】一个矿泉水瓶，在下列情况下是否受到摩擦力？如果受到摩擦力，分析摩擦力的受力方向。 （1）瓶子静止在粗糙水平桌面上； （2）瓶子静止在倾斜的桌面上； （3）瓶子瓶口朝上，握在手中静止； （4）瓶子下面压着一张纸条，扶住瓶子把纸条抽出	【展示分配】教师随机点4位同学上台分别画图分析，负责第（3）、（4）两问的同学也可通过实物进行分析。 【师生互评】教师让其他学生对展示内容进行点评。教师倾听、鼓励发言的同学，同时还不断引导学生学会应用静摩擦力产生的条件与方向进行判断	学生独立思考。并交流，点评	矿泉水瓶是生活中常见的物器，通过对它受到的静摩擦力进行分析，让学生感受到物理就在身边

续表

教学环节和教学内容		教师活动	学生活动	设计意图
科学探究、得出结论	【温故知新】 （1）当弹簧测力计拉力较小、木块没动时，木块有没有受到摩擦力的作用？如果有，其大小如何？ （2）继续用力，当拉力达到某一数值时，木块刚被拉动，此时弹簧测力计的示数是多少？木块匀速移动时，此时拉力如何变化？ 【提出问题】 静摩擦力 f 的大小与外力 F 之间存在什么样的关系？ 【拓展探究】 在木块上增加砝码，重复上述实验，拉力又有什么变化？ 【应用分析】 结合下图，分析当分别用 1.0 N、1.9 N、3 N 的拉力拉木块时，木块与地面间的摩擦力是静摩擦力还是滑动摩擦力？大小等于多少？ （F/N 图：纵轴2.0、1.8，横轴 0、3、6 t/s）	【观察猜想】 教师通过下图实验设备，结合问题引导学生进行猜想，提出最大静摩擦力的概念。 【实验操作】 引导学生阅读课本操作过程，讨论实验表格内容的制定，结合任务分工，进行实验数据处理。 教师投屏展示学生实验结果并进行点评。用传感器代替弹簧秤，从定量的角度，进行图像表征，让学生观察到静摩擦力 f 大小与拉力 F 的关系。 木块上增加砝码，教师引导学生从定性的角度，重复实验，重点观察最大静摩擦力的变化。 教师引导学生进行实验结论的总结。可利用身边物品的展示，让学生感受到最大静摩擦力与压力、接触面的粗糙程度是相关的。 教师根据传感器展示实验图形进行图像表征，再通过赋值表征，引导学生应用实验结论去分析问题 （摩擦力 f 图：$f_{静max}$、$f_{滑}$，横轴 拉力 F，区分"静止""滑动"）	学生进行猜想。 学生阅读课本，分工合作，记录数据与画图，交流与讨论。 学生再一次进行定性操作，明确重点观察的问题。 学生思考，回答。	学生分工合作，采用控制变量法，记录实验数据，尝试用已有的物理知识进行解释，得出结论，并用图表表示静摩擦力 f 大小与拉力 F 的关系，培养学生科学探究的能力。 通过图像表征、赋值表征，让学生感受到从形象到抽象，再到应用的科学推理过程，较好地培养学生的科学思维

续表

教学环节和教学内容		教师活动	学生活动	设计意图
任务情境、落实素养	【学以致用】 结合下图中所展示的自行车结构,思考哪些部件需要增加摩擦力,哪些部件需要减少摩擦力。 车座　车把 车架　车轮 车轴 飞轮　脚蹬　车条 【实践与拓展】 探究在骑车加速前进和推车前进两种情况下,地面对前轮和后轮的摩擦力方向,并以此写一篇科学小论文	【启发讨论】 创设情境,引导学生说明理由。 布置写科学小论文的内容要求、字数要求、文献要求	学生轮流说,不能重复。 以小组为单位上交一份小论文,组长根据组员特长进行分工安排	通过讨论,可提高学生的安全意识,同时感受到物理知识与生活的密切联系。 学生可自主设计方案,能提高成就感,同时还能培养学生的团队协作能力,较好地培养学生的科学态度与责任

【板书设计】

一、静摩擦力

1. 定义
2. 产生条件 { 接触且挤压(有弹力)
相对运动趋势
接触面粗糙 }
3. 作用点　接触面
4. 方向　　与物体相对运动趋势的方向相反
5. 大小特点　$0 < f_{静} \leq f_m$
6. 最大静摩擦力

二、摩擦力的应用

第二节 高中物理规律课教学设计

高中物理规律课是高中物理课程中的重要部分，主要教授物理学中的基本规律和定律。这些规律和定律是物理学的基石，通过学习和理解它们，可以帮助学生建立起对物理世界的认知和理解。

一、高中物理规律课内容

在高中物理规律课中，通常会包括以下内容：

（一）运动规律

运动规律包括牛顿运动定律，即牛顿第一定律（惯性定律）、牛顿第二定律（力的作用定律）和牛顿第三定律（作用力与反作用力定律）。学生将学习如何应用这些规律来解释和预测物体的运动状态和力的作用。

（1）牛顿第一定律（惯性定律）：物体在没有外力作用时，保持静止或匀速直线运动的状态。简单来说，物体会保持其运动状态，直到有外力改变它的状态。

（2）牛顿第二定律（力的作用定律）：当一个物体受到力的作用时，它将产生加速度，与作用力的大小和方向成正比，与物体的质量成反比。数学表达式为 $F = ma$，其中 F 是作用力，m 是物体的质量，a 是物体的加速度。

（3）牛顿第三定律（作用与反作用定律）：任何两个物体之间的相互作用力都是相等的、方向相反的。简单来说，对于任何一个物体所施加的力，都会有一个同大小、反向的力作用在另一个物体上。

学生在学习运动规律时，将学习如何应用这些规律来解释和预测物体的运动状态和力的作用。他们将学习如何计算物体的加速度、力的大小和方向，并通过实验和问题解答来应用这些规律。通过这些学习，学生可以更好地理解物体的运动行为，并能够解释和预测物体在不同力的作用下的运动状态。

（二）能量守恒定律

能量守恒定律包括机械能守恒定律和能量转化定律。学生将学习如何应用这些定律来分析和解释物体在不同能量形式之间的转化和守恒关系。

（1）机械能守恒定律：在没有外力做功和能量损失的情况下，一个封闭系统的总机械能保持不变。机械能是由物体的动能和势能组成，动能是由物体的运动产生的能量，势能是由物体的位置和形状决定的能量。根据机械能守恒定律，当一个物体在没有外力做功的情况下，它的机械能保持不变。

（2）能量转化定律：能量可以从一种形式转化为另一种形式，但总能量保持不变。能量可以以多种形式存在，如热能、电能、化学能等。根据能量转化定律，能量在不同形式之间的转化是可逆的，总能量保持不变。

学生在学习能量守恒定律时，将学习如何应用这些定律来分析和解释物体在不同能量形式之间的转化和守恒关系。学习如何计算物体的机械能、能量转化的大小和方向，并通过实验和问题解答来应用这些定律。通过这些学习，学生可以更好地理解能量的转化和守恒原理，并能够解释和预测物体在不同能量形式之间的转化过程。

（三）电磁感应定律

电磁感应定律包括法拉第电磁感应定律和楞次定律。学生将学习如何应用这些定律来解释和预测电磁感应现象，如电磁感应产生的电流和电压。

（1）法拉第电磁感应定律：当一个导体磁通量发生变化时，导体中会产生感应电动势，从而产生感应电流。磁通量是磁场穿过一个表面的数量，它与磁场的大小和表面的面积有关。根据法拉第电磁感应定律，感应电动势的大小与磁通量变化的速率成正比。

（2）楞次定律：当一个导体中产生感应电流时，感应电流的方向会使导体产生一个磁场，这个磁场的方向与原来的磁场相反。根据楞次定律，感应电流的方向总是使产生它的磁场发生变化的方向相反。

学生在学习电磁感应定律时，将学习如何应用这些定律来解释和预测电磁感应现象，如电磁感应产生的电流和电压。他们将学习如何计算感应电动势的大小和方向，并通过实验和问题解答来应用这些定律。通过这些学习，学生可以更好地理解电磁感应的原理，并能够解释和预测电磁感应现象的发生。

（四）光的反射和折射定律

光的反射和折射定律包括光的反射定律和折射定律。学生将学习如何应用这些定律来解释和预测光在不同介质中的传播和反射、折射现象。

（1）光的反射定律：当光线从一个介质射向另一个介质的界面时，入射角和反射角之间的关系由光的反射定律给出。根据反射定律，入射角和反射角的大小相等，并且入射光线、反射光线和法线（垂直于界面的线）在同一平面上。

（2）光的折射定律：当光线从一个介质射向另一个介质时，入射角和折射角之间的关系由光的折射定律给出。根据折射定律，入射角、折射角和两个介质的折射率之间满足一个简单的数学关系，称为斯涅尔定律。根据斯涅尔定律，入射角和折射角的正弦比等于两个介质的折射率之比。

学生在学习光的反射和折射定律时，将学习如何应用这些定律来解释和预测光在不同介质中的传播和反射、折射现象。他们将学习如何计算入射角、反射角和折射角的大小，并通过实验和问题解答来应用这些定律。通过这些学习，学生可以更好地理解光的传播和反射、折射的原理，并能够解释和预测光在不同介质中的行为。

在教学过程中，通常会采用多种教学方法，如课堂讲解、实验探究、讨论和解答等，以帮助学生理解和掌握物理规律。同时，教师也会引导学生进行练习和作业，巩固所学的知识，并进行教学评价，如实验报告、课堂表现和练习作业等。

除了课堂教学，高中物理规律课还可以拓展教学内容，如组织学生参观科技馆或实验室，参加物理竞赛和科学实验项目，邀请物理专业的教师或科研人员开展讲座和交流等，以提高学生的实践能力和科学思维能力。

二、高中物理规律课教学设计

高中物理规律课教学设计主要包括教学目标、教学内容、教学过程、教学评价、教学资源、教学拓展6个方面。

（一）教学目标

（1）理解和掌握高中物理中的基本规律和定律：包括电磁感应定律、楞次定律、光的反射和折射定律等。学生应该能够清楚地理解这些定律的含义、原理和应用，并能够正确地应用它们来解释和预测相关的物理现象。

（2）培养学生的实验观察能力和科学思维能力：通过实验和观察，学生应该能够收集和分析相关的数据，并能够从实验结果中总结出规律和定律；能够运用科学思维的方法来解决问题，并能够提出合理的假设和实验设计。

（3）培养学生的问题解决能力和团队合作能力：学生应该能够独立思考和解决物理问题，包括应用所学的定律和规律来解决实际问题。能够与他人进行实验和项目合作，并能够有效地沟通和协作。

为了达到这些目标，教师可以采用多种教学方法，包括讲授、实验、讨论、小组合作等。同时，教师还应该鼓励学生进行自主学习和探究，提供适当的资源和指导，以帮助学生发展他们的实验观察能力、科学思维能力和问题解决能力。

（二）教学内容

（1）运动规律包括牛顿第一定律（物体静止或匀速直线运动的惯性定律）、牛顿第二定律（物体受力产生加速度的定律）和牛顿第三定律（作用力与反作用力相等且方向相反的定律）。学生应该能够理解这些定律的含义和应用，并能够运用它们解决物体运动相关的问题。

（2）能量守恒定律包括机械能守恒定律[在没有外力做功的情况下，机械能（动能和势能）守恒的定律]和能量转化定律（能量可以从一种形式转化为另一种形式，但总能量保持不变的定律）。学生应该能够理解和应用这些定律来解释和预测能量的转化和守恒现象。

（3）电磁感应定律包括法拉第电磁感应定律（磁场变化会产生感应电动势）和楞次定律（感应电流的方向总是使产生它的磁场变化减弱的定律）。学生应该能够理解这些定律的原理和应用，并能够解释和预测电磁感应现象。

（4）光的反射和折射定律包括光的反射定律（入射角等于反射角）和折射定律（入射角、折射角和两个介质的折射率之间满足一定关系的定律）。学生应该能够理解和应用这些定律来解释和预测光的反射和折射现象。

为了教授这些内容，教师可以使用多种教学方法，包括讲授、实验、讨论、模拟等。同时，教师还可以引导学生进行相关实验和观察，以加深他们对这些定律的理解和应用的能力。

（三）教学过程

（1）导入：通过实例引入物理规律的概念，例如小车匀速行驶、小球自由落体等。

（2）理论讲解：依次介绍各个物理规律的概念、公式和应用场景，并结合实例进行说明。

（3）实验探究：设计一些简单的实验，让学生亲自操作和观察，通过实验结果的分析和讨论，引导学生总结规律。

（4）讨论和解答：组织学生进行小组讨论，解答他们在学习过程中遇到的问题，并互相交流和分享自己的理解。

（5）练习和巩固：布置一些练习题和实践题，让学生运用所学的物理规律解决实际问题，巩固所学知识。

（6）总结：对本节课所学的物理规律进行总结和归纳，强调其重要性和应用价值。

（四）教学评价

（1）实验报告：要求学生按照科学实验的要求撰写实验报告，包括实验目的、步骤、结果和结论等。

（2）课堂表现：评价学生在课堂上的积极参与程度、问题解决能力和团队合作能力。

（3）练习和作业：评价学生在练习和作业中对物理规律的理解和应用能力。

（五）教学资源

（1）教科书和课本：作为教学参考和学习资料。

（2）实验器材和材料：用于实验探究的实验器材和材料。

（3）多媒体教学工具：投影仪、电脑等用于展示实验视频和模拟实验的多媒体教学工具。

（4）图书馆和互联网资源：用于查找和补充相关的物理规律和实例。

（六）教学拓展

（1）组织学生参观科技馆或实验室，亲身感受和探索物理规律的应用。

（2）鼓励学生参加物理竞赛和科学实验项目，提高学生的实践能力和创新思维能力。

（3）邀请物理专业的教师或科研人员开展讲座和交流，拓宽学生的物理视野和知识面。

通过以上的教学设计，旨在培养学生对高中物理规律的深刻理解和应用能力，提高他们的科学素养和问题解决能力。同时，通过实验、讨论、模拟和项目等多种教学方法的运用，激发学生的学习兴趣，促进学生的主动学习和合作学习，培养学生的团队合作和创新能力。

【规律课教学设计】

人教版高中物理必修1第三章第三节——牛顿第三定律。

【教学内容分析】

1. 教材的地位与作用

必修第一册主要内容是系统地帮助学生形成"运动与相互作用观",让学生学会运用运动与相互作用关系的视角来观察、分析和解决物理问题。前两节的功能是让学生认识到常见的力,本节在旧人教版中是安排在第四章牛顿运动定律,在新人教版则是前置到第三章,而且安排在受力分析之前,这是牛顿第三定律的一大功能,就是培养学生更好地对物体的受力做出正确分析。因此本节是解决关于共点力的运动与相互作用问题的基础环节,在第三章乃至整个牛顿力学体系中都有着非常重要的地位。

2. 课程标准的要求

理解牛顿运动定律,用牛顿运动定律解释生产生活中的有关现象、解决有关问题。

3. 教材内容与编排

(1)"问题"栏目创设情境,以大人和小孩掰手腕为例,提出作用力和反作用力是否相等的问题。

(2)复习回忆初中学过的"力是物体对物体的作用"这一本质属性,提出作用力和反作用力的概念。

(3)"实验"栏目用弹簧测力计探究作用力和反作用力的关系,得出牛顿第三定律的结论。

(4)通过大量实例说明牛顿第三定律在生活和生产中的应用。

(5)"拓展学习"栏目"用力传感器探究作用力和反作用力的关系",让学生从视觉上感受牛顿第三定律。

(6)介绍受力分析的两个思路,以静止在斜面上的物块为例,明确受力分析的步骤和方法。

(7)"练习与应用"环节针对本节内容设计了4道练习题,用于巩固所学知识。

4. 教学重点

(1)牛顿第三定律的内容及确切含义。
(2)会对物体进行初步的受力分析。

5. 教学难点

(1)应用牛顿第三定律解决生活中的问题,理解力的效果不等于力的大小。
(2)对物体进行准确的受力分析。

【学情分析】

1. 知识基础

学生在初中时已经对物体间的相互作用有了定性的了解,知道相互之间的作用力是成对出现的,也知道二力平衡的知识,但仍然没有上升到定量层面,另一方面,对于受力分析有一定认识,但是学生对研究对象仍然常常分辨不清,经常混淆物体间的内力和外力。故对定律的认识既熟悉而又较片面，这就迫切需要深入理解规律来弥补已有知识在处理相关问题时的缺陷。

2. 态度基础

高中学生已经有一定的辨别能力，对常见的一些物理现象、物理知识如果只是简单重复，则学生对此不太关注、不感兴趣。作为高中学生，他们的好奇心强，积极性、主动性较强，有参与意识。因此，在教学中要以各种方式激发其注意力，设置"物理问题情境"，引发学生"思维冲突"，设法采用各种实验，让学生认识到"牛顿第三定律"得来的不易，培养总结物理规律的方法。

3. 思政基础

多数高一学生对国家优秀运动员的事迹和航天事业有一定了解，有民族自豪感和爱国情怀。知道社会主义核心价值观的内容，但对其内涵的认识仍不深刻。

【教学任务分解】

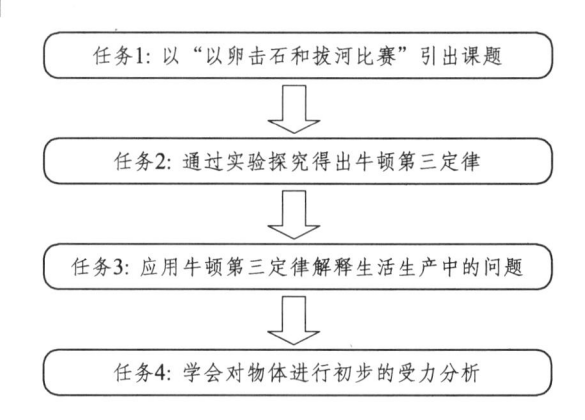

```
任务1：以"以卵击石和拔河比赛"引出课题
          ↓
任务2：通过实验探究得出牛顿第三定律
          ↓
任务3：应用牛顿第三定律解释生活生产中的问题
          ↓
任务4：学会对物体进行初步的受力分析
```

【教学目标】

1. 素养目标

（1）物理观念。

知道力的作用是相互的，理解作用力和反作用力的概念。学会区别相互作用力和平衡力。能对受力物体进行受力分析。

（2）科学思维。

鼓励学生动手实验、大胆质疑、勇于探索，培养学生基于事实证据对结论提出质疑和批判、进行检验和修正的能力。

（3）科学探究。

学生通过自己动手实验，了解相互作用力的大小和方向的关系，培养学生的独立思考能力和实验能力。

（4）科学态度与责任。

帮助学生形成严谨认真、实事求是的科学态度，落实"立德树人"根本任务，培育和践行社会主义核心价值观

2. 思政目标

通过东京奥运会苏炳添、徐诗晓、孙梦雅等优秀运动员的事迹和神舟十三号的成功发射，让学生体会国家的强大，激发学生民族自豪感和爱国情怀。

【教法学法】

教法：讲授法、讨论法、演示法、练习法。

学法：观察法、自主学习法、探究学习法、合作学习法。

【教学过程】					
环节	教学内容	教师活动	教学媒体	学生活动	设计意图
（一）新课导入	以卵击石、拔河比赛	【提问】教师给出情境"以卵击石""小孩和大人拔河"，提出问题："鸡蛋对石头的力 PK 石头对鸡蛋的力""小孩对大人的力 PK 大人对小孩的力"。让学生提出猜想并提供证据。 【导入】要解释和解决猜想中的问题，需要进入本节课"牛顿第三定律"的学习	PPT投影动画：	学生观察，讨论并回答问题，根据经验和认知进行猜想，并提供证据	创设学生熟悉的物理情境，引起学生认知冲突，激发学生学习兴趣。鼓励学生进行猜想，并引导学生进行思考，提出证据，培养学生证据意识
（二）新课讲授	作用力和反作用力	【复习】教师回顾知识：两物体间的作用总是相互的。一个物体对另一个物体有力的作用，另一个物体对前一个物体也有力的作用。把其中一个力叫作作用力，另一个力叫反作用力。 【展示图片】教师展示图片： 图片1：苏炳添9秒83破亚洲纪录，成为第一位闯入奥运百米决赛的黄种人！ 图片2：东京奥运会第37金，徐诗晓、孙梦雅夺皮划艇女子500 m双人划艇冠军		学生观察图片、思考，建立认知，完善笔记	激发学生学习兴趣，拓宽学生认识，感受物理就在身边。 通过东京奥运会苏炳添、徐诗晓、孙梦雅等优秀运动员的事迹和神舟十三号的成功发射，让学生体会国家的强大，激发学生民族自豪感和爱国情怀

续表

		【教学过程】			
环节	教学内容	教师活动	教学媒体	学生活动	设计意图
(二)新课讲授	作用力和反作用力	图片3：神舟十三号载人飞船发射成功，中国走在全球太空探索前沿。 【归纳】教师通过具体实例，让学生感知物体间力的作用是相互的，并总结作用力和反作用力的形式：A对B的力和B对A的力。 引导学生理解力总是成双成对出现的；施力物体同时也是受力物体			
	实验探究	【提问】教师提问：作用力和反作用力有什么定量关系？ 【分组实验】教师引导学生分组进行实验操作、采集数据，并记录实验数据。 得出结论，教师加以适时引导，为困难学生提供适当帮助。 实验1：A弹簧测力计固定不动，B弹簧测力计逐渐拉动，静止时读出两弹簧测力计的读数。 实验2：A、B两弹簧测力计同时往相互方向拉，静止时，读出两弹簧测力计的读数 实验3：A、B两弹簧测力计同时往相互方向拉，且一起往B弹簧方向运动，读出两弹簧测力计的读数。	准备实验相关器材：PPT投影学生实验过程的照片。 播放视频：用力传感器探究作用力与反作用力的关系	学生分组进行实验操作、采集数据，并记录实验数据，观察学生代表上台进行的演示实验，得出结论，进行小组交流与评估	鼓励学生进行观察、提出问题、形成猜想、设计实验、获取和处理实验数据，引导学生对科学探究过程和结果进行交流、评估和反思，提高学生科学思维、科学探究能力

续表

		【教学过程】			
环节	教学内容	教师活动	教学媒体	学生活动	设计意图
（二）新课讲授	实验探究	【提问】如何在弹簧测力计运动时进行读数？引导学生提出解决问题的方法。 【引导】让两名学生上台演示实验3，得到实验结论：作用力和反作用力总是大小相等、方向相反，作用在同一条直线上。 【播放实验视频】用力传感器探究作用力与反作用力的关系。 【评价】教师针对各小组实验过程和实验结果进行评价，并给出反馈。 总结探究结果：得出作用力和反作用力的关系			
	牛顿第三定律	【过渡】教师根据实验结论，得出牛顿第三定律：两个物体之间的作用力与反作用力总是大小相等，方向相反，作用在同一直线上。 【讲授】教师介绍英国物理学家牛顿。 【展示图片】教师通过实例帮助学生理解牛顿第三定律。 【提问】教师鼓励学生将问题拓展，引导学生思考和讨论： （1）一对作用力和反作用力的对象有何关系？ （2）一对作用力在		学生思考与观察，完善笔记； 学生思考与讨论，回答问题，与教师一起总结归纳作用力和反作用力的规律	激发学生学习兴趣，拓宽学生认识，把物理与生活联系在一起，让学生感受物理与生活的紧密联系。 鼓励学生参与课堂活动，提高学生归纳能力。 设置认知陷阱，引发学生认知冲突，引导学生进行科学推理

续表

		【教学过程】			
环节	教学内容	教师活动	教学媒体	学生活动	设计意图
（二）新课讲授	牛顿第三定律	时间上有先后顺序吗？ （3）一对作用力在性质上有何关系？ 【归纳】教师帮助学生总结归纳规律： 等大，反向，共线，异物，同生，共失，同性，异效 【展示图片】教师展示图片"射击的后坐力效果"，加深学生理解。 【引导】教师引导学生解决课前的猜想："以卵击石"：鸡蛋与石头之间的力大小相等，但效果不同，引导学生认识到"力产生的效果除了与力的大小有关外，还与物体本身的属性有关"。 【设置陷阱】"拔河比赛"：学生类比"以卵击石"，提出大人能拉动小孩的原因是大人质量大的错误观点。 【认知冲突】教师展示动图：大人穿上滑轮后，质量增大，但反而被小孩拉动，引发学生认知冲突。 【总结】引导学生突破认知障碍，意识到大人被拉动的原因在于受到的摩擦力。得出正确认识：物体的运动状态是由物体受力决定，而与它的施力无关	PPT展示动图：射击的后坐力效果。 播放动画：	学生积极思考讨论，回答问题：两者受到的力大小相同。力的效果有两种，一是形变，二是运动状态的改变。 认识到力的效果除了与力有关，还与其他因素有关。 认识到物体的运动状态是由物体受力决定，而与它的施力无关	

续表

【教学过程】					
环节	教学内容	教师活动	教学媒体	学生活动	设计意图
（二）新课讲授	物体受力的初步分析	【讲授】教师举例介绍受力分析。 【演示】教师以静止在斜面上的物体为例，分析思路，演示受力分析过程，归纳受力分析的方法。 【强调】教师强调明确受力对象的重要性，体现了构建模型的科学思维；强调受力结果要和状态相符合，体现了运动与相互作用观念	PPT动画展示受力分析过程： （力是成双成对出现的，受力分析时，只需画出研究对象受到的力，不画施力。） 受力分析表格： 作用力 / 反作用力 重力 mg（地球对木块的引力） / 木块对地球的引力 弹力 F_N（斜面对木块的支持力） / 木块对斜面的压力 静摩擦力 F_f / 木块对斜面的静摩擦力	学生观察并思考教师演示，完成笔记	通过例题讲解，学以致用，引导学生掌握受力分析，并从学习过程中体会构建模型和运动与相互作用观念
	课堂练习	【练习】教师引导学生完成课堂练习	PPT投影练习题目： 请在图甲中画出风扇与吊杆之间的作用力； 请在图乙和图丙中画出风扇的受力分析 甲　乙　丙	学生思考并独立完成练习	学以致用，通过即时反馈，让学生反思不足，并在学习过程中保持科学方法和科学态度
	评价反馈评讲练习	【评价】教师通过多屏互动，用手机拍下学生的典型练习，投屏到大屏幕，针对学生练习的完成情况进行评价，给出反馈		学生根据评价反馈进行反思	
	相互作用力与平衡力	【借题发挥】教师通过练习题中的图甲和图乙，帮助学生对比相互作用力与平衡力的异同。 【总结】教师通过表格引导学生归纳总结相互作用力与平衡力的相同点和不同点	PPT展示： 相同点和不同点 / 一对相互作用力 / 一对平衡力 作用对象 / 两个物体 / 同一个物体 作用时间 / 同时产生同时消失 / 不一定同时产生消失，无依赖关系 力的性质 / 一定同性质 / 不一定同性质 作用效果 / 不能相互抵消，更不可相互抵消 / 相互抵消，合力为0 相同点 / 大小相等，方向相反，作用在同一条直线上	学生配合老师，一起归纳总结相互作用力与平衡力的相同点和不同点	借题发挥，通过例题，引导学生回忆初中平衡力的知识，通过对比，加深认知

207

续表

环节	教学内容	教师活动	教学媒体	学生活动	设计意图
	课堂练习	【练习】教师引导学生完成课堂练习	PPT投影练习题目： 2.下列说法正确的是（ ）。 A．一对平衡力的合力为零，作用效果相互抵消，一对作用力与反作用力的合力也为零，作用效果也相互抵消 B．先有作用力，接着才有反作用力，一对平衡力却是同时作用在同一个物体上 C．马能拉动车是因为马对车的拉力大于车对马的拉力 D．人在粗糙水平地面上行走时，与地面有三对相互作用力	学生思考并独立完成练习	学以致用，通过即时反馈，让学生反思不足，让学生在学习过程中保持科学方法和科学态度
	评价反馈评讲练习	【评价】教师针对学生练习的完成情况进行评价，给出反馈		学生根据评价反馈进行反思	
（三）价值融入	社会主义核心价值观	引导学生讨论牛顿第三定律的价值观：你对待世界如何，世界就如何对待你。 【价值融入】教师引导学生讨论牛顿第三定律的价值，树立富强、民主、文明、和谐、自由、平等、公正、法治、爱国、敬业、诚信、友善的社会主义核心价值观。 【展示图片】教师展示社会主义核心价值观相关图片	PPT展示图片：	学生思考与讨论： 爱国：我们忠于祖国，热爱祖国，祖国永远是我们坚实的后盾。 敬业：我们勤耕学业，付出努力，努力也会给予我们丰实回馈。 诚信：我们真诚守信待人以诚，他人也会以诚信待我们。 友善：我们若能与人为善，赠人玫瑰，我们也会收获友善，手有余香	融入社会主义核心价值观，坚持"立德树人的"育人目标，将价值塑造、知识传授和能力培养三者融为一体

续表

环节	教学内容	教师活动	教学媒体	学生活动	设计意图
(四)方法显化	转换研究对象法	【方法显化】教师介绍转换研究对象法	同人对地面的压力 求地面对人的支持力 确定研究对象为人	学生体会转换研究对象法在受力分析中的应用	感受科学方法:转换研究对象法,体会转化思想
(五)课堂小结	课堂小结	【总结】教师利用PPT和板书,和学生一起总结本节课重要知识	PPT投影课堂总结:	和教师一起总结知识	让学生总结学习内容,明确学习重点、难点
(六)实践拓展	实践拓展	【布置】教师布置实践拓展作业:请同学们以小组形式,在课后搜集在拔河比赛中取胜的技巧,并分析其中蕴含的物理知识	PPT投影作业: 请同学们以小组形式,在课后收集在拔河比赛中取胜的技巧,并分析其中蕴含的物理知识	在课后完成实践作业	学以致用,让学生体会到物理与生活的紧密联系
(七)课后作业	课后作业	【布置作业】教师布置课后作业:课本P67第1至4题	PPT投影课后作业: 课本P67第1至4题	记录作业内容,课后时间完成	学以致用,强化学习效果

【课后练习】

1. 大雪天车轮打滑,车辆难以前进,交警帮忙向前推车,如图所示,在推车的过程中,关于人和车之间的作用力,下列说法正确的是(　　)。

 A. 车对人有向后的力　　　　B. 车对人没有作用力
 C. 人对车的力大于车对人的力　D. 人对车的力小于车对人的力

【设计意图】本题考查相互作用力的基础知识,难度较低。

【参考答案】A

【解析】人向前推车对车有向前的力,同时车对人有向后的反作用力,故A正确,B错误;人与车之间的力为作用力与反作用力,大小相等,方向相反,故C、D错误

续表

		【教学过程】			
环节	教学内容	教师活动	教学媒体	学生活动	设计意图

2.如图所示,粗糙的长方体木块P、Q叠放在一水平地面上,并保持静止,涉及P、Q、地球三个物体之间的作用力和反作用力一共有(　　)。

A．3对　　　　　　　　　　　　　　B．4对
C．5对　　　　　　　　　　　　　　D．6对

【设计意图】本题考查相互作用力和受力分析的基础知识,难度较低。

【参考答案】B

【解析】首先对P受力分析,受重力和支持力,再对Q分析,受重力、压力和支持力。涉及P、Q、地球三个物体之间的作用力和反作用力有P与地球间相互吸引的力;P和Q间的相互作用力;Q和地球间有相互吸引的力。地面和Q之间的相互作用力。综上所述,故B正确,A、C、D错误。

3.如图所示,在弹簧测力计钩下竖直悬挂一个静止的木块,下列说法中正确的是(　　)。

A．木块对弹簧测力计的拉力的施力物体是地球
B．木块的重力和弹簧测力计对木块的拉力是一对相互作用力
C．弹簧测力计对木块的拉力在数值上等于木块的重力
D．弹簧测力计对木块的拉力和木块对弹簧测力计的拉力是一对平衡力

【设计意图】本题考查一对相互作用力和一对平衡力的区别,难度较低。

【参考答案】C

【解析】木块对弹簧测力计的拉力的施力物体是木块,A错误;木块的重力和弹簧测力计对木块的拉力是一对平衡力,B错误;弹簧测力计对木块的拉力与木块的重力平衡,则弹簧测力计对木块的拉力在数值上等于木块的重力,C正确;弹簧测力计对木块的拉力和木块对弹簧测力计的拉力是一对相互作用力,D错误。

4.(多选)如图所示,不计悬绳的质量,把P和Q两物体悬吊在天花板上。当两物体静止后,下列说法正确的是(　　)。

A．天花板对上段绳的拉力和P对上段绳的拉力是一对平衡力
B．上段绳对P的拉力和下段绳对P的拉力是一对平衡力
C．下段绳对Q的拉力和Q的重力是一对平衡力
D．下段绳对P的拉力和下段绳对Q的拉力是一对作用力与反作用力

【设计意图】本题考查一对相互作用力和一对平衡力的区别,难度较低。

【参考答案】AC

【解析】天花板对上段绳的拉力和P对上段绳的拉力,大小相等,方向相反,作用在同一个物体上,是一对平衡力,A正确;上段绳对P的拉力和下段绳对P的拉力大小不相等,不是一对作用力和反作用力,也不是平衡力,B错误;下段绳对Q的拉力和Q的重力大小相等、方向相反、作用在同一物体上,是一对平衡力,C正确;下段绳对P的拉力和下段绳对Q的拉力大小相等、方向相反,但作用物体不同,不是一对平衡力,也不是一对作用力与反作用力,D错误。

5.下列各图中物体A均处于静止状态,画出各图中物体A所受的力的示意图(球面是光滑的,其他物体的表面是粗糙的)

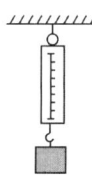

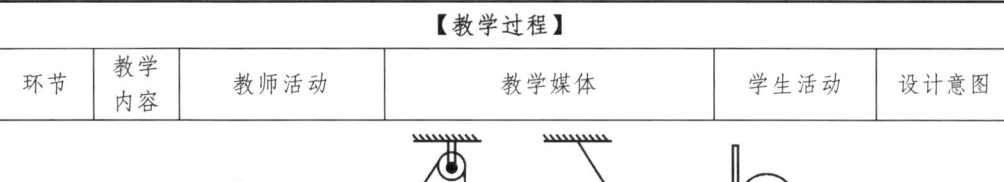

续表

环节	教学内容	教师活动	教学媒体	学生活动	设计意图

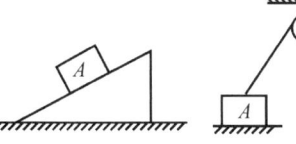

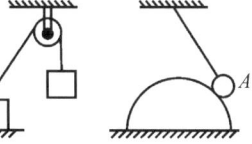

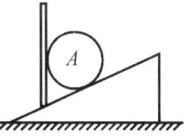

甲　　　　　乙　　　　　丙　　　　　丁

【设计意图】本题考查一对相互作用力和一对平衡力的区别，难度较低。

【参考答案】受力分析见下图

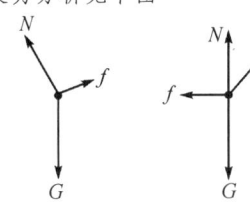

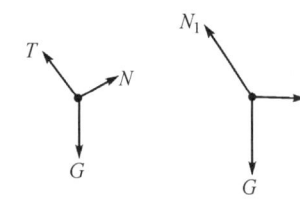

甲　　　　　乙　　　　　丙　　　　　丁

【解析】首先分析物体 A 的受力情况，再作出力的示意图。受力分析时，先分析重力，再分析接触力；分析接触力时，先分析弹力，再分析摩擦力。甲图中物体 A 受到重力、斜面的支持力和静摩擦力；乙图中物体 A 受到重力、地面的支持力、绳的拉力和向左的静摩擦力；丙图中物体 A 受到重力、半球的支持力和绳的拉力；丁图中物体 A 受到重力、挡板的支持力和斜面的支持力。分别作出受力图

【板书设计】

一、作用力与反作用力

二、牛顿第三定律

　　等大，反向，共线，异物，

　　同生，共失，同性，异效。

三、物体受力的初步分析必须明确对象，只画受力

四、相互作用力和平衡力

$$A \leftrightarrow B$$
$$A \to B \leftarrow C$$

【教学活动建议】

　　学生在初中时已经对物体间的相互作用有了定性的了解，知道相互之间的作用力是成对出现的，也知道二力平衡的知识。在高中阶段，需要深化学生对作用力和反作用力的认识，学生需要经历定量探究过程，获取实验数据，基于证据理解作用力与反作用力等大反向的特点，并进一步认识到牛顿第三定律在整个牛顿力学体系的重要地位。

　　关于物体受力分析的教学，教师应当重视对涉及研究对象的受力进行一对一对地分析，从而清晰地认识到施力物体和受力物体都有受到力的作用，认识到一个力有两个施力物体的情况是不存在的，一个力有两个受力的物体的情况也是不存在的，从而消除"A 通过 B 作用于 C"的错误观念，同时加深对"物体受力分析"的"受力"的理解

续表

环节	教学内容	教师活动	教学媒体	学生活动	设计意图
【教学过程】					
【教学反思】					
本节课的教学过程比较完整，内容设计流程比较合理，基本完成了本课的基本内容教学，学生参与度比较高。设计亮点在于把牛顿第三定律拓展到更广阔的哲学层面，一方面在世界观上融入社会主义核心价值观，落实"立德树人"根本任务，将价值塑造、知识传授和能力培养三者融为一体；另一方面在方法论上显化了转化研究对象法。不足之处也很明显，教材中的"拓展学习"栏目，用两个力传感器互相作用来探究相互作用力的关系，可以模拟引入提出的"拔河问题"，让学生从视觉上感受到力所产生的效果不仅与力大小有关，还跟受力间物体的属性有关。然而因为教学环境限制，没有办法完成这一栏目的学习，只能通过播放实验视频的形式来完成教学，教学效果大打折扣					

第三节 高中物理实验课教学设计

高中物理实验课是高中物理课程中的一种教学形式，通过实际操作和观察，让学生亲自参与实验，以探究和验证物理规律、原理和概念。在高中物理实验课中，学生能够通过实验获得直接的观察和实验数据，培养学生实验能力、科学思维和科学素养。

高中物理实验课的目的是通过实践让学生亲身体验物理现象，从而更好地理解和应用所学的物理知识。通过实验，学生可以观察和测量物理量，探究物理规律，验证物理理论，进一步巩固和应用所学的知识。同时，通过实验，也能够培养学生科学实验的基本技能，如实验仪器的使用、实验步骤的设计和实验数据的记录与分析。此外，还能够培养学生科学研究的方法，如提出科学问题、设计实验方案、进行数据处理和分析，并根据实验结果得出结论。通过高中物理实验课的学习，可以培养学生科学思维和实验能力，提高问题解决能力和创新能力。

一、实验前的准备工作

在高中物理实验课中，学生需要进行实验前的准备工作包括以下几个方面：

（1）了解实验的目的，即明确实验的目标和要探究的物理现象或规律。

（2）研究实验原理，即了解实验背后的物理原理和理论基础，这样可以帮助学生更好地理解实验的意义和预期结果。

（3）在实验过程中，学生需要正确操作实验仪器和设备，包括熟悉实验仪器的使用方法、操作步骤和安全注意事项。

（4）学生需要遵循实验的要求和指导，按照实验方案进行实验操作。

（5）记录实验数据，包括观察和测量到的物理量和数据。记录实验数据的准确性和完整性对于后续的数据处理和分析非常重要。

（6）在实验过程中，学生还需要进行数据处理和分析，包括对实验数据的整理、计算和图表绘制。通过对实验数据的处理和分析，学生可以得出实验结果，并与理论预期进行比较和验证。这有助于学生更好地理解物理规律和理论，并加深对物理知识的掌握。

（7）撰写实验报告。实验报告是对实验过程和结果的总结和展示。学生需要清晰地描述实验的目的、原理和实验步骤。同时，学生需要将实验数据整理和分析的结果进行呈现，可以使用表格、图表和图像等形式。

（8）根据实验结果得出结论，并对实验过程中的问题和改进提出思考和建议。

通过实验过程和实验报告的撰写，学生可以全面地理解和应用所学的物理知识。实验过程中，学生需要运用所学的物理理论和知识，设计实验方案、操作实验仪器、记录实验数据、进行数据处理和分析。这样可以帮助学生将课堂上学到的知识应用到实际问题中，加深对物理知识的理解和掌握。同时，实验报告的撰写也是学生表达和沟通科学思想的重要方式。通过实验报告，学生可以清晰地陈述实验的目的、原理和实验步骤，展示实验数据和结果，得出结论，并提出对实验过程和结果的思考和建议。这样可以帮助学生培养科学思维和科学表达的能力，提高他们的科学素养和科学研究能力。实验报告的撰写也要求学生具备一定的科学文献查阅和资料分析的能力。学生需要查阅相关的物理资料和文献，了解实验背后的理论知识和研究进展。这有助于学生扩展知识面，深入了解物理学科的前沿和发展趋势。

总之，通过实验过程和实验报告的撰写，学生可以全面地理解和应用所学的物理知识，培养科学实验和科学研究的能力，并提高科学思维和科学表达的能力。这对于学生的综合素质和未来的学术研究和职业发展都具有重要意义。通过高中物理实验课，学生能够深入理解和应用物理规律，培养科学思维和实验能力，提高问题解决能力和创新能力。同时，高中物理实验课也为学生进一步深入学习物理学和从事相关科学研究打下坚实的基础。

二、在教学设计中，培养学生核心素养

在高中物理实验课的教学设计中，应注重培养学生的核心素养，包括以下几个方面。

（一）科学思维能力

通过实验设计和实验过程的引导，培养学生的科学思维能力。学生应该学会提出科学问题、设计科学实验、观察和记录实验现象、分析实验数据和得出科学结论等。培养学生的科学思维能力是非常重要的。以下是一些教学设计的建议，可以帮助学生培养科学思维能力。

（1）提出科学问题：在实验前，引导学生思考和提出与实验主题相关的科学问题。可以通过讨论、思考和阅读相关资料等方式，激发学生的好奇心和求知欲。

（2）设计科学实验：鼓励学生根据提出的科学问题，设计符合科学原理和实验条件的实验方案。在设计实验方案时，学生应该考虑实验变量的控制、实验步骤的合理性和实验数据的收集等因素。

（3）观察和记录实验现象：学生在实验过程中应该准确观察实验现象，并及时记录实验数据。教师可以指导学生如何进行观察和记录，如何使用科学术语描述实验现象。

（4）分析实验数据：学生应该学会对实验数据进行整理、分析和处理。教师可以指导学生使用适当的统计方法，如计算平均值、绘制图表等，帮助学生从数据中找出规律和趋势。

（5）得出科学结论：学生应该根据实验数据和分析结果，得出科学结论，并解释实验结果与科学原理之间的关系。教师可以引导学生思考实验结果的意义和可能的影响，培养学生的科学推理和逻辑思维能力。

通过以上的教学设计和引导，学生可以逐步培养科学思维能力，学会提出科学问题、设计科学实验、观察和记录实验现象、分析实验数据和得出科学结论等，从而全面提高他们的科学素养和研究能力。

（二）实验操作能力

指导学生进行实验操作，培养他们的实验操作能力。学生应该掌握实验器材的使用方法，熟练操作实验步骤，并注意实验的准确性和安全性。培养学生的实验操作能力是实验教学中非常重要的一环。以下是一些教学设计的建议，可以帮助学生提高实验操作能力。

（1）实验器材的使用方法：在实验前，教师应该向学生介绍实验器材的名称、使用方法和注意事项。可以通过实物展示、图片演示、视频教学等方式，让学生了解实验器材的外观、结构和功能。

（2）实验步骤的演示和讲解：在实验过程中，教师应该详细演示和讲解每个实验步骤的操作方法和注意事项。可以通过投影仪、实物演示等方式，让学生清楚地了解每个实验步骤的操作流程。

（3）实验操作的练习：在实验前，可以组织学生进行实验操作的练习。可以设置小组合作，让学生分工合作，模拟实验操作的过程。教师可以对学生的操作进行指导和纠正，帮助学生熟练掌握实验操作的技巧。

（4）实验操作的评估：在实验过程中，教师可以通过观察学生的操作和与学生的交流，评估学生的实验操作能力。可以针对学生的不足之处，提供针对性的指导和训练，帮助学生不断提高实验操作的准确性和熟练度。

（5）实验安全的教育和培训：在实验前，教师应该向学生讲解实验的安全注意事项，并提醒学生在实验过程中要注意安全。在实验过程中，教师要时刻关注学生的安全情况，确保实验操作的安全性。

通过以上的教学设计和引导，学生可以逐步提高实验操作能力，掌握实验器材的使用方法，熟练操作实验步骤，并注意实验的准确性和安全性。这样可以帮助学生更好地进行实验研究，提高实验结果的可靠性和科学性。

（三）数据处理和分析能力

引导学生对实验数据进行处理和分析，培养他们的数据处理和分析能力。学生应该学会使用统计方法、图表绘制等方式对实验数据进行整理和分析，从而得出实验结果和结论。培养学生的数据处理和分析能力是实验教学中非常重要的一环。以下是一些教学设计的建议，可以帮助学生提高数据处理和分析能力。

（1）数据整理和归类：学生应该学会将实验数据进行整理和归类。教师可以引导学生使用表格、图表等方式，将实验数据按照一定的分类方式进行整理，使得数据更加清晰和易于分析。

（2）数据统计和计算：学生应该学会使用统计方法对实验数据进行分析。教师可以指导学生计算实验数据的平均值、标准差等统计指标，以了解数据的集中趋势和变异程度。

（3）图表绘制和分析：学生应该学会使用图表的方式呈现实验数据，并进行分析。教师可以指导学生使用柱状图、折线图等方式绘制图表，以直观地展示数据的变化趋势和相互关系。

（4）结果和结论的得出：学生应该根据实验数据和分析结果，得出科学结论，并解释实验结果与科学原理之间的关系。教师可以引导学生思考实验结果的意义和可能的影响，培养学生的科学推理和逻辑思维能力。

（5）数据处理和分析的训练：在实验过程中，教师可以设置一些数据处理和分析的训练任务，让学生独立或合作完成。也可以提供一些实验数据，让学生进行处理和分析，并得出相应的结论。对学生的处理和分析结果进行评估和指导，帮助学生提高数据处理和分析能力。

通过以上的教学设计和引导，学生可以逐步提高数据处理和分析能力，学会使用统计方法、图表绘制等方式对实验数据进行整理和分析，从而得出实验结果和结论。这样可以帮助学生更好地理解实验现象，探索科学规律，并培养他们的科学思维和研究能力。

（四）问题解决和创新能力

通过实验过程中的问题解决和创新实践，培养学生的问题解决和创新能力。学生应该学会在实验中遇到问题时，主动思考和寻找解决方法，并能提出改进实验的创新思路和方案。培养学生的问题解决和创新能力是实验教学中的重要目标之一。以下是一些教学设计的建议，可以帮助学生提高问题解决和创新能力。

（1）激发学生的思考和探索：教师可以在实验前提出一些问题或挑战，引导学生思考和探索。在实验过程中遇到问题时，学生应主动思考和寻找解决方法。教师可以通过提问和引导，帮助学生发现问题的本质和解决思路。

（2）鼓励学生提出创新方案：学生应该学会提出改进实验的创新思路和方案。教师可以引导学生思考实验的不足之处，并鼓励他们提出改进的创新方案。学生可以通过调整实验条件、改进实验步骤等方式，提出创新的实验方案，并进行实践和验证。

（3）给予实验设计的自主性：教师可以在实验设计中给予学生一定的自主性。学生可以根据自己的兴趣和思考，选择实验题目、设计实验步骤等。这样可以激发学生的创新思维和实践能力，培养他们的问题解决和创新能力。

（4）鼓励学生合作和交流：学生可以通过合作和交流，共同解决实验中的问题和挑战。教师可以组织学生进行小组合作，让他们共同思考和讨论，互相启发和帮助。这样可以培养学生的合作精神和团队合作能力，促进问题解决和创新能力的发展。

通过以上的教学设计和引导，学生可以逐步提高问题解决和创新能力，学会在实验中主动思考和寻找解决方法，并能提出改进实验的创新思路和方案。这样可以帮助学生培养自主学习和创新思维，为未来的科学研究和实践奠定基础。

（五）科学沟通和表达能力

要求学生撰写实验报告，培养他们的科学沟通和表达能力。学生应该能够清晰地描述实验的目的、原理、步骤和结果，同时还要能够准确地使用物理学术语和符号进行科学表达。科学沟通和表达能力对于学生的科学学习和研究非常重要。以下是一些教学设计的建议，可以帮助学生提高科学沟通和表达能力。

（1）实验报告的撰写：教师可以要求学生撰写实验报告，详细描述实验的目的、原理、步骤和结果。学生应该能够清晰地陈述实验的过程和结果，准确地使用物理学术语和符号进行科学表达。教师可以对学生的实验报告进行评估和指导，帮助他们提高科学表达能力。

（2）科学讨论和交流：教师可以组织学生进行科学讨论和交流，让他们分享实验的经验和思考。通过讨论和交流，提高学生科学表达能力，学会用科学语言描述和解释实验现象。教师可以引导学生提出问题、提供意见和建议，促进学生之间的互动和思维碰撞。

（3）使用图表和图像进行科学表达：学生应该学会使用图表和图像进行科学表达，使用图表和图像来展示实验数据、结果和结论，帮助学生更好地理解实验的过程和发现。教师可以教授学生如何制作和解读图表和图像，培养他们的科学图表和图像分析能力。

（4）口头报告和演示：除了书面报告，学生还应该学会口头报告和演示的科学表达方式。安排学生进行口头报告和演示，让学生通过口头表达和演示来展示实验的目的、原理、步骤和结果。这样可以培养学生的口头表达能力和演示能力，提高他们的科学沟通能力。

通过以上的教学设计和培养，可以全面提高学生的核心素养，培养他们的科学实验和研究能力，并为他们的综合素质和未来的学术研究和职业发展打下坚实的基础。

三、在教学设计中，培养学生的关键能力

在高中物理实验课的教学设计中，可以重点培养学生以下几个关键能力，以提高他们的核心素养。

（一）科学思维能力培养

设计开放性实验：引导学生提出科学问题，设计实验方案，并进行实验操作和数据处理，培养学生的科学思维和问题解决能力。设计开放性实验可以很好地培养学生的科学思维和问题解决能力。以下是一些建议，可以帮助教师设计开放性实验，引导学生提出科学问题、设计实验方案，并进行实验操作和数据处理。

（1）引导学生提出科学问题：教师可以引导学生思考自然界中的现象或问题，并鼓励他们提出相关的科学问题。学生可以通过观察、实验和调查，发现并提出自己感兴趣的科学问题。教师可以提供一些启发性的问题，帮助学生开始思考和提出科学问题。

（2）设计实验方案：学生可以根据自己提出的科学问题，设计实验方案来解决问题。教师可以引导学生思考实验的目的、原理、步骤和预期结果，并提供必要的实验材料和设备。学生应该能够合理地选择实验方法和控制变量，确保实验结果的可靠性。

（3）实验操作和数据处理：学生可以根据实验方案进行实验操作，并记录实验数据。教师可以指导学生如何进行实验操作，如何记录和处理实验数据。学生应该能够准确地进行观察、测量和记录，以获得可靠的实验结果，并能够使用适当的统计方法和图表来处理和展示实验数据。

（4）分析实验结果和得出结论：学生应该能够分析实验结果，根据数据和观察结果得出科学结论。比较实验组和对照组的数据，探讨实验结果的原因和影响。教师可以引导学生思考实验结果的意义和可能的应用，培养他们的科学思维和创新能力。

通过以上的教学设计和引导，学生可以逐步培养科学思维和问题解决能力，学会提出科学问题、设计实验方案，并进行实验操作和数据处理。这样可以帮助学生发展独立思考和创新能力，为未来的科学研究和实践打下基础。

（二）实验观察和记录

指导学生观察实验现象，记录实验数据，并进行数据分析和结论推理，培养学生的观察力和逻辑思维能力。实验观察和记录是培养学生观察力和逻辑思维能力的重要环节。以下是一些建议，可以帮助教师指导学生观察实验现象，记录实验数据，并进行数据分析和结论推理。

（1）引导学生观察实验现象：在进行实验之前，教师可以引导学生观察实验现象，帮助他们了解实验的背景和目的。学生可以观察实验中的物体、现象、变化等，并记录下他们的观察结果。教师可以提供一些问题，引导学生进行观察和思考。

（2）指导学生记录实验数据：学生能够准确地记录实验数据，包括观察结果、测量数据等。教师可以指导学生如何选择合适的测量工具和方法，如何进行准确的观察和测量。学生可以使用表格、图表、图像等形式来记录实验数据，以方便后续的数据分析和结论推理。

（3）进行数据分析和结论推理：学生可以根据实验数据进行数据分析和结论推理。比较不同实验组的数据，寻找规律和趋势，并尝试解释这些规律和趋势的原因。学生还可以将实验结果与理论知识进行比较，验证理论的正确性或提出新的理论假设。教师可以引导学生进行逻辑推理和思维训练，培养他们的逻辑思维能力。

（4）总结实验结果和得出结论：学生能够总结实验结果，并根据数据分析和结论推理得出科学结论，也可以将实验结果与实验目的进行对比，讨论实验结果的意义和可能的应用。教师可以引导学生思考实验结果的局限性和改进方向，培养他们的批判思维和创新能力。

通过以上的教学设计和引导，学生可以逐步培养观察力和逻辑思维能力，学会准确地观察实验现象、记录实验数据，并进行数据分析和结论推理。这样可以帮助学生发展科学思维和问题解决能力，为他们未来的科学研究和实践打下基础。

（三）实验操作能力培养

实验器材的使用方法：详细介绍实验器材的使用方法，包括仪器的操作、实验步骤的安排等，培养学生的实验操作技能。实验操作能力是培养学生实验操作技能的关键。以下是一些建议，可以帮助教师详细介绍实验器材的使用方法。

（1）详细介绍实验器材：教师可以详细介绍实验器材的名称、功能和使用方法；向学生展示实验器材的外观和结构，并解释各个部分的作用和使用注意事项；还可以提供实验器材的说明书或操作手册，让学生了解更多关于实验器材的信息。

（2）演示仪器的操作：教师可以进行仪器操作的演示，向学生展示正确的操作步骤和技巧；逐步演示仪器的开关、调节、测量等操作，让学生了解正确的操作方法和注意事项；提供实验操作的视频或动画，让学生反复观看和学习。

（3）引导学生进行实验操作：教师可以引导学生进行实验操作，让他们亲自动手进行实验；在学生进行实验操作之前，教师可以先进行一次全班指导，确保学生了解实验步骤和操作要点；分组或个别指导，帮助学生进行实验操作，并纠正他们的错误。

（4）提供实验操作的练习：教师可以提供实验操作的练习，让学生反复进行实验操作，熟练掌握实验器材的使用方法。练习可以包括模拟实验、小组实验或个人实验等形式，让学生在不同的实验情境中进行操作练习。

（5）鼓励学生自主探索和创新：教师可以鼓励学生进行自主探索和创新，在实验操作中提出问题、尝试新的方法和改进实验步骤。这样可以培养学生的实验操作能力和创新思维，激发他们的兴趣和热情。

通过以上的教学设计和引导，学生可以逐步培养实验操作能力，学会正确地使用实验器材，并进行实验操作。这样可以帮助学生提高实验的准确性和可靠性，为他们未来的科学研究和实践打下基础。

（四）实验安全意识培养

强调实验的安全性，教育学生正确使用实验器材，遵守实验室安全规范，培养学生的实验安全意识。实验安全意识的培养是非常重要的，可以保护学生的安全并预防实验事故的发生。以下是一些建议，可以帮助教师强调实验的安全性。

（1）强调实验的安全性：在实验前强调实验的安全性，并提醒学生实验中可能存在的危险和风险；向学生解释实验器材的特点和潜在的危险，以及如何避免实验事故的发生；提供实验安全的案例分析，让学生了解实验安全的重要性。

（2）教育学生正确使用实验器材：教育学生正确使用实验器材，包括仪器的操作、实验步骤的安排和实验材料的处理等；向学生介绍实验器材的使用方法和注意事项，并进行示范操作；提供实验器材的使用手册，让学生了解更多关于实验器材的安全使用知识。

（3）强调实验室安全规范：向学生介绍实验室的安全规范和操作规程，包括实验室的进出规定、实验室的安全设施和紧急处理措施等；强调学生在实验室中的行为规范，如不吃东西、不乱扔垃圾、不乱动实验器材等；组织实验室安全培训和演练，让学生熟悉实验室安全措施和应急处理方法。

（4）实施实验安全检查：定期进行实验室安全检查，确保实验室的安全设施和器材的正常运行；检查实验器材的使用情况、实验室的通风和照明设施、实验材料的存放和处理等；组织学生参与安全检查，培养他们的安全意识和责任心。

（5）培养学生的实验安全意识：通过讨论、案例分析和实验报告等方式，培养学生的实验安全意识；引导学生思考实验中的安全问题，并提出安全措施和改进建议；组织学生进行实验安全知识的竞赛和宣传活动，提高学生对实验安全的关注和重视。

通过以上的教学设计和引导，学生可以逐步培养实验安全意识，学会正确使用实验器材，并遵守实验室安全规范。这样可以保护学生的安全，预防实验事故的发生，为他们未来的科学研究和实践打下基础。

（五）数据处理和分析能力培养

统计方法的应用：教导学生使用统计方法对实验数据进行整理和分析，如平均值、标准差等，培养学生的数据处理能力。数据处理和分析能力的培养对于学生的科学研究和实验设计非常重要。以下是一些建议，可以帮助教师教导学生使用统计方法对实验数据进行整理和分析，培养学生的数据处理能力。

（1）教授基本统计概念：向学生介绍基本的统计概念，如平均值、标准差、方差等；解释这些概念的意义和用途，并提供实例说明；教授学生如何计算这些统计指标，并提供实践的机会让学生练习计算。

（2）教导数据整理和清洗：教导学生如何整理和清洗实验数据，以确保数据的准确性和可靠性；教授学生如何检查数据的异常值和缺失值，并提供相应的处理方法；教导学生如何进行数据的归类和整理，以便后续的分析和可视化。

（3）引导学生选择适当的统计方法：引导学生选择适当的统计方法来分析实验数据；教授学生不同统计方法的原理和适用范围，并讨论不同方法的优缺点；提供实际的案例和数据集，让学生应用所学的统计方法进行分析，并帮助他们解读和理解分析结果。

（4）实践数据分析技能：组织学生进行实验数据的分析实践，运用所学的统计方法进行数据分析；提供实验数据集，让学生进行数据整理、计算统计指标和绘制图表等；引导学生进行数据的解读和讨论，培养学生的数据分析能力。

（5）提供支持和反馈：教师可以提供学生在数据处理和分析过程中的支持和指导，并回答学生的问题，解释统计方法的使用和结果的解读；给予学生及时的反馈和评价，帮助他们不断改进和提高数据处理和分析的能力。

通过以上的教学设计和引导，学生可以逐步培养数据处理和分析能力，学会使用统计方法对实验数据进行整理和分析。这样可以提高学生对实验数据的理解和应用能力，为他们未来的科学研究和实践打下基础。

（六）图表绘制和数据解读

引导学生使用适当的图表绘制实验数据，如折线图、柱状图等，并教导学生如何从图表中获取有用的信息，培养学生的数据解读能力。图表绘制和数据解读是培养学生数据分析能力的重要环节。以下是一些建议，可以帮助教师引导学生使用适当的图表绘制实验数据，并教导学生如何从图表中获取有用的信息，培养学生的数据解读能力。

（1）选择适当的图表类型：向学生介绍不同类型的图表，如折线图、柱状图、饼图等，并讨论它们的特点和适用范围；教导学生如何根据实验数据的性质和目的选择合适的图表类型；提供实例和数据集，让学生练习选择和绘制不同类型的图表。

（2）教导图表的绘制方法：教导学生如何使用统计软件或绘图工具绘制图表；教授学生图表的基本构成要素，如坐标轴、数据点、标签等，并提供绘制图表的步骤和技巧；提供实际的案例，让学生练习绘制图表，并帮助他们解读和理解图表的含义。

（3）引导学生从图表中获取信息：引导学生从图表中获取有用的信息，并教导他们如何解读图表；教授学生如何读取图表上的数值和比例，并解释这些数值和比例的意义；教导学生如何分析图表的趋势和关系，并提供实例和数据集，让学生练习从图表中获取信息和进行数据解读。

（4）实践图表绘制和数据解读技能：组织学生进行图表绘制和数据解读的实践活动；提供实验数据集，让学生绘制相应的图表，并从图表中获取有用的信息；以引导学生进行数据的解读和讨论，帮助他们培养数据解读能力。

（5）提供支持和反馈：向学生提供在图表绘制和数据解读过程中的支持和指导；回答学生的问题，解释图表的绘制方法和数据的解读方法；给予学生及时的反馈和评价，帮助他们不断改进和提高图表绘制和数据解读的能力。

通过以上的教学设计和引导，逐步培养学生图表绘制和数据解读能力，学会使用适当的图表绘制实验数据，并从图表中获取有用的信息。这样可以提高学生对实验数据的理解和应用能力，为他们未来的科学研究和实践打下基础。

（七）问题解决和创新能力培养

实验中的问题解决：引导学生在实验过程中遇到问题时，主动思考和寻找解决方法，培养学生的问题解决能力。问题解决和创新能力是学生在实验中必须培养的重要能力。以下是一些建议，可以帮助教师引导学生在实验过程中遇到问题时，主动思考和寻找解决方法，培养学生的问题解决能力。

（1）提供实验设计和方案：教师可以提供学生实验设计和方案的基本框架，但让学生自己思考和决策具体的实验步骤和方法。这样可以激发学生的兴趣和主动性，让他们在实验中面临问题和挑战，从而培养他们的问题解决能力。

（2）鼓励学生提出问题：鼓励学生在实验过程中提出问题，并引导他们思考问题的原因和解决方法；组织学生进行小组讨论，共同思考和解决实验中的问题；提供问题解决的方法和策略，帮助学生克服困难和找到解决问题的途径。

（3）培养学生的观察和分析能力：培养学生的观察和分析能力，让他们能够发现实验中的问题和异常现象；引导学生观察实验过程中的细节和变化，并帮助他们分析和解释这些观察结果。这样可以帮助学生更好地理解实验原理和问题的本质，从而提出解决问题的方法和策略。

（4）提供支持和鼓励：教师在学生遇到问题和困难时，应提供支持和鼓励；教师可以引导学生主动思考和寻找解决方法，而不是直接给出答案；提供学生必要的实验材料和工具，让他们有机会实践和尝试解决问题的方法；给予学生积极的反馈和评价，鼓励他们勇于尝试和创新。

通过以上的教学设计和引导，学生可以在实验中培养问题解决和创新能力。让他们主动思考和寻找解决方法，克服实验中的问题和困难。这样可以提高学生的问题解决能力和创新思维能力，为他们未来的科学研究和实践打下基础。

（八）实验的改进和创新

鼓励学生提出改进实验的思路和方案，培养学生的创新能力和科学精神。实验的改进和创新对于培养学生的创新能力和科学精神非常重要。以下是一些建议，可以鼓励学生提出改进实验的思路和方案。

（1）提供自由探索的机会：在实验课中，给予学生一定的自由度，让他们自主选择实验题目，并鼓励他们提出改进实验的想法。这样可以激发学生的创造力和好奇心。

（2）鼓励思考和讨论：在实验课上，鼓励学生积极思考实验过程中的问题，并与同学进行讨论。这样可以促进学生之间的合作和交流，帮助他们更好地理解实验原理和方法。

（3）提供资源和指导：为学生提供相关的参考资料和实验指导，帮助他们了解现有的实验方法和技术。同时，鼓励学生利用网络和图书馆等资源，寻找新的实验方案和改进思路。

（4）鼓励学生进行实验设计：在实验课中，给予学生设计实验的机会，可以让他们选择一个已有的实验，然后提出改进的方案，例如改变实验参数、引入新的变量或使用新的仪器设备等。为学生提供充足的实验平台和设备，让他们有机会实际操作和验证自己的改进方案。这样可以培养学生的实验技能和创新能力。

（5）鼓励学生展示成果：在实验课结束后，组织学生进行实验成果展示。这可以激发学生的自信心，也可以促进学生之间的交流和学习。通过鼓励学生提出改进实验的思路和方案，可以培养学生的创新能力和科学精神。同时，这也可以激发学生对科学的兴趣，提高他们的学习积极性和参与度。

（九）实验报告的撰写

要求学生撰写实验报告，清晰地描述实验的目的、原理、步骤和结果，培养学生的科学沟通和表达能力。科学沟通和表达能力对于学生的科学学习和职业发展非常重要。以下是一些建议，可以帮助学生培养科学沟通和表达能力，特别是在实验报告的撰写方面。

（1）强调实验报告的重要性：在实验课开始时，向学生明确说明实验报告的目的和重要性。解释实验报告是科学沟通的一种方式，可以帮助他们总结实验过程和结果，加深对实验原理的理解。

（2）提供实验报告的范例：给学生提供一些范例实验报告，让他们了解实验报告的结构和内容。范例报告可以包括目的、原理、步骤、数据分析和结论等部分。学生可以参考这些范例，撰写自己的实验报告。

（3）强调清晰和准确的表达：鼓励学生在实验报告中使用简洁、准确和清晰的语言，强调对实验原理和步骤的准确描述，以及对实验结果的客观分析和解释。学生应该避免使用模糊的词语和表达，而要注重准确和具体的描述。

（4）指导学生进行实验数据的整理和分析：实验报告应包括对实验数据的整理和分析。鼓励学生使用图表、图像和统计方法等工具，将实验数据进行可视化和比较分析。同时，帮助学生理解数据的意义和可能的误差来源，以及如何从数据中得出结论。

（5）提供反馈和指导：在学生提交实验报告后，及时给予反馈和指导。指出学生在实验报告中的优点和改进的地方。鼓励学生思考如何进一步完善实验报告的结构和内容，以提高科学沟通和表达能力。通过要求学生撰写实验报告，清晰地描述实验的目的、原理、步骤和结果，可以帮助他们培养科学沟通和表达能力。这不仅有助于学生更好地理解和掌握实验知识，还能提高他们的科学思维和解决问题的能力。

（十）实验结果的展示

鼓励学生通过口头演讲、海报展示等方式，向同学和教师展示实验结果和结论，培养学生的科学表达能力。通过口头演讲、海报展示等方式，学生可以更直接地向同学和教师展示他们的实验结果和结论。这种实践不仅可以培养学生的科学表达能力，还可以提高他们的自信心和公众演讲能力。以下是一些建议，可以帮助学生进行实验结果的展示。

（1）指导学生准备演讲或海报：在实验课结束后，指导学生准备演讲或制作海报。学生应该清晰地描述实验的目的、步骤和结果，并给出相应的结论。演讲或海报应包括必要的图表、图像和数据，以支持他们的观点和结论。

（2）提供演讲或海报展示的机会：为学生提供展示实验结果的机会，可以是在班级内进行小组展示，也可以是在学校的科学展览或研究成果展示活动中展示。这样可以鼓励学生积极参与，分享他们的实验成果，并从其他同学和教师的反馈中获得进一步的改进和提高。

（3）提供反馈和指导：在学生进行演讲或展示后，及时给予反馈和指导。指出学生在表达和展示方面的优点和改进的地方。鼓励学生思考如何更好地组织实验结果和结论，以及如何通过图表、图像和数据等方式更直观地展示实验成果。

（4）鼓励学生互相交流和学习：在展示活动中，鼓励学生之间进行互动和交流。学生可以互相提问、讨论和分享各自的实验经验和观点。这样可以促进学生之间的学习和合作，同时也可以培养他们的科学思维和批判性思维能力。通过鼓励学生通过口头演讲、海报展示等方式，向同学和教师展示实验结果和结论，可以提高学生的科学表达能力和自信心。这种实践不仅有助于学生更好地理解和掌握实验知识，还能培养他们的科学思维和解决问题的能力。

通过以上的教学设计，可以有针对性地培养学生的关键能力，提高他们的核心素养，全面发展学生的科学实验和研究能力。

【实验课教学设计】
粤教版高中物理选择性必修2第三章第三节变压器。
【教材分析】

1. 教材地位

《变压器》是物理选择性必修2第三章第三节。本节课既是对电磁感应教学的进一步延伸，也是为远距离输电的学习奠定基础，所以这一节在物理的学习过程中起着承上启下的重要作用，是本章重点内容之一。

2. 知识结构

本节课主要由变压器的构造、变压器的工作原理、理想变压器、理想变压器的规律

4个知识点组成。

3. 课标要求

通过实验，探究并了解变压器原、副线圈电压与匝数的关系。

4. 传统教学的方法和问题

以往教学中教师常依据课程标准将探究的重点落在探究变压器原、副线圈电压与匝数的关系，而忽略对变压器原理和变压器结构的探究，这样就使学生对变压器的工作原理不清晰，对铁芯作用不明确，对能量的转化和传输关系不明，对理想变压器模型的理解不透彻，对实际生产生活中用到高频变压器（例如手机无线充电器）缺乏理解和分析能力。在探究变压器原、副线圈电压与匝数的关系时，教师容易让学生从数据直接去比较原、副线圈电压比和匝数比进而得到理想变压器规律，不利于学生科学探究精神和科学责任的培养。

5. 处理方法

本节课在结构设计上的主线是：目的—结构—原理—模型—应用。本节课以让学生亲自设计一个变压器为主要目的出发，让学生根据已学的电磁感应和互感原理，经历构建变压的模型结构的过程，体会变压器设计的原理和闭合铁芯的作用。结合原理与结构探究变压器的变压规律，结合变压的目的进一步观察其结构，通过实验结果和理论分析，构建理想变压器模型，最后通过变压器与现代实际生活中的应用，体会基础科学的重大发现在工业革命和社会发展中的作用。

【学情分析】

1. 知识方面

（1）学生通过前面《电磁感应》整章的学习，对电磁感应现象、互感现象以及涡流现象有了基本的掌握；通过本章前几节的学习对交变电流的特点也比较清楚，已经基本具备了学习变压器这节内容的知识储备。

（2）通过前面的学习已经初步掌握了确定物理公式中系数的方法。

2. 方法方面

（1）学生在以前的学习过程中已经经历过通过实践探究物理规律，对科学探索的环节已有了初步的了解，特别是对控制变量法的应用已有了较深的体会。

（2）通过对质点、匀速直线运动等理想化模型，对于在能量守恒的条件下构建理想化有一定的理解能力。

【教学方式】

为体现教师的主导地位，最优化地使学生从现有的水平向更高一级水平发展，本节课利用多信息技术融合手段辅助教学（希沃白板、手机直播投屏、易课堂学生平板互动、

phyphone 手机传感器）采用演示实验法、分析推理法处理教学的难点，利用学生的分组实验探究法、讨论交流法，处理本节的教学重点。

【教学目标】

（1）物质观念：通过变压器原理的探究学习理解原、副线圈间的联系，进一步加深了物质之间相互作用的物理观念。通过对理想变压器的理论探究，体会了理想化模型在物理研究中的重要作用，加深变压器中能量的转化与传输的观念。

（2）科学思维：通过对变压器原理、变压规律、铁芯作用的探究，培养了学生从物理学视角对客观事物本质属性、内在规律及相互关系的认识的科学思维方法和模型建构能力。

（3）科学探究：通过学生自主探究变压器的变压规律，培养学生的科学探究意识，能在真实情境中提出物理问题，形成猜测和假设，利用科学方法获取和处理信息，形成结论，以及对实验探究过程和结果进行交流、评估、反思的能力。

（4）科学态度与责任：通过学生自主探究变压器的变压规律，养成避免触电和安全使用电表的习惯，养成尊重实验数据的严谨科学态度。

【教学重、难点】

重点：探究变压器的工作原理；运用实验探究与分析得出变压器的电压与匝数的关系。

难点：探究变压器结构知道铁芯的作用；分析变压器在哪些环节有能量损失。

【教学过程】

教学过程如图 4-1 所示。

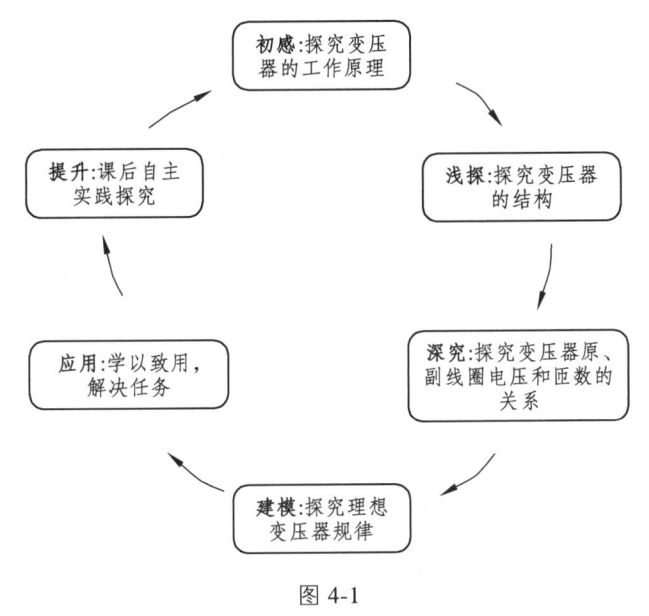

图 4-1

1. 创设情境，引入新课

【教师活动】教师利用神秘盒子和小灯泡表演魔术"隔空取电"。

【问题1】图4-2所示是一个实验室的2.5 V小灯泡,点亮它需要怎么操作?

【问题2】不接电源直接将导线接在灯泡两端,能否将灯泡点亮?

【问题3】电磁炉为什么能隔空点亮灯泡,原理是什么?

【设计思想】探究性实验教学作为学生的一种积极主动的认知建构手段,其目的和作用是为了使学生建构起逻辑结构,这就要使学生在探究时发生认知冲突。因此,设计时要优先考虑实验是否足够"新颖",利用电磁炉"隔空取电"这种"新颖"的刺激,才使得他与原有的"定势"相矛盾、相对立,才能产生认知上的不协调和冲突,才会激发学生的深度思考,引起学生探究的欲望。

图 4-2

2. 初感:探究变压器的工作原理

【教师活动】教师利用电磁炉和自制的线圈点亮220 V的大灯泡。

【问题1】利用互感原理,可以实现两个线圈之间的隔空取电,下面我们将魔术升级,从电磁炉隔空取电来点亮220 V的大灯泡,同学们觉得可以做到吗?

【学生活动1】观察实验现象,思考电磁炉如何点亮不同的灯泡,同时感受到点亮不同灯泡需要的线圈匝数不同,如图4-3所示。

2.5V 灯泡 　　　　220V 灯泡 　　　　220V 灯泡

图 4-3

【问题2】对比两次实验,点亮不同电压的灯泡,需要改变什么?

【问题3】为什么改变线圈匝数,可以得到不同的电压?

【学生活动2】根据法拉第电磁感应定律,推导出匝数不同感应电动势不同。

【问题4】利用互感原理,不仅可以实现电能的隔空输送,还可以通过改变线圈匝数得到我们需要的不同电压,这个原理在生活中有什么应用?

【教师引导】展示生活中常见的手机充电器,电脑充电器铭牌,发现不同用电器需要的电压不同,让学生感受到变压器在生活中的广泛应用。

【设计思想】实验探究是高中物理教学的闪光点;观察是物理实验探究教学的切入

点；思维是高中物理实验探究教学的发散点。探究性实验把要研究的物理现象清晰地展现在学生面前，通过两次"隔空取电"的对比以及生活中变压器应用场景，引起学生的思考，激活原有认知，并以原有的法拉第电磁感应定律为出发点，主动分析变压器的工作原理。

3. 浅探：探究变压器的结构

【任务驱动】变压器的原理我们已经知道了，下面我们要从理论到实践的探索，每个同学桌子上都有额定电压为 36 V 的灯泡，而提供的学生电源最大输出电压只有 16 V，我们能否自己制作一个变压器得到我们想要的电压让灯泡正常发光？

【问题 1】为了完成这个任务，首先需要探究变压器的结构，根据前面同学们提到电磁感应中的互感原理，想要制作一个变压器我们需要什么器材呢？

【问题 2】每个小组桌子上都有两个线圈，同学们观察一下这两个线圈有什么不同。

【问题 3】这两个线圈和电源及灯泡要怎么连接？电源要采用直流还是交流？为什么？

【教师演示实验】现在我们将原线圈接交流电源，副线圈接交流电压表，两个线圈并排摆放，观察是否产生感应电压？

【问题 4】为什么观察不到感应电压？电路连接没有问题，是我们的理论出了问题吗？你能分析原因吗（引导学生看黑板上的理论公式）？

【学生活动 1】根据公式讨论，发现可能是副线圈距离太远的磁通量变化率太小。

【问题 5】为什么通过副线圈的磁通量变化率太小呢？请结合原线圈的磁感线加以说明（展示原线圈磁感线图片）。

【教师引导】是不是这样呢？我们可以利用手机的传感器来测量原、副线圈的磁场强度，展示 "phyphone" 软件利用投屏技术放大，解释软件的功能，并用它测量原、副线圈磁场强度，发现原线圈磁场较强，且不断变化，副线圈磁场较弱，且几乎保持不变，如图 4-4 所示。

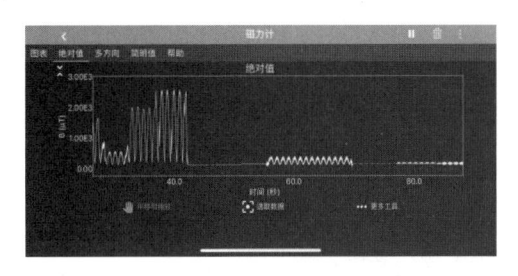

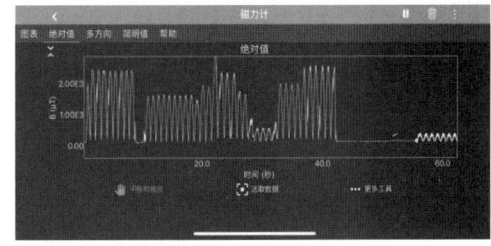

图 4-4

【问题 6】在不改变电源和线圈匝数的情况下，原线圈的磁通量变化是固定的，有什么办法可以增大副线圈的磁通量变化率来增加感应电动势？

【学生活动 2】结合桌面上的仪器讨论提供可能的方法。

（1）方法一：将副线圈向原线圈靠拢。

（2）方法二：将副线圈叠放在原线圈上方。

（3）方法三：将副线圈叠放在原线圈上方，并增加铁芯。

（4）方法四：将线圈套在铁芯上，不闭合铁芯。

（5）方法五：将线圈套在铁芯上，闭合铁芯。

【教师演示实验】 教师通过学生提出的方法逐一演示，引导学生观察副线圈磁通量的变化率，和输出电压的大小，引导学生发现两个线圈加一个闭合铁芯时通过副线圈的磁通量变化率最大，互感现象最明显，输出电压最大。

【问题7】 为什么铁芯要做成闭合的形状，副线圈磁通量变化率最大，闭合铁芯的作用是什么？

【教师归纳探究结论】 变压器是一个电能传输装置，变压器原、副线圈中的"电"是通过铁芯中的"磁"来相互联系的。变压器的能量转换"电"—"磁"—"电"。变压器中闭合铁芯通过聚磁，让原线圈磁感线更多通过副线圈，可以减少能量的损失。同时也为后面分析理想变压器能量损失埋下伏笔。

【设计思想】 在探究活动中学生要独立思考，有问题意识，有经验获得，有对研究方法的感悟，有思想认识上的收获。通过变压器结构的探究，引导学生在观察实验现象的过程中，主动发现问题、提出猜想，并自主建构知识，养成科学思维和科学探究的习惯。

4. 深究：探究变压器的原、副线圈电压和匝数的关系

【教师引导】 变压器的结构我们已经探究出来了，想要从副线圈得到我们需要的电压，就需要研究副线圈电压和什么因素有关？

【问题1】 猜想副线圈输出电压与什么因素有关？

【问题2】 如何设计实验来探究副线圈电压 U_2 与多个影响因素间的关系，采用什么样的研究方法？

【学生活动1】 通过问题讨论，猜想变压器输出电压 U_2 可能与输入电压 U_1、原线圈匝数 n_1、副线圈匝数 n_2 等有关。因此得用控制变量的实验方法验证猜想。

【教师活动1】 将学生分成 3 个大组，每一组研究其中的一个影响因素，而保持其他两个因素不变，探究这些因素如何影响变压器的输出电压 U_2，如图 4-5 所示。

【学生活动2】 如图 4-6 所示，依据自己的思考，结合变压器的特点，通过改变 n_1、n_2、U_1，观察电压 U_2 的变化。动手操作，记录数据。

【学生活动3】 分组汇报，归纳结论。（1）U_2 和 n_2 成正比关系；（2）U_2 和 n_1 成反比关系；（3）U_2 和 U_1 成正比关系。

图 4-5

图 4-6

【教师活动2】归纳 3 个组的实验探究结果，得出实验结论。$U_2 = k\dfrac{n_2}{n_1}U_1$，回顾牛顿第二定律的数据处理方式，将公式写为 $U_2 = k\dfrac{n_2}{n_1}U_1$

【设计思想】提高探究性教学的实效性，一是要凸显探究性教学的"魂"，即让学生经历"独立的思考，探索的实践"；二是要大胆舍去机械重复和技能重复的活动。在本环节中学生经历了独立思考，独立设计完成了探究方案，并分组自主地探究了 U_2 与 n_1、n_2、U_1 的关系，这种探究活动对学生来说就是探索性的实践。忽略其他次要因素对 U_2 的影响，就是舍去了技能重复性或机械重复性的活动。

5. 建模：探究理想变压器规律

【问题1】如何得到 k 值呢？请各组结合刚才的数据，计算 k 值。

【学生活动1】各组计算 k 值，并汇报计算结果（k 基本在 0.92~0.96）。

【问题2】各组求得的 k 略有不同，但都非常接近 1 而且比 1 小，是什么影响了 k 值？

【问题3】如果忽略变压器结构带来的漏磁，假设原、副线圈的磁通量变化率一样，k 是否等于 1？

【教师引导】科学探究除了实验探究还有理论探究，下面我们通过理论探究的方法来找出变压器的原、副线圈电压和匝数的关系。

【教师活动】通过法拉第电磁感应定律，在原、副线圈磁通量变化率相同的情况下推导

$$U_2 = \dfrac{n_2}{n_1}U_1 \quad 即 \quad \dfrac{U_1}{U_2} = \dfrac{n_1}{n_2}$$

【问题4】变压器实际工作中除了磁损哪些途径会损失能量？

【构建模型】讲解如果变压器在能量转化过程中，能够忽略掉各种能量损失，这样的变压器叫理想变压器，即忽略铜损、铁损和磁损。

【问题5】根据理想变压器的特点，能否推导理想变压器原、副线圈两端电流的关系。

【设计思想】本环节通过理论探究分析实验的误差来源，让学生体会到了抓住主要矛盾、忽略次要因素，建立理想化模型是科学研究中的重要研究方法，体会到了物理与

生活的紧密联系。通过法拉第电磁感应定律的理论探究进行补充，既回忆变压器的原理，又帮助学生进行深度思考，构建完整的知识体系。

6. 提升：学以致用，解决任务

【问题】根据变压器规律，通过计算，选择合适的输入电压、原线圈匝数和副线圈匝数，制作一个变压器来点亮桌子上 36 V 的灯泡，并用电压表测试电压是否为 36 V，如果不是请分析原因。

【学生活动】如图 4-7 所示，制作变压器点亮桌子上的灯泡，并学会分析原因。

【设计思想】将所学的知识用以指导生活生产是知识的一种重要转化，是教学多维度目标的一种重要的体现，真正实现从生活走向物理，从物理走向生活。

图 4-7

7. 拓展应用：手机无线充电器的制作

【教师引导】随着科技的发展，我们已经逐步进入到无线充电时代，我们熟悉的就有手机无线充电器，能否利用今天学习的知识来制作一个手机无线充电器？

【教师活动1】通过自制手机无线充电器，演示无线充电的过程，如图 4-8 所示。

【问题1】手机无线充电器为什么没有闭合铁芯，手机无线充电器有什么优点和缺点？

【问题2】手机无线充电器使用的是高频交变电流，为什么？

【教师总结】无线充电有许多优点，但也存在传输距离短、成本高、能力损耗大的不足，无线充电技术还需要不断的发展和改进，希望同学们能好好学习，用知识来推动科技的发展。

图 4-8

【设计思想】迁移与应用是深度学习的重要体现，不仅要深度理解学习情境，从浅表学习走向深度学习。物理知识由关联走向整合，将物理概念、科学原理、数学知识、技术技能等浅层知识有机结合，灵活运用不同学科知识处理真实情境，最终构建形成多维结构化知识体系，最终走向深度学习。

8. 课后实践类作业

（1）观察身边的变压器，了解各种变压器的异同，书写一份说明报告。

（2）利用电磁炉和小灯泡完成"隔空取电"实验，并通过实验分析影响小灯泡亮度的因素有哪些。

（3）动手自制手机无线充电器，或利用身边废旧的小电器自制一个无线充电小台灯、小风扇等。

【板书设计】

1. 变压器的原理：互感现象（电能→磁场能→电能）。
2. 变压器的结构：如右图所示。
3. 变压器规律：$U_2 = k\dfrac{n_2}{n_1}U_1$。
4. 理想变压器：没有能量损失。
   输出功率=输入功率

$$\dfrac{U_1}{U_2} = \dfrac{n_1}{n_2}, \quad P_1 = P_2, \quad I_1 U_1 = I_2 U_2 \quad \dfrac{I_1}{I_2} = \dfrac{U_2}{U_1} = \dfrac{n_2}{n_1}$$

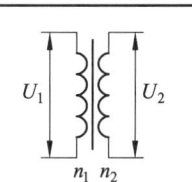

第四节 高中物理习题课教学设计

一、在习题课中，培养学生关键能力

在高中物理习题课中，可以通过培养以下关键能力来提高学生的核心素养。

（一）分析和解决问题的能力

在习题课中，学生需要通过分析问题的结构和要求，选择合适的物理原理和公式，并进行适当的数值计算。培养学生的问题分析和解决能力，可以帮助他们更好地应用物理知识解决实际问题。要培养学生的问题分析和解决能力，可以采取以下措施。

（1）强调问题分析的重要性：在习题课中，教师可以强调问题分析的重要性，并引导学生学会将复杂的问题拆解成更小的子问题。教师可以提供一些实例，让学生通过分析问题的结构和要求，逐步找出解决问题的关键点。

（2）提供解题策略和方法：教师可以向学生介绍一些常用的解题策略和方法，如问题分解、逆向思维、模型建立等。通过教授这些解题方法，学生可以学会如何有效地分析和解决问题。

（3）练习多样化的问题类型：在习题课中，教师可以设计多样化的问题类型，涵盖不同难度和复杂度的问题。通过练习不同类型的问题，学生可以培养灵活的问题分析和解决能力，逐步提高解题的准确性和效率。

（4）提供实际应用的问题：为了培养学生将物理知识应用于实际问题的能力，教师可以设计一些与实际生活或科学研究相关的问题。这样可以激发学生的兴趣，同时也能让学生更好地理解和应用物理知识。

（5）鼓励学生独立思考和讨论：在习题课中，鼓励学生独立思考和讨论问题。学生可以自己尝试解题，然后与同学进行讨论和交流。通过独立思考和合作讨论，学生可以不断提高问题分析和解决问题的能力。通过以上方法，可以培养学生的问题分析和解决能力，使他们能够更好地应用物理知识解决实际问题。这种能力的培养不仅有助于学生在物理学习中取得好成绩，还能培养他们的科学思维和解决问题的能力，为他们未来的学习和职业发展打下坚实的基础。

（二）批判性思维能力

在解题过程中，学生需要审视问题的假设和前提条件，评估解决方案的合理性和可行性。培养学生的批判性思维能力，可以帮助他们更好地评估和判断物理问题的解决方法和结果。要培养学生的批判性思维能力，可以采取以下措施：

（1）引导学生提出问题：在习题课中，教师可以引导学生主动提出问题，并鼓励他们对问题进行深入思考。学生可以质疑问题的假设和前提条件，提出不同的解释和观点，从而培养他们的批判性思维能力。

（2）鼓励学生进行论证和辩论：在习题课中，教师可以组织学生进行论证和辩论，让他们就问题的解决方法和结果展开讨论。学生可以提出自己的观点，并通过论证和辩论来支持自己的观点。这样可以培养学生的批判性思维能力，让他们学会评估和判断问题的解决方法和结果。

（3）提供多样化的解题思路：在习题课中，教师可以提供多样化的解题思路，让学生通过比较和评估不同的解题方法来培养批判性思维能力。学生可以尝试不同的方法，并分析其优缺点和适用范围，从而培养他们的批判性思维能力。

（4）强调证据和逻辑的重要性：在习题课中，教师可以强调证据和逻辑的重要性，并要求学生在解题过程中提供充分的证据和合理的逻辑推理。学生需要学会评估和判断证据的可靠性，以及逻辑推理的合理性，从而培养他们的批判性思维能力。

（5）提供实例和案例分析：为了培养学生的批判性思维能力，教师可以提供一些实例和案例,让学生进行分析和评估。学生可以从不同的角度来审视和评估实例和案例,从而培养他们的批判性思维能力。通过以上方法,可以培养学生的批判性思维能力,使他们能够更好地评估和判断物理问题的解决方法和结果。这种能力的培养不仅有助于学生在物理学习中取得好成绩,还能培养他们的批判性思维和解决问题的能力,为他们未来的学习和职业发展打下坚实的基础。

(三)创新和创造能力

在习题课中,学生可以被鼓励提出新的解题思路和方法,尝试不同的解决方案。培养学生的创新和创造能力,可以帮助他们在解决物理问题时思维更加灵活和独立。要培养学生的创新和创造能力,可以采取以下措施:

(1)鼓励学生提出新的解题思路和方法:在习题课中,教师可以鼓励学生提出新的解题思路和方法。学生可以从不同的角度出发,尝试不同的解决方案。教师可以给予学生积极的反馈和鼓励,激发他们的创新和创造潜能。

(2)提供开放性问题和项目:在习题课中,教师可以提供一些开放性的问题和项目,让学生有机会进行自主的探索和研究。学生可以根据自己的兴趣和想法,提出新的解决方案,并进行实践和验证。这样可以培养学生的创新和创造能力,让他们在解决物理问题时思维更加灵活和独立。

(3)鼓励学生进行实验和观察:在习题课中,教师可以鼓励学生进行实验和观察,以便发现新的现象和规律。学生可以通过实验和观察来验证自己的想法和解决方案,并进行改进和创新。这样可以培养学生的创新和创造能力,让他们在解决物理问题时能够灵活运用实验和观察的方法。

(4)提供多样化的资源和信息:为了培养学生的创新和创造能力,教师可以提供多样化的资源和信息,让学生能够广泛地获取和了解相关的知识和技术。学生可以通过学习和研究来获得新的灵感和思路,从而提出创新的解决方案。

(5)强调问题解决的过程和思维:在习题课中,教师可以强调问题解决的过程和思维,而不仅仅关注结果。学生需要学会思考和分析问题,提出合理的假设和解决方案,并进行实践和验证。教师可以引导学生反思和总结解题的过程,从中提取经验和教训,进一步培养他们的创新和创造能力。通过以上方法,可以培养学生的创新和创造能力,使他们能够在解决物理问题时思维更加灵活和独立。这种能力的培养不仅有助于学生在物理学习中取得好成绩,还能培养他们的创新和创造能力,为他们未来的学习和职业发展打下坚实的基础。

(四)合作与沟通能力

在习题课中,学生可以通过小组讨论和合作学习的方式互相交流和分享解题思路和方法。培养学生的合作与沟通能力,可以帮助他们更好地与他人合作解决问题,同时也能提高他们的表达和交流能力。要培养学生的合作与沟通能力，可以采取以下措施。

（1）小组讨论和合作学习：在习题课中，教师可以将学生分成若干个小组，让他们一起讨论和解决问题。学生可以互相交流和分享解题思路和方法，相互学习和借鉴。这样可以培养学生的合作与沟通能力，让他们学会与他人合作解决问题。

（2）引导学生进行有效的沟通：在习题课中，教师可以引导学生进行有效的沟通。学生需要学会倾听他人的观点和意见，表达自己的想法和解决方案。教师可以提供一些沟通技巧和方法，帮助学生更好地与他人进行交流和合作。

（3）提供合作学习的机会：在习题课中，教师可以提供一些合作学习的机会，让学生有机会与他人一起解决问题。学生可以通过合作学习来分享和借鉴他人的解题思路和方法，同时也能提高他们的表达和交流能力。

（4）强调团队合作的重要性：在习题课中，教师可以强调团队合作的重要性。学生需要明白，团队合作可以提高解决问题的效率和质量，同时也能培养他们的合作与沟通能力。教师可以给予学生积极的反馈和鼓励，激发他们的合作热情和动力。

（5）提供反馈和评价机制：在习题课中，教师可以提供反馈和评价机制，让学生能够及时了解自己的合作与沟通能力的表现。可以给予学生积极的反馈和建议，帮助他们改进和提高自己的合作与沟通能力。

通过以上方法，可以培养学生的合作与沟通能力，使他们能够更好地与他人合作解决问题，并提高他们的表达和交流能力。这种能力的培养不仅有助于学生在物理学习中取得好成绩，还能培养他们的合作与沟通能力，为他们未来的学习和职业发展打下坚实的基础。

（五）科学表达能力

在习题课中，学生可以通过口头演讲、海报展示等方式向同学和教师展示解题过程和结果。培养学生的科学表达能力，可以帮助他们更好地将物理知识和思维过程清晰地传达给他人。要培养学生的科学表达能力，可以采取以下措施。

（1）口头演讲：在习题课中，可以安排学生进行口头演讲，向同学和教师展示解题过程和结果。学生需要学会清晰地陈述问题、分析问题和解决问题的思路和方法，以及得出的结论。教师可以提供一些演讲技巧和方法，帮助学生提高科学表达能力。

（2）海报展示：在习题课中，可以要求学生制作海报，展示解题过程和结果。学生可以通过图表、文字等方式将物理知识和思维过程清晰地传达给他人。教师可以提供一些展示技巧和方法，帮助学生提高科学表达能力。

（3）写作练习：在习题课中，可以安排学生进行写作练习，要求他们写出解题过程和结果。学生需要学会用准确、清晰的语言表达物理知识和思维过程。教师可以提供一些写作技巧和方法，帮助学生提高科学表达能力。

（4）提供反馈和评价机制：在习题课中，教师可以提供反馈和评价机制，让学生能够及时了解自己的科学表达能力的表现；可以给予学生积极的反馈和建议，帮助他们改进和提高自己的科学表达能力。

（5）鼓励学生参与科学竞赛和展示活动：在习题课之外，可以鼓励学生参与科学竞赛和展示活动，提供更多展示和锻炼科学表达能力的机会。通过参与这些活动，学生可以更好地展示自己的物理知识和思维过程，提高科学表达能力。

通过以上方法，可以培养学生的科学表达能力，使他们能够更好地将物理知识和思维过程清晰地传达给他人。这种能力的培养不仅有助于学生在物理学习中取得好成绩，还能培养他们的科学表达能力，为他们未来的学习和职业发展打下坚实的基础。

通过培养以上关键能力，可以提高学生的核心素养，使他们在解决物理问题时具备全面的能力和素养。这种综合能力的培养不仅有助于学生更好地理解和掌握物理知识，还能培养他们的科学思维和解决问题的能力。

二、在习题课的教学设计中培养学生关键能力

核心素养是指学生在学习过程中所需具备的一系列基本能力和素养，包括批判性思维、创新能力、沟通能力、合作能力等。在高中物理习题课的教学设计中，可以通过以下方式培养学生的核心素养和关键能力。

（一）批判性思维能力培养

提供挑战性的习题：设计一些具有一定难度和复杂性的习题，鼓励学生进行深入思考和分析，培养他们的批判性思维能力。在高中物理习题课的教学设计中，可以通过提供挑战性的习题来培养学生的批判性思维能力。以下是一些具体的教学策略和示例：

（1）引导学生进行问题分析：在课堂上提供一些具有挑战性的习题，要求学生仔细阅读题目，并分析问题的本质和要求。

（2）引导学生提出相关问题，例如：为什么这个问题具有难度？有哪些可能的解决方法？是否有多个答案等。

（3）激发学生的思考和讨论：鼓励学生在小组或班级中讨论习题，分享各自的分析和解决思路。提供一些引导性问题，帮助学生深入思考和分析，例如，问题的关键点是什么？有哪些可能的因果关系等。

（4）引导学生进行推理和论证：鼓励学生运用物理原理和知识，进行推理和论证，解决复杂的习题。提供一些提示和指导，帮助学生建立正确的推理链条和论证过程。

（5）提供反馈和评价：对学生的解题过程和答案进行及时地反馈和评价，指出问

题和改进的方向。鼓励学生对自己的解题过程进行反思和总结，发现自己的不足和改进之处。

（6）引导学生提出问题：鼓励学生在解题过程中提出问题，思考问题的本质和解决方法，培养他们的问题解决能力。

【示例】一辆汽车以 30 m/s 的速度行驶，司机突然发现前方有一个障碍物，需要紧急刹车。汽车的刹车距离为 40 m，刹车加速度为 5 m/s²。请计算汽车从发现障碍物到完全停下来所需的时间。

【解题思路】学生需要理解问题的背景和要求，明确需要计算的是汽车从发现障碍物到完全停下来所需的时间。学生需要分析问题的关键点，即汽车的速度、刹车距离和刹车加速度。学生可以使用物理公式 $v^2-v_0^2=2as$，其中 v 为最终速度（0 m/s），v_0 为初始速度（30 m/s），a 为加速度（-5 m/s²），s 为刹车距离（40 m）。学生需要代入已知的数值，解方程求解未知的时间 t。学生需要检查答案的合理性，例如刹车时间是否小于汽车的反应时间等。通过这样的习题设计和引导，学生需要进行深入思考和分析，运用物理知识解决复杂的问题，培养他们的批判性思维能力。同时，教师的引导和反馈也能帮助学生发现问题并进行改进，提高他们的解题能力和思维水平。

（二）创新能力培养

鼓励学生寻找多种解题方法：引导学生思考不同的解题思路和方法，培养他们的创新能力。提供开放性的习题：设计一些开放性的习题，鼓励学生进行探索和创新，培养他们的创新思维和能力。在物理学习中培养学生的创新能力是非常重要的。以下是一些教学策略和示例，可以帮助学生寻找多种解题方法和培养创新思维。

（1）引导学生思考不同的解题思路和方法：在解题过程中，鼓励学生思考多种可能的解决方法，而不仅仅局限于传统的方法。提供一些引导性问题，帮助学生思考和探索不同的思路，例如，有没有其他的物理原理可以应用？是否可以进行类比和类推等。

（2）鼓励学生进行探索和创新：提供一些开放性的习题，让学生有更多的自由度和创造力来解决问题。鼓励学生进行实验和观察，以发现新的现象和规律，并尝试解释和应用它们。

（3）提供支持和指导：在学生的探索和创新过程中，及时提供支持和指导，帮助他们克服困难和解决问题。鼓励学生相互交流和合作，分享彼此的思考和发现，互相启发和促进创新。

【示例】一个小球从斜面上滑下，滑下的时间和滑行的距离之间是否存在某种关系？如果存在，这种关系是什么？

【解题思路】学生可以进行实验，通过改变斜面的角度或高度，观察小球滑行的时间和距离，并记录数据。学生可以进行观察和测量，分析小球滑行的速度和加速度的变化，尝试找出时间和距离之间的关系。学生可以应用物理原理，例如用运动学公式，来分析小球滑行的时间和距离之间的关系。也可以进行推理和论证，通过逻辑推理和实验数据的支持，得出结论并解释原因。通过这样的开放性习题和引导，学生需要进行探索和创新，运用自己的思考和实践来解决问题。这样的教学设计可以培养学生的创新思维和能力，激发他们的兴趣和动力，促进他们在物理学习中的全面发展。

（三）沟通能力培养

在物理学习中培养学生的沟通能力是非常重要的。以下是一些教学策略和示例，可以帮助学生培养沟通能力。

（1）设计小组讨论活动：将学生分成若干个小组，让他们共同解决习题，并进行讨论和交流。鼓励学生互相分享自己的思考和解题方法，倾听和尊重别人的观点和意见。引导学生学会提问和回答问题，培养他们的沟通能力和团队合作能力。

（2）提供演讲和展示机会：鼓励学生通过口头演讲、海报展示等方式向同学和教师展示解题过程和结果。提供一些演讲和展示的指导和要求，例如清晰的表达思路、使用合适的图表和数据等。在演讲和展示后，鼓励学生互相提问和交流，促进深入地思考和讨论，培养他们的科学表达和沟通能力。

（3）提供反馈和指导：在学生的沟通和表达过程中，及时提供反馈和指导，帮助他们改进和提高。鼓励学生相互评价和分享意见，互相学习和进步。

【示例】通过实验测量得到一组数据，请学生分组讨论并解释这些数据的意义和规律。

【小组讨论活动】将学生分成若干个小组，每个小组分析一组实验数据，并讨论这些数据的意义和规律。学生可以互相分享自己的分析和解释，讨论不同的观点和解释。也可以通过提问和回答问题，互相促进思考和理解。每个小组可以向其他小组展示他们的分析和解释，并接受其他小组的评价和意见。

【演讲和展示机会】每个小组选择一名代表，通过口头演讲的方式向全班展示他们的分析和解释。学生可以使用图表、数据和实验结果来支持他们的演讲。其他学生可以提问和提供反馈，促进深入地思考和讨论。通过这样的小组讨论和演讲展示，能够进行有效的沟通和表达，培养他们的沟通能力和团队合作能力。这样的教学设计可以帮助学生更好地理解和应用物理知识，同时也提高他们的科学表达和沟通能力。

（四）合作能力培养

培养学生的合作能力对于学生的全面发展非常重要。以下是一些教学策略和示例，可以帮助学生培养合作能力。

（1）引导学生合作解题：在习题课中，设计一些需要学生合作解决的习题，例如探究性问题或复杂的应用题。将学生分成若干个小组，让他们共同思考、讨论和解决问题。鼓励学生互相帮助和支持，分享自己的思考和解题方法，培养他们的合作能力和团队合作精神。

（2）定期组织小组竞赛：将学生分成小组进行竞赛，例如解决一系列物理题目或进行实验设计。设定时间限制，鼓励学生相互合作、协作，共同完成任务。老师可以提供一些奖励，激发学生的竞争意识和积极性。

（3）提供反馈和指导：在学生的合作过程中，及时提供反馈和指导，帮助他们改进和提高。鼓励学生相互评价和分享观点，互相学习和进步。

【示例】习题解决小组合作活动：将学生分成若干个小组，每个小组共同解决一组习题。学生可以互相讨论和分享自己的思考和解题方法，共同找出解题的思路和方法。每个小组可以选择一名代表向全班同学展示他们的解题过程和结果。全班同学也可以对每个小组的解题过程和结果进行评价和讨论。

小组竞赛活动：将学生分成若干个小组，每个小组进行一场物理题目的竞赛。设定时间限制，鼓励学生相互合作、协作，共同解决问题。每个小组可以通过口头答题或书面答题的方式提交他们的答案。教师可以根据答案的准确性和时间的快慢进行评分和排名。通过这样的合作解题和小组竞赛活动，促进学生相互合作、协作，培养他们的合作能力和团队合作精神。这样的教学设计可以帮助学生更好地理解和应用物理知识，同时也提高他们的合作能力和竞争意识。

在教学设计中，需要注意以下几点：
（1）设计具有挑战性和启发性的习题，激发学生的兴趣和求知欲。
（2）给予学生足够的自主学习和探索的空间，培养他们的自主学习能力。
（3）提供及时的反馈和评价，帮助学生发现问题并改进。
（4）鼓励学生多样化的思考方式和解题方法，培养他们的多元思维能力。

通过以上教学设计，可以培养学生的核心素养和关键能力，提高他们的学习效果和综合素质。同时，也能够激发学生的学习兴趣和动力，促进他们在物理学习中的全面发展。

【习题课教学设计】
《电场性质的综合应用》教学设计。
【指导思想】
《普通高中物理课程标准（2017年版2020年修订）》在实施建议中指出："结合教学的实际情况，创造性地开展教学工作，将物理学科核心素养的培养贯穿于物理教学活动的全过程。"

1. 基于物理学科核心素养确定教学的目标和内容

发展学生的科学思维能力是重要的教学目标之一。建构模型是一种重要的科学思维方法，点电荷、匀强电场等物理概念和匀变速直线运动等物理过程都是物理模型。教师在教学中要让学生体会建构这些物理模型的思维方法，理解模型的适用条件，能通过模型来研究实际问题。

无论是物理知识的教学，还是物理问题的解决，都要引导学生发现和提出问题，根据解决问题的需要，收集和选择有用信息，基于证据和逻辑对问题作出合理解释，培养学生具有准确表述问题解决过程与结果的意愿和能力。

2. 在教学设计和教学实施过程中重视情境的创设

创设情境进行教学，对培养学生的物理学科核心素养具有关键作用。我们常说某个问题很"活"，其"活"的本质之一在于情境的转化，能不能把问题中的实际情境转化成解决问题的物理情境，建立相应的物理模型，这是应用物理观念思考问题、应用物理知识分析解决问题的关键。

3. 通过问题解决促进物理学科核心素养的达成

应把物理课程中所形成的物理观念和科学思维用于分析、解决生产生活中的问题，在解决问题中进一步提高探究能力、增强实践意识、培养科学态度，促进物理学科核心素养的形成。

【学情分析】

（1）结合现阶段学生的认知结构、认知水平以及知识跨度，分析学生学情如下：

高考一轮复习通过力和运动、功和能的学习，学生已经基本树立了核心素养物理观念的物质观、运动观、能量观及相互作用观，初步具备了科学思维的模型构建、科学推理等能力。在完成了《静电场》整章复习后，对于静电场力的性质和能的性质的相关知识已基本掌握，已经具备解决电场性质的综合问题的能力。那么，如何培养其科学态度与责任，认识科学本质，在理解科学、技术、社会、环境的关系基础上形成对科学和技术应有的正确态度和责任心？如何解决高考中，以生产生活为情境化背景，考查电场相关问题的试题？这是学生亟待解决的问题，采用"核心素养导向的情境教学思想"设计并讲授"电场性质的综合应用"已经到了水到渠成的时候了。

（2）针对学生的学情，给出相应的学法指导：

为适应高三学生认知特点和思维发展水平，在本节课教学中，通过演示实验激发学生的学习和探索欲望，通过情境转化引导学生观察思考、抽象建模、应用规律、解决问题，回顾电场整章知识框架，梳理各知识点之间的内在联系，在其中渗透解决情境化问题的解题思路和方法。

通过自制实验装置的展示和开放式设计问题，点燃学生的创造热情，升华教师的教育灵魂，达成高中物理核心素养。从生活走向物理，从物理走向社会，实现立德树人的根本任务。

【教学目标】

1. 物理观念

（1）知道点电荷模型；知道两个点电荷间相互作用的规律。

（2）知道电场是一种物质，了解电场强度。

（3）知道静电场中的电荷具有电势能；了解电势能、电势和电势差的含义；知道匀强电场中电势差与电场强度的关系。

2. 科学思维

（1）体会用物理量之比定义新物理量的方法；会用电场线描述电场。
（2）能分析带电粒子在电场中的运动情况；能解释相关的物理现象。
（3）运用"转化、建模、规律"途径解决情境化问题的科学方法。

3. 科学探究

（1）通过实验，了解静电现象。
（2）了解生产生活中关于静电的利用与防护。

4. 科学态度与责任

（1）观察并理性分析生活和生产中的静电现象，认识科学本质。
（2）树立以大胆质疑、勇于创新、实事求是的态度进行科学研究的精神。
（3）将物理学知识应用于生产和生活，树立将知识与技能服务于人类社会的进步与发展的责任感与使命感。

通过以上四维目标的实现，不仅可以达到本节课的教学目标，也可以实现学科知识、学生创造、社会发展三方面的整合。

【教学重点与难点】

教学重点：（1）电场力的性质和能的性质的综合分析。
（2）情境化问题的解题方法和流程。

教学难点：情境转化和构建模型，运用物理规律对模型进行科学分析并解决问题。

【教学策略选择与设计】

为了打造"情境创设，合作探究，对标高考，渗透素养"的高考一轮复习课的课堂特点，突出重点，突破难点，通过对本章的课程标准和高考评价标准分析，遵照新课程改革的具体目标之一"密切课程内容与生活和时代的联系"的理念。本节课主要采用情境创设、启发式、实验法、分析法、归纳法和讨论法等教学方法。通过师生一起树立电场整章知识网络，探索发现解决情境化问题的方法，围绕本章知识进行深度学习，发散迁移，激发学生学习兴趣，充分调动学生学习积极性，体现以"教师为主导，学生为主体"的新课程教学原则。

具体的教学手段有多媒体课件展示、演示实验、讲授法、合作研讨法等。

【教具准备】

自制"模拟静电除尘"装置、电子起电机、思维导图用纸等。

【教学过程】

教学过程	教学内容		设计意图	核心素养
	教师活动	学生活动		
课程引入	宣讲习近平总书记在党的十九大报告中指出："绿水青山就是金山银山"节约资源和环境保护的基本国策。 提出工业生产中粉尘污染的现实问题，利用自制"模拟静电除尘"装置，演示静电除尘的效果	学生观察静电除尘的实验现象，学习兴趣浓厚。结合装置和操作，思考静电除尘的原理	国策宣传让学生树立知识报国的责任感和使命感。 通过引入情景，激发学生的学习兴趣，激起学生的求知欲。 瞬间除尘效果明显，调动学生的积极性，活跃了课堂气氛	【科学态度与责任】 观察并理性分析生产中的静电现象，认识科学本质。树立将知识与技能服务于人类社会的进步与发展的责任感与使命感
课程教学	【情境一】静电除尘 （一）情境转化，回归教材 1. 请学生简述静电除尘的基本原理。 2. 回归教材，点明考点：静电除尘问题的本质是电场性质的综合应用问题。 3. 引发学生思考。 （二）理想简化，构建模型 1. 引导学生思考理想化假设的条件。 （1）忽略边缘效应，认为筒内辐向电场； （2）将粉尘颗粒视为点电荷； （3）带电颗粒只在电场力作用下运动。 2. 基于理想化假设建立物理模型	学生思考并简述静电除尘的基本原理。 阅读教材内容，剖析关键词句。 思考研究问题的主要矛盾和次要矛盾。 将模型与情境一一对应	将复杂的静电除尘工艺进行情境转化，符合认知规律，为本节学习奠定基础。 一轮复习中引导学生有意识回归教材，把握主干知识。 通过情境分析进行理想简化，抽象建模，是解决情境问题的核心能力。	【科学探究】 通过实验，了解静电现象，了解生产生活中关于静电的利用与防护。 【科学思维】 运用"转化、建模、规律"途径解决情境化问题的科学方法

（三）解决问题，回顾整章 例：电场如图所示，带负电的粒子只在电场力作用下，请解决以下问题： （1）比较 A、B 两点的场强大小及电势高低。 （2）若某粒子在 A 点 $v_0=0$，请简述：粒子将做怎样的运动（用 v-t 图像描述运动）？ （3）定性画出已知初速度方向的粒子的运动轨迹。 （4）若两粒子带等量负电荷，分别从 C 点沿路径①②运动到筒壁上 M 点和 N 点，请比较电场力做功多少，两粒子在 M、N 两点电势能高低。 （5）从 C 点沿不同路径运动到筒壁的粒子，动能变化量是否相同？ （四）思维进阶，对标高考 【2021 年广东省普通高中学业水平选择考适应性测试，4】 如图所示，在某静电除尘器产生的电场中，带等量负电荷的两颗微粒只受电场力作用，分别从 P 点沿虚线 PM、PN 运动，被吸附到金属圆筒上。下列说法正确的是（　　）	学生审题，抓住关键词解决带电粒子在非匀强电场中的运动问题。 针对带电粒子在电场中的运动，（1）（2）（3）问考查电场力的性质解决问题，（4）（5）问主要考查电场能的性质。 学生在逐项解决问题并阐明理由的同时，以思维导图的形式回顾整章知识。 学生利用已经构建的电场性质的知识网络，应用知识和技能解决高考适应性考试真题	基于所构建的带电粒子在非匀强电场中运动的模型，设置一系列有梯度的问题，从电场的基本特点、电场力的性质和能的性质分析问题，让学生在应用知识解题过程中，回顾整章基本知识，梳理知识框架，形成网状联系。 通过剖析静电除尘情景问题，通过情境转化，抽象建模，应用规律，解决问题等一系列教学活动，学生构建电场性质的知识网络，应用知识和技能快速解决高考适应性考试真题，让学生消除对高考的畏惧心理，树立考试自信	【物理观念】 知道两个点电荷间相互作用的规律，了解电场强度，了解电势能、电势和电势差的含义，知道匀强电场中电势差与电场强度的关系。 【科学思维】 能分析带电粒子在电场中的运动情况，能解释相关的物理现象。 【科学态度与责任】 树立学科自信，树立实事求是的科学研究精神

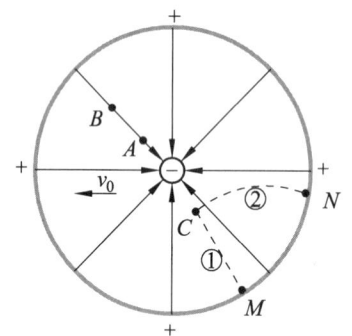

				续表
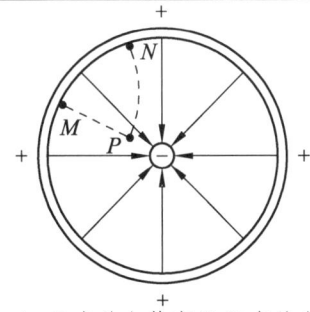 A. P 点的电势高于 N 点的电势 B. 微粒在 P 点的电势能小于在 M 点的电势能 C. 微粒从 P 到 N 的动能变化量大于从 P 到 M 的动能变化量 D. 微粒从 P 到 N 的电势能变化量等于从 P 到 M 的电势能 （五）能力提升，综合应用 【情境二】静电分选器（播放视频） 某种静电分选器的原理示意图如图所示。两个竖直放置的平行板带有等量异种电荷，形成匀强电场。分选器漏斗的出口与两板上端处于同一高度，到两板的距离相等。混合在一起的 a、b 两种颗粒从漏斗出口下落时，带上异种电荷。颗粒进入电场时的初速度为零，经分选电场后，a、b 两种颗粒分别落到水平传送带 A、B 上（电场仅局限在平行板之间；分选过程中颗粒大小及颗粒间的相互作用力不计）。 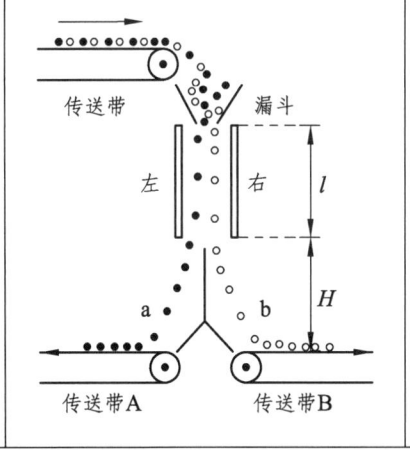	学生通过审题及附加条件，观察静电分选器结构图，理解题意，构建物理模型，选择相应规律解决下列问题。 小组合作，讨论研究，选派代表，交流分享。 根据运动的独立性，分析运动的特点。 进一步追问：利用 v-t 图像描述运动特点	训练检测，精讲释疑，巩固提升。 基于【情境一】静电除尘这一简单情境问题，在【情景二】情境难度适当提升，由单一作用力升级到运动合成，对学生的知识综合性和信息整合能力均有更高的要求，进一步提升学生分析问题和解决问题的能力。 第一大项问题以定性分析问题为主，旨在考查学生对于物理知识间关联推导能力，达成能分析带电粒子在电场中运动的科学思维目标	【科学思维】 运用"转化、建模、规律"途径解决情境化问题的科学方法。 【科学探究】 通过实验，了解静电现象。了解生产生活中关于静电的利用与防护。 【科学态度与责任】 观察并理性分析生产中的静电现象，认识科学本质

续表

请解决以下问题： 1. 若 a、b 两种颗粒质量相等且带等量异种电荷，则在分选的过程中： （1）请描述两种颗粒的运动。 （2）两种颗粒的电势能如何变化？ （3）判断：离开分选电场时，两种颗粒的水平侧移量是否相等。 2. 已知 a 种颗粒带上正电，b 种颗粒带上负电。两板间距离 $d=0.1$ m，板的长度 $L=0.5$ m，各颗粒所带电量大小与其质量之比均为 1×10^{-5} C/kg，要求两种颗粒离开电场区域时，不接触到极板但有最大偏转量。两带电平行板的下端距传送带 A、B 的高度差 $H=0.3$ m，传送带足够长，重力加速度 $g=10$ m/s²。 （1）左右两板各带何种电荷？两板间的电压多大？ （2）颗粒落至传送带前瞬间的速度大小是多少（结果可带根号）？ （3）设颗粒每次与传送带碰撞反弹时，沿竖直方向的速度大小为碰撞前竖直方向速度大小的一半，请写出颗粒第 n 次碰撞反弹高度的表达式，并求出经过多少次碰撞，颗粒反弹的高度小于 0.01 m。 （六）活学活用，讨论交流 【情境三】静电推进装置 1. 根据以下情境，自主预设考点问题，小组分享交流： 某种静电推进装置的原理图如图所示，发射极与吸极接在高压电源	从电场力做功和带电粒子的电势与电势能之间关系两个角度分析。 从力与运动和功能关系两个角度说明这一问题，将电场力与能的性质双向互通。 相较第一项问题，条件有一定变化并赋予数据计算，学生需审清新的条件，抓住关键词作为突破口，进而解决新的问题。 根据运动的信息，反推力学信息，得到板间电压，训练逆向思维能力。 对于复杂的多过程问题，学生利用力和运动、动能定理都可以解决，让学生对比方法间的优劣，训练解题技巧。 开放式讨论问题，进一步训练逻辑递推数学归纳法的能力。	难度进一步提升，能力进一步延伸，从定性分析升级到定量计算，从单一区域（电场）问题升级到多过程问题，从确定性问题升级到开放性讨论问题。 对于综合性解答题，学生自然地有畏惧感，由第一项定性分析作为基础，过渡到综合性强的定量计算题，学生思维实现顺利衔接。 在将数学知识应用在解决物理问题时，不能简单进行数学推导，还要结合物理量实际的物理意义分析结论。	【科学探究】 了解生产生活中的静电现象。 【科学态度与责任】 观察并理性

续表

两端，两极间产生强电场，虚线为等势面，在强电场作用下，一带电液滴从发射极加速飞向吸极，a、b是其路径上的两点，不计液滴重力。 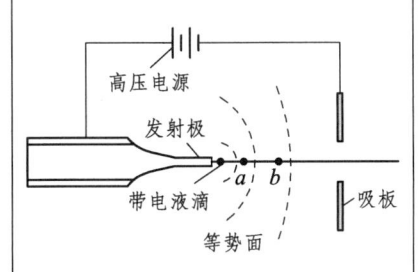 [图：高压电源、发射极、带电液滴、等势面、吸板] 2. 结合学生自行预设的问题，揭秘2021年广东高考真题： A. a点的电势比b点的低 B. a点的电场强度比b点的小 C. 液滴在a点的加速度比在b点的小 D. 液滴在a点的电势能比在b点的大 3. 在高考题的基础上，添加衔接多过程，让学生进一步预设问题。 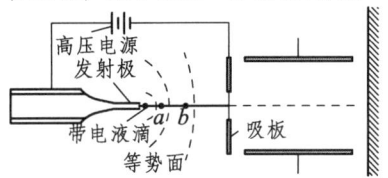 [图：高压电源、发射极、带电液滴、等势面、吸板] （七）训练检测，巩固提升 【情境四】静电喷墨打印机 1. 如图所示为喷墨打印机的简化模型，墨盒可以喷出质量一定的墨汁微粒（重力不计），经带电室带负电后，以一定的初速度v垂直射入偏转电场从M、N间经偏转后打到纸上P点，显示出字符，则（　　）。	学生积极参与讨论、思考，大胆提出预设问题，相互质疑并给出解答思路。 例如：比较电势、场强、电场力、加速度，求电场力做功，比较电势能等。 学生惊叹自己已经有能力预测高考试题，高考已经尽在掌握。 真题中的静电推进器充当加速电场，衔接平行板作为偏转电场，再给一块接收屏，将问题丰富延伸。学生可预设的问题更多，思路更加开阔综合。例如：粒子的侧移距离、偏转角，打到接收屏的位置等。 精讲释疑，训练检测，通过及时训练，	创设呈现新的情境，让学生感悟电场的相关知识在生产和生活中的广泛应用。 让学生通过"今年高考我出题"的体验活动，增强课堂趣味性，增强学生的考试自信，为学生迎接高考做好心理建设。 在高考一轮整章复习课中增添预设问题的环节，一方面增强了课程的丰富性和趣味性，另一方面让学生真正走进科学，了解和体会从生活走向物理，从物理走向社会的新课程理念，培养勇于科学探索的精神，学以致用，知识报国的社会责任感与使命感。	分析生活和生产中的静电现象，认识科学本质。 树立以大胆质疑、勇于创新、实事求是的态度进行科学研究的精神。 将物理学知识应用于生产和生活，树立将知识与技能服务于人类社会的进步与发展的责任感与使命感。 通过深度学习，进一步落实高中物理核心素养："物理观念""科学思维"

			续表
A. M 板电势低于 N 板电势 B. 穿过偏转电场过程微粒的电势能减小 C. 减小偏转电场的电压可以使 P 点下移 D. 减小墨汁微粒的喷出速度可以使 P 点下移 2. 喷墨打印机的结构简图如图所示，其中墨盒可以发出墨汁微滴，其半径约为 1×10^{-5} m，此微滴经过带电室时被带上负电，带电的多少由计算机按字体、笔画、高低、位置输入信号加以控制。带电后的微滴以一定的初速度进入偏转电场，带电微滴经过偏转电场发生偏转后，打在纸上，显示出字体，无信号输入时，墨汁微滴不带电，径直通过偏转板而注入回流槽流回墨盒。设偏转板板长 L_1=1.6 cm，两板间的距离为 d=0.50 cm，偏转板的右端距纸 L_2=3.2 cm，若一个墨汁微滴的质量为 m=1.6×10^{-10} kg，以 v_0=20 m/s 的初速度垂直于电场方向进入偏转电场，两偏转板间的电压是 U=8.0×10^3 V，若墨汁微滴打到纸上的点距原射入方向的距离是 2.0 mm。 （1）求这个墨汁微滴通过带电室带的电量是多少（不计空气阻力和重力，可认为偏转电场只局限于平行电容器内部，忽略边缘电场的不均匀性）？ （2）为了使纸上字体放大 10%，请你分析提出一个可行的方法。	学生通过本节学习基本掌握电场整章知识框架和解决情境类问题的方法，通过又一个新的情境分析作为训练检测学习效果的练习，巩固提升本课的知识和能力	让学生熟练系统地掌握电场性质的知识网络，更深刻地理解解决情境类问题的方法，达到巩固知识，提升课堂效果的目的	"科学探究""科学态度与责任"的各项目标

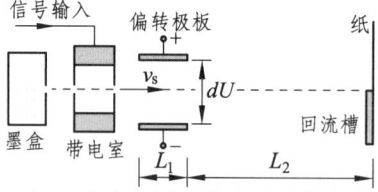

续表

课堂小结	通过研究近年来各地，特别是广东高考物理题我们发现，电场知识常常围绕着力的性质和能的性质展开，又多依托生产生活中的静电现象为情境背景进行考查。 本节课我们回顾了电场的基本知识，从力的性质和能的性质构建本章知识网络，先后多次展现电场中的情境化问题，梳理解决情境类问题的"三部曲"。 在分析这些情境的基础上，逐步解释其物理本质，建立物理模型，形成物理规律。这样有助于加深对物理概念、物理规律建立过程的理解，这是研究物理问题的重要方法。 电场知识框架（含 $F=Eq$，$F=ma$，$U_{AB}=\varphi_A-\varphi_B$，$W=Uq$，$E_p=\varphi q$，$W=-\Delta E_p$ 等） 图文信息隐含条件—物理问题 情境信息—物理观念—物理模型—科学思维 转化→建模→规律 审理读解题意景／草分图析辅过助程／理建想立简模化型	学生在老师的引领下迅速回顾本节课的知识内容，强化记忆重点和难点，复习基础知识。 梳理解决情境类问题的步骤方法，提升关键能力		通过深度学习，进一步落实高中物理核心素养："物理观念""科学思维""科学探究""科学态度与责任"的各项目标
作业布置	1.《导学案》课后练习题：静电喷墨打印机。 2. 思考：本节课的收获和尚存的疑惑。 3. 查找静电场相关的应用情境，尝试发现并探索其中的奥秘	小结本节课的所学、所知，进行课后反思。 研究性学习向课外延伸	通过学生的自我评价，培养学生不断总结，不断修正认识的学习态度，同时更好地体现以学生为主体，教师为主导的教学理念。 通过研究性学习任务布置，达到深度学习的目的	布置基础性作业和探究性作业，采用发展性评价的方式，巩固"物理观念"，熟练"科学思维"，树立"科学态度与责任"

【板书设计】

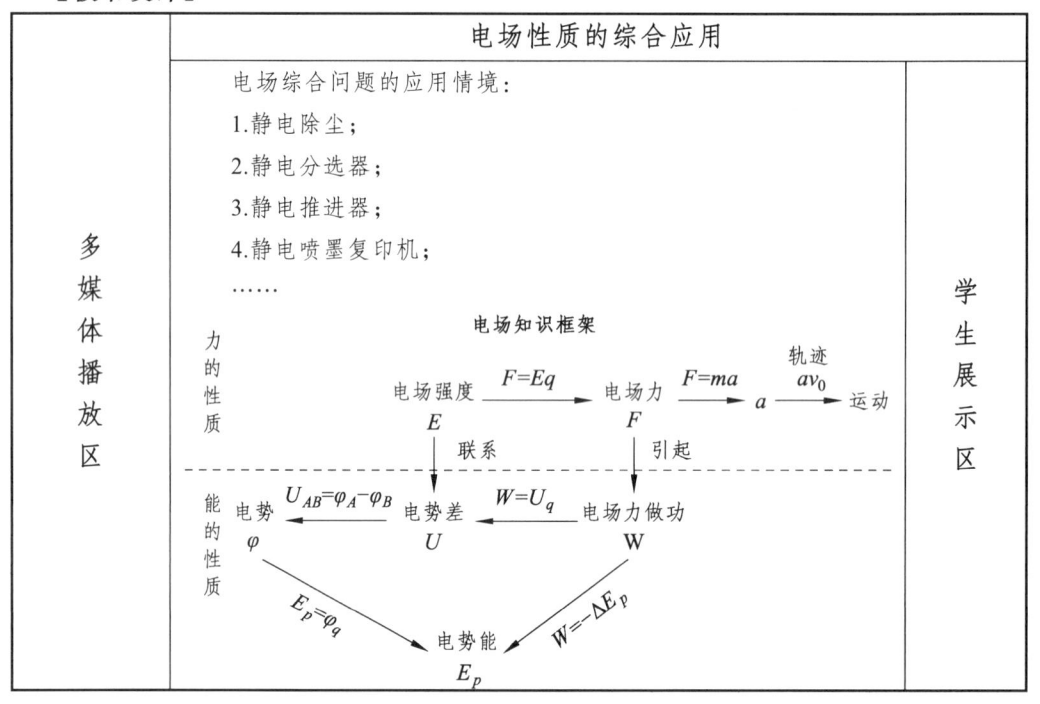

多媒体播放区	电场性质的综合应用	学生展示区
	电场综合问题的应用情境： 1.静电除尘； 2.静电分选器； 3.静电推进器； 4.静电喷墨复印机； …… 电场知识框架 力的性质：电场强度 E $\xrightarrow{F=Eq}$ 电场力 F $\xrightarrow{F=ma}$ a $\xrightarrow{\text{轨迹} av_0}$ 运动 联系 ↓ 引起 ↓ 能的性质：电势 φ $\xleftarrow{U_{AB}=\varphi_A-\varphi_B}$ 电势差 U $\xleftarrow{W=Uq}$ 电场力做功 W $E_p=\varphi q$ ↘ 电势能 E_p ↖ $W=-\Delta E_p$	

参考文献

一、学位论文

[1] 谭颖. 高中化学课堂教学中关键能力培养策略的案例研究[D]. 重庆：西南大学，2021.

[2] 李雨阳. 核心素养视角下学习进阶理论在高中物理教学中的应用[D]. 哈尔滨：哈尔滨师范大学，2022.

二、图书类

[1] 中华人民共和国教育部. 普通高中物理课程标准（2017年版）[M]. 北京：人民教育出版社，2018.

[2] 廖伯琴. 普通高中物理课程标准（2017年版2020年修订）解读[M]. 北京：高等教育出版社，2021.

[3] 教育部考试中心. 中国高考评价体系说明[M]. 北京：人民教育出版社，2019.

[4] 人民教育出版社课程教材研究所物理课程教材研究开发中心[S]. 物理必修一. 北京：人民教育出版社，2019.

[5] 人民教育出版社课程教材研究所物理课程教材研究开发中心[S]. 物理必修二. 北京：人民教育出版社，2019.

[6] 人民教育出版社课程教材研究所物理课程教材研究开发中心[S]. 物理必修三. 北京：人民教育出版社，2019.

[7] 人民教育出版社课程教材研究所物理课程教材研究开发中心[S]. 物理选择性必修一.北京：人民教育出版社，2019.

[8] 人民教育出版社课程教材研究所物理课程教材研究开发中心[S]. 物理选择性必修二.北京：人民教育出版社，2019.

[9] 人民教育出版社课程教材研究所物理课程教材研究开发中心[S]. 物理选择性必修三.北京：人民教育出版社，2019.

[10] 广东教育出版社课程教材研究所物理课程教材研究开发中心[S]. 物理必修一. 广州：广东教育出版社，2019.

[11] 广东教育出版社课程教材研究所物理课程教材研究开发中心[S]. 物理必修二. 广州：广东教育出版社，2019.

[12] 广东教育出版社课程教材研究所物理课程教材研究开发中心[S]. 物理必修三. 广州：广东教育出版社，2019.

[13] 广东教育出版社课程教材研究所物理课程教材研究开发中心[S]. 物理选择性必修一.广州：广东教育出版社，2019.

[14] 广东教育出版社课程教材研究所物理课程教材研究开发中心[S]. 物理选择性必修二.广州：广东教育出版社，2019.

[15] 广东教育出版社课程教材研究所物理课程教材研究开发中心[S]. 物理选择性必修三.广州：广东教育出版社，2019.

三、期刊类

[1] 凌丽.高中生物理学科关键能力评价指标体系的初步构建及应用[J]. 中学物2019（05）：6-9.

[2] 张春丽. 对"基于高考评价体系的五种关键能力"含义界定的尝试[J]. 物理教学探讨，2020，38（06）：41-45.

[3] 熊小勤. 立足教材 迁移原理 突出创新:以2022年高考广东物理实验题为例[J].物理通报，2023(05)：44-47.

[4] 曹宝龙.用大概念教育促进高中物理观念的形成与发展[J]. 物理教学探讨，2019(1)：1-7.

[5] 刘青华.基于学习进阶理论提升学生科学论证能力的教学实践研究[J]. 中学物理教学参考，2019(09)：5-8.

[6] 郭华.基于深度学习的教学改进[J].教育科学论坛，2015(04)：13-23.

[7] 郭玉英，姚建欣. 基于核心素养学习进阶的科学教学设计[J]. 课程·教材·教法，2016，36(11)：64-70.

[8] 邓章浪，杨昌彪，夏开智. 基于学习进阶理论的深度学习教学设计——以"平抛运动"为例[J]. 中学物理教学参考，2022，51(20)：36-39.

[9] 邓章浪. 基于大概念的UbD单元设计探讨：以"牛顿运动定律"单元教学为例[J].理科考试研究，2023，30(07)：34-38.

[10] （英）哈伦编著.以大概念理念进行科学教育［M］. 韦钰，译. 北京：科学普及出版社.2016：17.

[11] （英）哈伦编著.以大概念理念进行科学教育［M］. 韦钰，译. 北京：科学普及出版社.2016：7.

[12] （美）理查德.E.梅耶著.应用学习科学—心理学大师给教师的建议[M]. 盛群力，丁旭，钟丽佳，译. 北京：中国轻工业出版社，2016：29.

[13] 周连鹏. 基于证据意识促进深度学习：以"机械能守恒定律"为例[J]. 物理通报，2023(03)：39-42.